다정한 기억

홍인교 지음

다정한 기억

홍인교 지음

벼리커뮤니케이션

작가의 말

2009년 미국에 서브프라임 사태가 터졌을 때 다니던 직장에서 구조조정을 당하고 졸지에 일자리를 잃어버렸다. 사회가 한번에 다 무너져 내린 듯하여 주위에 실업자가 넘쳐났고 나도 새 일을 구하지 못하고 실업수당과 조금 남아있던 저축으로 버티고 있던 시절이었다. 페이스북이라는 게 생겼다며 한번 해 보라는 얘기를 우연히 들었다.

계정을 열고 대학 친구 몇 명을 초대해 놓고 초대에 응해 준 친구들 재밌으라고 지금은 없어진 '페이스북 노트'라는 곳에 이런저런 어릴 적 얘기들을 쓰기 시작했다.

방 두 칸짜리 아파트 부엌 한구석에 놓인 4인용 식탁에 앉아 나의 어릴 적 기억들을 풀어 냈다. 오래 숙성되어 보글보글 끓어오르는 술항아리 속 기포들처럼 이야기가 터져 나왔다. 나는 글이 떠오르는 대로 써내려갔고 거의 매일 새로운 게시물들을 올리게 되었다.

친한 친구 몇 명이 고작이던 내 페이스북 계정에 친구 신청이 들어오기 시작하고 이전에는 서로 일면식도 없던 분들이 내 글을 읽고 함께 그 시절을 추억하고 공감하며 각자의 이야기들을 나누는 사이에 좋은 친구들이 되어가는 정겨운 마당이 펼쳐졌다. 나는 이 모든 일들이 너무나 경이로웠다.

안동에서 나고 서울에서 대학을 다녔다.

중학교 3학년 때까지는 학교에서 문예반 활동도 하고 각종 글짓기 대회에 참가해서 여러 번 상을 타기도 했다. 중 2때는 문예반이 지겨워져서 공예반에 들어갔다가 종이 장미 한 송이를 만든 뒤에 바로 문예반으로 다시 옮겼다. 그러나 중학교 졸업 이후 글쓰기도 그만 두었다.

소설 읽기를 좋아하고 글쓰기도 좋아했지만 국어수업을 싫어했다. 국어시간에 소설책을 국어책 밑에 숨기고 읽었다. 국어국문학과는 가기 싫었고, 연세대학교에서 사회사업학을 전공했다. 대학졸업 후 남미로 이민 간 가족 곁으로 간 뒤 그곳에서 17년을 살았고, 미국으로 건너와 22년째 살고 있다.

먹고 살기 위해 여러 가지 직업을 가졌고 열심히 일해서 일용할 양식을 벌고 아이들을 키웠다. 학교에 남아 공부를 계속 했다면 만나지 못했을 다양한 사람들을 만났고 그들의 삶을 가까이에서 들여다보게도 되었다. 그 모든 것들이 두루 미숙했고 사람에 대한 이해가 짧았던 나를 조금씩 성장도 시켜주었다. 그리고 수많은 이야기들이 내 안에 쌓였다. 그 이야기들이 내 안에서 삭고 발효되고 숙성되며 다시 뽀글뽀글 기포를 만들어 터져나올 때 글을 쓰고 싶어진다.

페이스북에 올렸던 기억 시리즈를 한 권의 책으로 엮은 때가 2013년이었다. 페이스북 친구 여러분들이 최고의 추천사를 써 주셨다. 글이 좀 늦을라 치면 '글을 빨리 내놓지 않으면 구워먹으리'라며 재촉해 주며 함께 울고 웃어주신 덕분으로 만든 이야기들이어서 나는 그분들의 추천사가 귀중했다. 그러나 너무나 가난했던 때였고 책 한 권 구입할 여력이 없어서 추천사를 써 주신 분들에게도 책 선물을 하지 못했다. 그것이 계속해서 마음에 빚으로 남아 있다.

10여 년이 지나 개정판을 내자고 마음먹은 것은 그간 이 책을 구하고 싶은데 어디서도 구할 수 없다는 얘기들을 듣고 있었고 나 자신도 이 책을 다시 한 번 살려내고 싶은 마음이 있었기 때문이다. 기다리고 있었다는 듯 대학 후배인 손인수 벼리커뮤니케이션 대표가 내 원고를 보관하고 있어서 일은 일사천리로 진행되었다. 원고를 정리하면서 다시 글을 쓰고 싶어진 것이 개인적으로는 큰 수확이다.

세상에 다시 나오게 된 이 글들이 읽는 분들의 마음에 다시금 잔잔한 감동과 재미를 전해줄 수 있다면 좋겠다.

2025년 2월
미국 캘리포니아 오렌지카운티에서
홍인교

다정한 기억

차례
CONTENTS

1부

- 14 학령 전 청송
- 17 집으로
- 20 아버지와 만보당
- 25 서부동 가게들
- 28 여름밤
- 31 도꾸도꾸이
- 34 약장수
- 37 공동 화장실
- 40 동생
- 44 개에게 물리다
- 46 겨울 먹거리
- 49 막내 삼촌
- 52 암산 스케이트장
- 57 인현이
- 58 전기밥솥
- 62 극장1
- 66 극장2
- 70 텔레비전
- 73 이사 가는 날
- 77 친구네 양옥집
- 81 도시락
- 84 교회

87	영식이
91	다락방
95	여름방학 시골교회 할아버지 댁
99	화재
101	왜 나에게 이런 일이…
104	아버지의 기적

2부

108	머릿니의 추억
112	중학교 입학 그리고
119	폐품수집과 쥐꼬리
123	은자
126	전학, 서울로 가다
128	60번 친구
132	무학의 7공자
138	미옥이 대행진
141	교생 선생님
146	만원버스의 추억
149	편지
153	경양식

3부

158	고등학교에 입학해 보니
164	버스 안내양
168	라디오
173	제기동 한약국집
177	호랑이 할머니
180	혜숙이 언니

- 184 호랑이 할머니의 손자
- 187 한약방 할머니는 줄담배를 태우셨다
- 196 동포여
- 200 자취생
- 206 빈방에 불을 켤 때
- 209 택시의 추억
- 214 가정시간
- 218 기차 타고 집으로
- 223 폐결핵 그리고 스트렙토마이신 주사
- 229 정치경제 선생님
- 232 노래하는 아이들
- 237 출석부
- 241 총각 선생님
- 242 겨울
- 246 채변봉투
- 250 ㅋㅋ
- 252 산동네 꼬마
- 255 영빈이
- 259 선생님의 첫사랑
- 264 봉숙이 조부님

(4부)

- 268 신입생 환영회
- 270 도서관 엘리베이터
- 272 가고파
- 274 시험기간 중 도서관
- 276 교수님의 화학개론
- 279 유명 브랜드 신발

281	보건학 강의
284	어느 여름날
285	동문회 선배
289	학교 앞 식당들
292	교내식당
297	세브란스 치과를 가다
301	이름
303	교통정리 아르바이트
306	커닝
309	Y군

5부

316	남미행 비행기를 타다
322	키토에 도착하다
328	적도에 걸친 나라
331	오따발로의 파장수
335	시장의 아이들
339	구두수선집
345	꾸이(cuy)
350	리오밤바(riobamba)

353	기억의 연결망 _ 추천사

1부

학령 전 청송

 장대를 메고 나서시는 할아버지 뒤를 빈 분유깡통을 들고 따라간다. 할배는 집 바로 옆을 흐르는 개울로 가, 누런 떡개구리로만 골라 장대로 철석철석 내려치신다. 개천 일대가 난리가 난다. 여기저기서 굵직굵직한 누런 개구리들이 펄쩍펄쩍 뛴다. 금방 서너 마리로 깡통이 가득 찬다.
 호미를 내 주고 가시면 개울가에 앉아 잡은 개구리를 손질해야 한다. 개울가 반듯한 돌 위에 개구리를 얹어놓고 호미로 톡톡 내리쳐 뒷다리만 잘라내서 껍질을 벗긴다. 햇살이 목덜미를 간질이고 물살에 반사된 햇빛에 눈이 부시다. 그래도 7살 꼬마는 꼼지락꼼지락 개구리를 잘도 만진다.
 개울 옆, 할머니가 전분을 만들기 위해서 감자를 삭이고 있는 항아리에서 곰곰한 냄새가 난다. 저녁때 마당에 멍석이 깔리고 바깥 화덕에 솥이 걸리며 밥이 익는다. 멍석에 누우면 하늘에서 별이 쏟아진다. 할머니는 상을 차리느라 바쁘시고 할아버지도 이것저것 도우신다. 꼬마도 상에 수저 정도는 놓을 줄 안다. 할아버지가 간단한 식사기도를 마치신 후 먼저 수저 드시길 기다렸다가 여름 밤하늘 아래에서 맛난 저녁을 먹는다.
 식사 후 할머니는 저녁밥 짓고 남은 잦아드는 장작불에 개구리 다리를 구워주신다. 7살과 5살 꼬마 둘은 불가에 쪼그리고 앉아 꼬치에 꿰인 채 자글자글 익어가는 고기를 기다린다. 소금을 살짝 뿌린다. 맛은 닭고기와 비슷하다. 나는 어려서부터 도통 살이 붙지 않고 빼빼 마른 탓에 어른들이 걱정을 많이 하셨다. 떡개구리를 먹으면 살이 뽀얗게 오른다며 살이 통통한 동생을 제쳐두고 나에게만 자꾸 권하셨다. 멍석 옆에는 모깃불이 연기를 내며 타들어 가고 있다.

어제 낮부터 멀쩡하던 앞니가 흔들리기 시작했다. 할아버지는 손으로 자꾸만 흔들라고 하셨다. 아픈 것도 참고 마구 흔든다.
"어디 한번 보자."
할배가 손가락으로 잡아 흔들어보신다. 내가 흔드는건 괜찮은데 남이 흔들어보자는 건 할배라도 싫다. 그러다가 확 뽑아버릴 것만 같아 몇 번이고 안 뽑는다는 다짐을 받은 끝에 흔들어보라고 한다.
"마이 흔들었네. 거의 뿌리만 살짝 걸쳐 있다. 이거 빼야겠구마. 거기 실 좀 가지고 온나~"
드디어 올 것이 오고야 만다. 7살 꼬마는 겁이 나지만 참아야 한다고 속으로 다짐을 한다. 할머니가 실패에서 굵직한 무명실을 끊어 오신다. 할아버지는 여문 손매로 앞니에 꽁꽁 두 번 매듭을 지어 묶는다. 가슴이 초조해 죽을 것 같다. 심장이 쿵쿵대며 머리가 아득해진다. 얼굴이 파랗게 질리기 시작한다.

"내가 하나 둘 셋! 하면서 탁 땡길끼다. 알았제?"

길게 두 줄로 늘어진 실을 손가락에 탱탱하게 두 번 감아 훌쳐 쥐신 할아버지 말씀이다. 말도 못하고 고개를 끄덕끄덕한다. 벌써 눈물이 고인다. 두 주먹을 쥐고 방바닥에 꿇어 앉는다. 갑자기 우주가 정지한 듯하다.

"하나 둘!"

눈을 꼭 감고 "둘" 하는 소리를 들음과 동시에 뭔가 획하고 날아간다. 놀라서 눈을 뜨니 할배가 무명실에 대롱대롱 달려있는 내 앞니를 들고 웃고 계신다.

"셋에 한다케놓고는!!!"

항의를 하지만 이미 눈물 그렁그렁한 눈은 눈앞에서 흔들리고 있는 이빨을 따라 왔다리 갔다리, 입에선 자꾸 웃음이 새나온다. 뽑은 이는 지붕 위로 던지라셨다. 던질 때 "헌 이 갖고 새 이 주소." 해야 한다고 하셨다. 7살 인생에 큰일 하나를 해치운 것이다.

"언니야. 안 아프드나?"

잠자리에서 마음씨 고운 동생이 묻는다.

"하나도 안 아프다. 니도 커보면 안다."

5살 동생이 존경스럽게 바라본다.

7살 언니는 뿌듯하다. 밤이 깊어간다.

집으로

아직 여름날이 다 지나지 않았어도 시골의 가을은 빨리 다가왔다. 뒤꼍의 코스모스가 피어나기 시작하고 마당에는 잠자리가 출현한다. 싸리비를 들고 겨누다가 빙빙 돌고 있는 잠자리를 덮치면 싸리비 어느 구석에 한 마리쯤 걸려들어 퍼덕이지도 못하고 끼어 있기 마련이다. 잠자리의 투명한 날개를 잡아 구경하다가 훌쩍 집어 던진다.

심심하다.

주위가 적막하다. 하늘의 구름도 정지한 듯하다. 돌멩이를 툭툭 차며 마당을 한 바퀴 돌아보아도, 텃밭의 기다란 고랑을 따라 추적추적 걸어보아도 재미가 없다. 이젠 집에 갈 때가 된 것이다. 할아버지께 집에 데려다 달라고 칭얼칭얼 조른다.

집에 가는 날, 할머니가 부엌에서 아껴두셨던 김을 꺼내 김밥을 만드신다. 김밥 속은 멸치볶음이랑 무말랭이다. 둘둘 말아 썰지 않은 채로 가방에 담아 주신다. 할머니는 주름진 손으로 꼬마의 손을 잡아 토닥토닥 두드리시며 "조심히 가거래이." 하신다.

할아버지가 시무하시던 교회가 있는 마을은 버스가 들어오지 않는 벽촌이었다. 마을에서 버스가 있는 진보까지는 꼼짝없이 걸어 나가야 하는 길이다. 진보에서 다시 청송 가는 버스를 타고 청송에서 안동 가는 버스로 갈아타야 하는 여정이다.

할배가 동생을 업고 앞서 가시고 나는 뒤를 따라 걷는다. 가다가 길이 끊어졌다. 온통 물이다. 발목까지 찰랑찰랑한 물이 천지에 가득하다. 물은 차고 맑았다. 바닥에 내가 싫어하는 물이끼도 없이 맑고 명징하다. 자갈들이 물속에서 반짝인다. 물속에 나무도 서 있다. 할아버지는 물결을 헤치며 길을 잘도 찾아가신다. 꼬마는 발목까지 찰랑찰랑한 강물을 통통 차면서 걷는다. 물방울이 튀면 햇빛도 따라 반짝였다. 넓은 들판이 맑은 물 넘치는 강이 되어 흐르고 있었다.

중간 중간 나무 밑 그늘에서 쉬어 간다. 꼬마는 어려도 무척 잘 걸었다. 한 번도 할배한테 업어달라고 칭얼대지 않는 아이였다. 할배 등은 이미 동생 차지이기도 하지만 할배한테 짐이 돼서는 안 된다고 꼬마는 생각한다. 누구의 도움 없이도 잘 걸을 수 있다는 것이 더 좋았다.

"저기 보이는 마을까지만 가면 김밥 먹자."

할배 말씀에 슬슬 아파오던 종아리에 힘이 난다. 약속한 마을에 다다르면 편안한 나무그늘을 찾아 앉는다. 할매가 싸준 김밥을 먹을 시간이다. 고추장에 볶은 멸치와 무말랭이가 들어있는 김밥이 입에 달다. 할배도 동생도 나도 썰지 않은 김밥을 손에 쥐고 희희낙락 맛있게 먹는다. 다리 아픈 것도 다 잊는다.

할아버지 댁에서 진보까지 걸어가는 일은 겨울에 한 번 더 있었다. 그때는 군대에서 휴가를 나온 막내 삼촌 손을 잡고 눈길을 걸었다. 집을 떠날 때, 할배가 눈길 가는데 발 시리다고 할배의 양말을 내 신발 위에 덧신겨 주셨다. 양말 부츠를 신고 뽀드득뽀드득 눈길을 걸어간다. 거의 진보에 다 도착해서 어느 집 툇마루에 앉아 잠시 쉬다가 삼촌이 창피하다고 그 양말을 이젠 벗어 버리라고 했다.

"삼촌, 할배의 양말은?"

삼촌을 쳐다본다.

삼촌은 길가 남의 집 툇마루 위에 눈으로 범벅된 할배의 양말을 버렸다. 꼬마는 삼촌 손에 이끌려 다시 길을 떠나면서도 자꾸만 양말을 돌아 본다. 마치 할배를 두고 떠나는 것 같다.

아버지와 만보당

우리 아버지는 시계 수리공이셨다. 아버지가 16살 나던 해에 6.25사변이 터졌다. 당시 40대이던 아버지의 아버지, 즉 나의 조부께서는 나라가 위기에 빠졌는데 나만 살겠다고 할 수는 없다는 말씀을 남기시고 국군에 자원입대해 전쟁터로 가버리셨다.

16살 소년에게 연세가 많아 걸음도 잘 못 걸으시는 조모님과 어머니, 밑으로 총총 네 명의 동생이 남겨졌다. 16세 소년은 이 대가족을 이끌고 안동에서 울산까지 피난길을 떠나야 했고 다시 안동으로 돌아와서는 가족의 생계를 책임져야 했다.

당시에는 시계가 그리 흔하지 않던 시절이라 기술을 가르쳐주는 학원이 있을 리 만무했다. 아버지는 시계를 고칠 줄 아는 사람의 제자로 들어가 기술을 배웠다. 스승은 단 한 번도 무엇을 가르쳐준 일이 없다. 스승님이 시계수리를 할 때면 옆에서 무릎을 꿇은 자세로 들여다보는 것이 공부의 전부였다.

명민하고 명석했던 아버지는 곧 기술을 익혔고 자신의 명의로 가게를 열어 온 가족의 생계를 책임지게 되었다. 그리고 결혼을 했고 첫딸로 나를 얻으셨다. 나는 만보당 집 큰 딸로 태어났다. 가게에는 유리로 덮힌 아버지의 작업대가 있었고 손목시계가 진열되어 있는 기다란 진열장이 있었다. 벽에는 여러 가지 모양의 벽시계들이 저마다 다른 소리를 내며 똑딱똑딱 움직이고 있었다.

아버지 가게에는 시계를 보관하는 커다란 금고가 있었고 그 금고 위에는 다이얼이 없는 전화기가 놓여 있었다. 전화기를 들면 교환이 나오고 교환원에게 번호를 말하면 잠시 후 전화연결이 됐다.

아버지는 매일 가게 문을 닫을 때마다 진열장에 나와 있던 손목시계들을 우단이 곱게 깔린 통에 조심스레 담고 통째로 차곡차곡 금고에 넣으셨다가 다음 날 아침에 꺼내 전날과 똑같이 진열하셨다.

아버지는 늘 시계를 고치고 계셨다. 아버지의 작업대는 삼면이 유리로 덮여 있었고 온갖 종류의 크고 작은 다양한 모양의 연장들이 서랍 가득 들어 있었으며 납작한 유리용기 안에는 수많은 부속들이 종류별로 들어 있었다. 서랍에는 갖가지 나사들, 정밀한 못들, 눈으로 잘 보이지도 않는 시계 부속들이 작은 봉지마다 분리되어 정리되어 있었다.

아버지가 시계를 고치실 때는 오른쪽 눈에 동그란 확대경을 끼우시고 시계를 분해하시거나 재조립하셨다. 분해된 시계는 휘발유가 담긴 납작한 용기에 담겨 세척되고 다시 조립되는데 우리 아버지가 고치지 못하는 시계는 거의 없었다.

아버지의 작업대 오른쪽 마지막 서랍에는 수리가 끝난 시계들이 백 개도 넘게 담겨 있었지만 아버지는 시계에 주인 이름 등을 따로 표시하거나 꼬리표를 다는 법이 없었다. 손님이 시계를 찾으러 오면 사람 얼굴을 한 번 보시고 바로 그 사람의 시계를 서랍에서 찾아내셨다. 그리고 어떤 고장이 있던 시계인지, 수리비가 얼마인지도 정확하게 알고 계셨다. 손님에게 사정이 생겨서 제 날짜에 시계를 찾으러 오지 못하고 몇 개월이나 지난 후 찾아온 경우에도 틀림없이 정확하게 시계를 찾아 건네셨다.

장날이 되면 시외버스정류장이 갑자기 복잡해지고 갓을 쓰고 두루마기를 입은 시골 어르신들로 북적인다. 어르신들은 정류장 바로 앞에 있는 만보당과 장춘당약국에 볼일이 가장 많으셨는데 시계를 맡기러 오시기도 하고 진열장을 들여다보며 고민을 하다가 새 시계를 장만하시기도 했다.

당시만 해도 시계는 그리 흔한 물건이 아니었으며 특히 시골 어르신들에게 왼쪽 손목에 척 걸쳐진 시계는 대단한 자랑거리였다.

젊은 날의 아버지는 점심을 먹는 동안에도 열 번도 더 일어나 손님을 맞아야 했다. 무엇이든 아귀가 딱딱 맞아 떨어져야 하고 정확하고 분명해야 하는 아버지의 성격은 타고난 성품에 더하여 정밀한 기계부속을 맞추는 일을 하신 때문인지도 모른다.

아버지는 가끔 물건을 하러 대구나 서울을 직접 다녀오셔야 했는데 돈을 전대에 차고 가셨다. 일을 마치고 집으로 오실 때는 대도시에서나 구할 수 있는 맛난 과자들을 잊지 않으셨다.

나중에는 '나까마'(중간상)들이 생겨 정기적으로 가게에 들러 물건을 주문받고 배달을 해주어 아버지의 일을 덜어주었다. 그들은 007가방 같은 것을 들고 다녔는데 아버지 앞에 척 열어놓으면, 아버지가 맘에 드는 물건들을 골라내셨다. 손목시계를 가져오는 나까마도 있고 시곗줄만 가지고 오는 사람도 있었다. 나는 아버지가 물건을 골라내실 때마다 옆에서 지켜보길 좋아했다. 아버지는 척척 잘도 골라내셨다.

아버지의 시계포 안에는 벽에 조그만 수도꼭지가 붙어 있었고 하수구도 있었다. 나는 아버지의 가게에서 처음으로 혼자 세수하는 법을 아버지에게서 배웠다. 반짝이는 스테인리스 대야에 물을 가득 담고 두 손으로 물을 한움큼 떠서 얼굴을 쓱쓱 문지르고 오른손으로 오른쪽 목을, 왼손으로 왼쪽 목을 닦는 법을 익혔다. 배우고 나서는 매번 혼자서 엎드려 세수하면서 스스로 대견하고 자랑스러워 오래오래 정성을 들였다. 세수를 마치면 세숫대야를 기울여 물을 쏟아버리고 대야를 벽에 기대어 놓는 것까지 마친다.

아버지는 나를 당신 무릎에 앉히시고 그림책도 많이 읽어주셨다. 노래 좋아하는 아버지 덕분에 집에 전축이 있었는데 서울 가서 사온 도넛 모양의 동요전집 레코드로 듣고 배워 나는 학교도 들어가기 전에 거의 모든 동요를 외우고 있었다.

가족을 부양해야 하지만 않았다면 가수가 되고 싶었다던 아버지는 '산 너머 남촌에는' 이란 노래를 참으로 구성지게 불렀다. 가게에서 가끔씩 일손을 놓고 그 노래를 부를 때는 눈을 지그시 감으시고 노래에 온 마음과 혼을 다 빼앗긴 듯 했다. 구절구절 노래가 굽이질 때마다 아버지의 얼굴에 만 가지 표정이 떠올랐다 사라졌다. 노래에는 마음과 감정이 실려야 한다는 것을 그때 저절로 알았다.

    산 너머 남촌에는 누가 살기에
    해마다 봄바람이 남으로 오네
    아아~~ 꽃피는 사월이면 진달래 향기
    밀 익는 오월이면 보리 내음새~~
    어느 것 한 가진들 실어 안 오리
    남촌서 남풍 불 때 나는 좋데나~~

아버지의 노래를 들으며 5살 꼬마는 바람이 불어온다는 산 너머 남촌으로 상상의 나래를 펴고 날아올랐다.

서부동 가게들

　동네의 그 어떤 가게든 들어가지 못할 곳은 없었다. 꼬마는 어느 곳이든 자유롭게 드나들었다. 키가 어른들 허리춤에도 못 미치는 조그만 꼬마가 가게에 들고 나는 것이 눈에 잘 띄지 않을 뿐만 아니라 신문지 한 장, 문풍지 한 번 뚫은 적 없는 전설의 꼬마였다. 게다가 겁도 많아 동네 가게들을 내 집처럼 드나들면서도 맹세코 사고를 친 일은 없다.

　그리고 동네 가게주인들은 모두 아버지의 오랜 친구들이었다. 만보당 바로 옆 가게에 양복점이 들어오기 전에는 중국 빵집이 있었다. 거리로 난 조그만 유리 진열장에는 공갈빵이 가득 들어 있었다.

　지금의 호빵만 한 크기의 노르스름한 중국 빵인데 겉이 바삭바삭하고 안에 꿀이 발려 있지만 속이 텅 비어있는 신기한 빵이었다. 얇고 바삭한 빵 껍질을 깨 먹으면 혀끝에 감겨드는 그 달콤함이란 말로 표현하지 못할 정도였다.

　가게 문을 열고 들어가면, 무쇠 뚜껑의 만두 솥이 하루 종일 하얀 김을 뿜어내고 있었다. 머리에 하얀 빵떡모자를 쓰고 있던 주인아저씨는 중국 화교였다. 주인이 쓰고 있는 후줄근한 빵떡모자만큼이나 가게가 전체적으로 꾀죄죄했다. 공갈빵을 유난히 좋아했던 꼬마는 가끔씩 그 쟁반만한 진열장에 코를 박고 한참 동안 공갈빵을 쳐다보고 있기도 했다.

빵집에 싫증이 나면 바로 그 옆 도장방으로 들어간다. 거리로 면한 작업대에서는 도장집 아줌마가 그림처럼 앉아 도장을 파고 있다. 가게 안쪽의 삼면 벽에는 쇠로 만든 깨알 같은 인쇄용 활자들이 빽빽이 진열되어 있다. 거기서 글자들을 추려내서 인쇄를 하는 것이다.

도장을 파고 있는 아주머니는 얼굴이 희고 둥근 미인이었는데 유난히 말이 없고 언제나 은근한 미소가 얼굴에 떠 있어 나는 살아있는 부처 같다고 생각했다.
도장 파는 일은 참 재미있어 보였다. 나무로 만든 사각통 위에 여러 조각의 나무들을 이리저리 움직여 도장을 고정하고 끌과 칼로 파내고 긁어내어 글자를 새기는 일은 참으로 신기했다. 아줌마는 작업 중간 중간 도장을 입으로 후후 불어 가루를 날렸다.
꼬마가 바로 서면 작업대가 턱에 닿는다. 고사리 같은 손으로 작업대를 잡고 까치발을 한 채, 아줌마 옆에서 도장이 새겨지는 것을 구경하느라 시간 가는 줄 모른다. 아줌마는 내내 웃고 있다.

도장방을 나온 아이는 이번에는 구시장 입구의 중국집 '덕화루'로 들어간다. 삐걱대는 중국집 문을 열고 들어가서는 아무 말

없이 테이블 하나를 차지하고 앉는다. 꼬마는 도도하게 앉아 있다. 주인이 알아보고 짜장면을 내 온다. 꼬마의 주문은 항상 짜장면이라는 것을 중국집 주인은 안다. 계산은 나중에 아이의 아버지가 할 것이다. 아이는 덕화루 주인이 갖다 준 짜장면을 다 먹고 나갈 때까지 끝내 말이 없다.

덕화루를 나와 오른쪽 과일가게를 끼고 돌아들어가면 구 시장이다. 시장에는 온갖 가게들이 늘어서 있다. 5살 꼬마가 어느새 양손에 서너 개씩 아이스케키를 들고 있다. 밀가루와 건어물과 온갖 양념류 등을 파는 가게 아줌마가 깜짝 놀라며 협박한다.
"너 아이스케키를 그렇게 많이 먹으면 엄마한테 이른다!"
꼬마가 잠시 아줌마를 응시한다.
"이르면… 도망가지!!!"
5살 꼬마는 녹아내리는 아이스케키 방울을 휘날리며 벌써 달아나고 없다.

여름밤

여름밤이 되면 아버지는 가게 앞에 의자들을 꺼내 놓으셨다. 우리 가게 왼쪽 옆은 양복점, 그 옆은 도장방 겸 인쇄소, 그 옆은 약국, 우리 가게 앞은 청자다방, 그 옆은 공터, 그 옆은 구둣방이었다. 우리 가게 오른쪽 옆 코너는 과일과 과자를 파는 구멍가게, 코너를 돌아가 과일가게 앞은 덕화루, 화교가 하는 중국집이었다.

저녁이 되면 집집이 의자나 작은 평상들을 들고 나와 앉는다. 무더운 여름밤이다. 어른들은 부채를 부치며 이야기꽃을 피우고 아이들은 뛰어다니느라 정신이 없다.

60년대의 길거리.

안동에서 제일 번화한 안동의 명동, 서부동이다. 그래도 차는 없다. 차가 없으니 아이들이 마음껏 뛰어다니며 논다.

공터의 울타리 앞에는 낮 동안에 구두수선을 하던 아저씨가 남기고 간 재봉틀이 있다. 재봉틀 머리는 퇴근하면서 가지고 가고 발판과 쇠로 된 몸체는 남아 있다. 그 발판을 밟으며 놀면 재미있었다.

아이들은 공터에서 뛰어다니며 놀았는데 그 공터에 들어가려면 작은 도랑을 뛰어넘어야 한다. 도랑은 시커멓고 찐득찐득한 흙으로 차 있고 악취나는 물이 흐르고 있었다. 그 도랑을 뛰어넘을 수 있는 나이가 되어야만 공터에서 놀 수 있는 자격을 갖추게 되는 것이다.

5살 꼬마는 폴짝 뛰어넘었다. 그러나 3살짜리 동생이 뒤따라오고 있는 줄 몰랐다. 언니가 뛰어 건너니 동생도 따라 뛰었다. 동생이 도랑에 철퍼덕 빠졌다. 다행히도 어른들이 보고 달려와 아이를 건져냈다. 아이는 마치 콜타르를 뒤집어쓴 것 같이 시커메져 있었다. 그 모습을 본 엄마가 기절하셨다.

어쨌든 아이들은 공터에서 술래잡기를 하거나 거리를 뛰어다니며 놀았다. 어른들은 평상이나 의자에 앉아, 수박을 쪼개 먹거나 참외를 깎아 먹기도 했다. 거리 이쪽저쪽으로 서로를 불러 과일을 나눠 먹으며 이야기꽃을 피운다. 평상 위에 꺼내놓은 라디오에서는 유행가 자락이 흐른다. 어른들은 연신 부채질을 한다. 후덥지근한 땀방울이 밴다. 길거리 전봇대의 불빛과 가게 진열장 형광등불빛으로 여름 달빛이 무색하다.

뛰어다니면서 노는 것을 그리 좋아하지 않던 꼬마는 신발수선용 틀을 밟고 놀던가 어른들 옆에 끼어 앉아 얘기를 듣던가 유행가를 들었다. 이미자의 '총각 선생님'이든 '노란 샤쓰 입은 사나이'든 두 번만 들으면 2절까지 다 외워젖히는 아이를 어른들이 신기해했다.

여름밤은 모기와 가게 진열장 불빛을 보고 달려들어 장렬히 전사한 무수한 날벌레들의 시체를 쓸어내며 양철로 만든 덧문을 가게 진열장 유리에 끼워 맞춰 닫는 것으로 마무리된다. 아버지는 그것을 '가게 시마이한다.'라고 하셨다. 열여섯 장 양철 덧문을 가게 뒤채에서 들고 나오셔서 하나씩 밀어 넣어 진열장 유리를 가린다.

집집이 가게 문단속을 끝내면 어른들은 서로 인사를 하고 노는 아이들을 불러들여 각자 집으로 자러 들어간다.
사람들이 모두 사라지고 난 텅 빈 밤거리엔 푸른 달빛만 은은히 흐르고 있었다.

도꾸도꾸이

 청자다방과 골목길 하나를 사이에 두고 시외버스 정류장이 있었다. 버스 정류장 담벼락에는 리어카꾼 서너 명이 리어카를 뒤집어 담벼락에 기대어 놓고 있거나, 구두닦이가 두어 명 구두통을 깔고 앉아 손님을 기다리고 있었다. 그리고 거기엔 '도꾸도꾸이'도 있었다.

 머리는 봉두난발에 몇 년을 안 씻은 듯한 얼굴엔 시커먼 때가 켜켜이 쌓여 있어 그가 지나만 가도 퀴퀴한 냄새가 진동을 했다. 여름엔 얼굴이 벌겋게 달아올라 있거나 겨울엔 퍼렇게 얼어 터져 있긴 했지만 도꾸도꾸이는 키가 크고 인상이 나쁘진 않았다.

 그는 여름에도 시커멓고 더러워져 길까지 질질 끌리는 누더기를 겹겹이 걸치고 있었고 시외버스 정류장 담벼락 옆에 서 있거나 앉아 있었다.

 도꾸도꾸이가 왜 그 지경이 되었는지, 어디 출신이지, 어떤 사람이었는지는 아무도 몰랐다. 항간에는 공부를 많이 한 사람이라는 소문이 있기도 했다. 고시공부를 하다가 어떤 충격을 받고 미쳤다는 얘기도 있었다. 도꾸도꾸이는 일을 할 수도 없었고 돈도 없었다.

 그가 하는 일이라고는 그냥 멍하니 하늘을 쳐다보고 서 있거나

다정한 기억

앉아 있는 것이었다. 동네 꼬마들 조차도 그를 무서워하지 않았지만 꼬마는 가까이 가지는 않았다. 멀리서 관찰만 했다.

아버지는 도꾸도꾸이에게 가끔씩 돈도 주고 음식도 주었다. 그는 항상 말이 없었다. 가끔씩 그가 우리 가게 앞까지 와서 서 있을 때가 있었는데 그러면 아버지는 말없이 돈 통에서 돈을 얼마간 꺼내 주셨다.
아버지 말씀으로는 도꾸도꾸이가 자존심이 있다고 하셨다. 배고파 죽을 지경이 되기 전에는 절대 그렇게 제 발로 와 서 있는 법이 없다고 하셨다.
그러던 어느 날, 도꾸도꾸이가 사라졌다. 어디로, 어떻게 갔는지 아무도 아는 사람이 없었다. 모두가 궁금해 했다. 부모가 찾아와서 데려갔다는 말도 있었다.

그가 다시 그 담벼락에 나타난 것은 한참이 지난 어느 날이었다. 머리에 피떡이 지고 얼굴에 혹이 났으며 뺨이랑 이마에도 피멍이 들었다. 아버지가 장춘당약국 사장에게서 약을 가져다주시며 어떤 인간이 저 불쌍한 것을 저 지경을 만들었느냐고 화를 내셨다. 동네 사람들이 모두 혀를 차며 분개했다. 도꾸도꾸이는 여전히 말이 없었다. 그가 언제 영원히 그 거리에서 사라졌는지에 대한 기억이 없다. 어쩌면 내가 먼저 그 거리를 떠나왔는지도 모른다.

그때는 동네마다 도꾸도꾸이 같은 사람들이 제법 있었다. 치료도 받지 못하고 돌봄도 받지 못하고 방치되었던 사람들. 음식을 나눠주고 도움을 주는 동네사람들도 있었겠지만 괴롭히고 못살게 구는 사람들이 더 많아 그 악행에 희생자가 되어야 했던 이들.

수십 년 후 미국의 캘리포니아 버클리 주립대 근처에서 그때의 도꾸도꾸이를 빼닮은 노숙자들을 보게 되었는데 시커먼 옷들을 칭칭 감아 끌고 다니는 모습이라든지 하늘을 보거나 땅을 내려다보며 무슨 말인지 온종일 중얼대고 있는 그 형상이 너무나 흡사하여 혼자 쓸쓸레 웃은 적이 있다.

그들만의 사연을 우리가 어찌 짐작이나 할까만은, 정신을 온전히 지킬 수 없을 정도로 힘든 일을 겪은 슬픈 사람들이다.

* 붙이는 글 :
아무도 '도꾸도꾸이'의 뜻을 아는 이가 없다. 짐작에 '도꾸'는 개 이름(dog, 가장 흔하게 개 이름) '도꾸이'는 단골, 전문가, 많이 아는 사람 정도로 쓰이는 왜색풍의 경상도 방언 같다.
우리말 단어 앞에 '-개'가 붙으면 '헛'이란 뜻이 되니 아마도 '헛 똑똑이'쯤의 왜색풍의 경상도 방언이 아닌가 하는 의견도 있다.

약장수

시외버스 정류장은 넓은 공터였다. 버스가 몇 대 서 있긴 했지만 대부분은 비어있는 땅, 자갈이 발에 채이는 울퉁불퉁한 흙바닥이다.

그곳에는 가끔 차력팀이 와서 쇼를 한다거나 약장수들이 판을 벌이곤 했다. 차력사는 자동차에다 밧줄을 매어 입으로 물고 차를 끄는 괴력을 발휘하거나 목에다 갈퀴 같은 바늘을 꿰고 줄을 달아 물을 가득 담은 양동이를 들어 올려 보이곤 했다. 구경꾼들, 특히 동네 남자아이들은 열광했다.

배 위나 팔 위로 차가 지나가기도 하는 것이 신기하기도 했지만 왠지 무섭고 사람이 다치거나 죽을까 겁이 났다. 피를 보고 싶은 마음은 추호도 없었다. 고로 차력팀 공연은 끝까지 본 적이 없다.

그런데 약장수는 좀 달랐다. 사람들이 둥글게 원을 그리고 둘러싼 곳을 파고 들어가면 의자 하나를 놓고 거기에 올라서거나 앉거나 한쪽 다리를 올린 채 목청 높여 이야기를 풀어내고 있는 약장수가 있었다.

약장수의 이야기는 말할 수 없이 신나고 재미있었다. 그는 바람처럼 자유롭게 세상을 떠도는 방랑자같이 세상일에 대해 모르는

게 없었다. 사람들은 낄낄대며 웃고 손뼉을 치며 좋아했다.

그는 모양과 크기가 다른 약병들을 수도 없이 펼쳐놓고 있었는데 먼지가 뽀얗게 앉아있는 유리병에는 온갖 물약과 알약들이 들어있었다. 그는 무슨 질병이든 자신이 파는 약으로 다 고칠 수 있다고 자신 있게 말했다.

길 건너 장춘당약국 아저씨가 보시면 기가 찰 노릇이었다.

"백제의 의자왕이 삼천 궁녀를 어찌 거느렸겠능가? 거기에는 비결이 있었다 이거야. 그 비결이 뭐냐? 이거 잘 들어뒀다 아짐씨들 집에 가서 써 먹어봐! 의자왕이 밤마다 궁궐침실에 들어가기 직전에 한 게 있어. 그게 뭐냐! 바로 여기를…!!"

그때 약장수와 꼬마의 눈이 딱 마주쳤다.

"아, 아~들은 가라, 아~들은 가…!"

구경꾼들이 여기저기서 아이들의 등을 쳐 내쫓는다. 꼬마는 갑자기 나직해지는 약장수의 목소리와 그의 말에 바짝 마른침을 삼키는 구경꾼들을 보고 오늘 뭔가 대단히 은밀한 비밀 하나를 알아낸다 싶었는데 그 비밀을 못 듣고 쫓겨날까봐 조급해졌다. 그래서 약장수의 말을 애써 모른척한다. 약장수가 꼬마를 빤히 본다.

"니 말이다 니. 머리 두 갈래로 묶은 꼬마. 얼른 집에 가거래이!"

옛날에 어떤 왕이 밤마다 무슨 엄청난 일을 해낼 수 있었던 비법이 밝혀지려는 딱 중요한 시점이었는데 등 떠밀려 자리를 떠야 하다니 꼬마는 속이 상했다. 시외버스 터미널 공터를 걸어 나오면서도 계속 약장수의 말이 무슨 뜻이었는지 궁금하다. 그러나 아무리 생각해도 도무지 알 수 없는 이야기, 그래서 더 오래오래 기억하고 있는 의자왕과 삼천궁녀.

공동 화장실

도장방과 빵집, 만보당과 코너의 과일가게를 돌아 쌀가게까지 모두 기역자 모양의 한 건물에 있었다. 도장방과 옆 건물 장춘당 약국 사이에 난 대문으로 들어가면 이 다섯 집이 같이 쓰는 공동의 펌프장이 나오고 마당이 있었다.

각 가게에 방 하나씩과 부엌이 딸려 있는 구조였으며 6.25사변 이전부터 있었다는, 흙과 나무와 짚으로 지어진 옛 건물이었다. 방의 벽지가 찢어져서 속을 들여다 본 적이 있는데 짚과 누런 황토가 보였었다.

그러나 건물 외곽은 하얗게 회칠이 되어 있어 바로 옆 장춘당 약국 건물을 빼고는 명색이 동네에서 제일 깔끔한 건물이었다. 그중에서도 아버지의 만보당이 가장 번듯했다. 펌프 주위로는 세면장과 빨래터가 있었고 그 옆에는 창고건물이 있었으며 그 창고를 돌아 닭장 사이로 난 골목으로 들어서면 흙벽돌로 지어진 공동 화장실이 나타난다.

이 공동화장실은 광으로 쓰던 것을 개조한 듯 제법 넓어서 몇 명이 같이 들어가도 될 크기였으나 결정적으로 화장실 문이 없어 입구가 휑하니 뚫려 있었다. 화장실을 가는 사람은 닭장 근처에

다다르면 "어험~." 하고 헛기침을 해야 한다. 안에서 역시 "흠흠." 하고 화답하면 밖의 사람은 거기 서서 기다리는 것이다. 이 규칙이 지켜지지 않는 법은 없었고 따라서 문이 없는 화장실을 서너 가족이 공동으로 쓰면서도 별다른 어려움은 없었다.

낮에는 그렇다 치지만 밤이 되면 사정이 달랐다. 주인은 무슨 이유에선지 화장실에 전등을 달지 않았다. 밤에 배가 아파오면 어쩔 수 없이 동생에게 화장실 동행을 부탁해야 했다.

다행히도 바로 밑의 동생이 말을 잘 들었다. 물론 동생이 화장실을 가고 싶어 할 때도 군말 없이 동반해 준다는 묵계가 있었다.

우리는 양초를 찾아 불을 붙이고 부엌문을 통해 마당으로 나선다. 깜깜한 밤에 컴컴한 마당구석, 꼬불꼬불한 골목으로 들어가니 무섭기 그지없다. 거기다가 바람이 불어 촛불이 꺼지면 큰 낭패이므로 고사리 같은 작은 손으로 꺼질듯 말듯 흔들리는 촛불을 잘 가리고 가야하니 곡예다. 닭장 앞을 지나 "험험." 소리를 내고 화장실로 들어간다.

재래식 화장실이다. 널빤지 두 장이 나란히 깔려 있는 발판을 밟고 쪼그리고 앉는다. 옆에는 재를 담아 둔 양동이가 있다. 용변을 다 보고 나면 재를 떠서 뿌려 주기 위해서다.

한 명이 일을 보는 동안 다른 한 명은 양초를 잡고 기다리고 있다. 재래식 화장실의 통통은 깊고도 아득하다. 시커먼 발밑을 보지 않으려고 애를 쓸수록 자꾸만 무서운 생각이 떠오른다. 갑자기 팔뚝 하나가 쑥 올라와 '빨간 휴지 줄까, 파란 휴지 줄까.' 한 다면….

갑자기 솟아 오른 팔뚝 하나가 내 가느다란 발목을 낚아채며 "내 다리 내놔라아~." 할 것 같다. 한번 겁이 나기 시작하면 걷잡을 수 없으므로 가슴이 조마조마해진다.

"언니야, 빨리 가자아~."

동생도 겁이 나는지 재촉하며 찡찡거리고 있는데 갑자기 바람 소리가 휘리릭 하고 들리면서 촛불에 비친 우리 그림자가 흙벽 위에 마구 흔들리기 시작한다.

"엄마야!"

머리가 쭈뼛 서며 무서움이 왈칵 몰려드는 순간, 두 아이는 갑자기 비명을 지르듯 찬송가를 부르기 시작한다.

예수께로 가면 나는 기뻐요오~
걱정 근심 없고 정말 즐거워~
예수께로 가면 나는 기뻐요오~
나와 같은 아이~
부르셨어요오~

동생

장춘당약국엔 항상 손님이 들끓었다.

약사 아저씨는 손님들의 얘기를 듣고 처방을 하고 약을 건네고 돈을 받느라 내가 그렇게 약국을 드나들어도 한 번도 눈이 마주친 적이 없다. 내가 약국엘 들어가 유리장 안에 있는 수많은 약을 구경하고 나올 때까지도 얼굴이 갸름하고 조용해 보이는 주인 아저씨는 두 겹 세 겹 둘러 싼 사람들의 요구에 대응하느라 바쁘고 또 바빴다.

장춘당약국 주인아저씨는 우리 아버지와 국민학교 동창이었다. 다른 사람들은 서로를 홍 사장, 하 사장이라고 부르고 아줌마들은 아저씨들을 아무개 아부지라고 불렀지만, 아버지와 약국 아저씨는 서로의 이름을 불렀다. 동창들 모임이나 친구들 모임에서는 술 한 잔 하지 못하는 장춘당약국 아저씨가 거의 매번 술값을 치른다고 했다. 그런데 이상한 것은 아버지 친구들이 모이면 장춘당 아저씨가 쩨쩨하다고 흉을 보는 것이었다. 이유인즉슨 술자리에 끝까지 남아 술값 전액을 내면 칭찬을 받으련만 꼭 파장 무렵에 일어나 그때까지의 술값만 치르고 가기 때문이라는 것이다. 즉 만 원 내면 만점인데 무려 9천 원이나 내고 나머지 천 원 때문에 욕을 있는 대로 얻어먹는다는 것이다. 항상 따라붙는 말은 "돈도 많은 자슥이…." 였다.

나는 장춘당 아저씨가 좀 억울하겠다는 생각이 들었다.

약국을 나와 길을 건너면 수희네 구둣방이 있다. 거리로 향한 유리 진열장에는 반짝이는 남자 구두들이 예쁘게 진열되어 있다. 키가 크고 마른 수희아버지도 우리 아버지의 친한 친구였다. 수희는 학교 가기 전까지 나의 단짝친구였다. 어린 나이에도 귀태가 나고 성격이 서글서글한 수희는 나보다 한 살이 많아 학교를 일 년 먼저 들어가면서 사이가 멀어졌지만, 유치원을 같이 다니는 동안은 무척 친하게 지냈다.

5살이 되자 아버지는 나를 유치원에 보냈다. 유치원 교사였던 고모의 빽으로 사실상 4살 후반부터 나가기 시작했다는 것이 더 정확하다. 나는 노란 유치원 가방을 메고 눈이 오나 비가 오나 유치원엘 열심히 갔다. 어쩌다 내가 아파서 못 가게 되는 날에는 나 대신 동생이 가방을 메고 갔다. 내가 유치원에 가고 없는 동안 동생은 혼자서 독자 노선을 걸었다. 이 아이도 언니처럼 동네 가게들을 유랑하기 시작했는데 행보가 자못 달랐다.

만보당 옆 과일가게에 간다. 주인은 물건을 파느라 다가오는 아이를 보지 못한다. 널따란 진열대를 바라보다가 포도를 두세 알

따 먹는다. 복숭아도 집어 한 입 베어 물고 제자리에 놓는다. 사과도 한 입, 홍시도 한 입…. 배가 불러서야 그 자리를 뜬다.

이번엔 도장방에 들어간다. 어른들이 잠시 다른 일을 하는 동안 벽에 진열된 활자들을 죄 쏟아내려 바닥에 뒤섞어 놓는다. 도장방 아저씨가 망연자실해서 아버지를 부른다.

약국에서도 연락이 온다.

"아가 언제 들왔는지도 모르게 들와서는 유리문 열고 약이란 약은 다 꺼내서 바닥에 늘어놨다. 못살겠다. 아 좀 잡아가라 제발!"

어느 날은 내가 유치원에서 막 돌아왔는데 구두방에서 빨리 와 보라고 난리가 나서 엄마랑 뛰어갔다. 동생이 목에는 줄자를 처억 걸치고는 구두방 주인이 방금 만들어 진열장에 놓아둔 새 구두를 신고 오줌을 싸고 있었다. 구두 안에는 액체가 찰랑찰랑하다. 사람 좋은 수희아버지 얼굴엔 난감함이 가득했다.

이렇게 매일 사건 사고가 터졌고 아버지는 돈을 물어주느라 바빴다.

집에서도 일은 벌어졌다. 유치원을 갔다 와 보니 내가 아끼던 그림책이 갈기갈기 찢어진 채 마루에 버려져 있었다. 그때 그 충격은 말로 못한다. 찢어진 종이를 구기며 나를 쳐다보고 있는 동생의 표정이 천진했다. 나는 말도 못하고 책을 붙들고 울었다.

그런데 그 말썽 많던 동생이 남매 중에 제일 얌전하고 여성스러우며 사랑스러운 캐릭터를 가진 여인으로 자라난다. 중고등학교 시절엔 시험기간 중 일분일초가 아까운 시점에서 제 공부할 시간을 쪼개 시험공부하고 있는 다른 형제들 먹인다고 부엌에서 매작과를 만드는 아이가 되었다. 지금도 딸 셋에 막내아들 하나, 네 남매 사이의 매끄러운 윤활유 역할을 하며 그저 누구든 보면 밥부터 먹이려는 맘씨 고운 아줌마로 예쁘게 나이 들어가고 있다.

개에게 물리다

7살, 아버지의 가게는 날로 번창하여 아버지가 식사 도중 몇 번이나 일어나 손님을 맞아야 할 정도로 바쁘셨다. 아버지는 알뜰히 돈을 모으셨고, 마침내 우리 가족은 가게채 뒷방을 벗어나 번듯한 독채를 전세 계약하고 이사를 했다. 그리고 1년 후에는 좀 더 큰 집으로 옮겨 갔다.

우리 집은 골목 끝 막다른 집이었다. 앞마당이 넓고 화단에는 온갖 종류의 장미가 피어 있었다. 꽃을 만져 보려다가 가시에 몇 번 찔린 후로는 더는 장미에 가까이 가지 않았다.

고요하고 평화로운 어느 봄날 오후, 여느 때처럼 동네 이곳저곳을 기웃거리며 놀다가 집으로 돌아가고 있었다. 짧은 스커트 밑으로 예쁜 종아리를 내놓고 발목까지 올라오는 레이스 달린 양말을 신고 있었다. 차박차박 골목길을 걸어가다 보니 어느 집 대문이 활짝 열려 있었다. 호기심에 들여다보는데 널찍한 마당엔 아무도 없고 누런 강아지 한 마리만 웅크리고 있다가 나와 눈이 딱 마주쳤다.

잠시 동작 그만. 나는 얼음처럼 굳었다. 그때 갑자기 그놈이 고개를 휙 쳐들고 으르릉대며 입을 씰룩거리나 싶더니 전속력으로 나를 향해 달려들었다. 본능적으로 뛰어야 한다는 생각이 들자마자 걸음아 날 살려라 하고 있는 힘을 다해 달렸다.

"엄마~~!"

달리는 개한테 쫓겨본 적이 있는가? 개가 그렇게 빠른 줄 예전엔 미처 몰랐다. 죽어라고 달려 집 대문이 바로 코앞인데 뭔가 허벅지에 둔탁한 통증이 느껴졌다. 나는 거의 혼줄을 놓았다. 개에게 허벅지를 물린 것이다. 그때부터는 동네가 떠나가라고 목을 놓아 울며 걸었다. 이젠 뛸 힘도, 그럴 필요도 없었다. 대문에 들어서니 엄마가 놀라 부엌에서 뛰어나오셨다. 꺼억꺼억 우느라 제대로 설명도 못하고 버벅대고 있는데 누군가 대문을 밀치고 들어왔다.

개 주인이었다. 내 비명을 듣고 달려온 것이다. 손에는 잘라온 개털을 한 움큼 들고 있었다. 빨리 참기름 한 숟갈을 불에 끓여서 이 개털을 섞어 식힌 다음 상처에 바르고 묶어 두라고 했다. 헉헉거리며 아직도 진정이 안 되고 있는 나에게 엄마는 개 주인의 처방대로 약을 만들어 상처에 붙였다.

그리고 며칠이 지나니, 어떻게 떨어져 버렸는지도 모르게 개털을 붙인 소독거즈는 달아나고 없고 개 이빨이 박혔던 여린 허벅지는 신기하게도 흉터 하나 없이 깨끗하게 아물어 있었다. 나는 지금도 그것이 개털 비법 덕분이 아니었을까 생각해본다.

겨울 먹거리

개에게 물린 사건도 서서히 잊혀가고 겨울이 왔다. 부엌과 방이 둘 딸린 한옥 본채에 서양식으로 지어진 아래채가 있는 집이었다. 우리는 주로 아래채를 거실 겸 안방으로 썼는데, 겨울이면 아버지가 연탄난로를 방 안에 들이셨다. 바깥으로 연결된 양철로 만든 연통에서는 하루 종일 하얀 연기가 피어올랐다.

그 따듯한 열기 덕분에, 유난히 건강했던 셋째 동생은 한겨울에 얇은 내복 하나로 방 안을 돌아다녔다. 아버지는 아이들이 다치지 않도록 난로 주변에 철망으로 된 울타리를 둘렀다.

나는 이 난로에 국자를 올리고, 엄마가 사다 놓은 미제 코코아 가루를 녹였다. 이것은 초콜릿이 아직 뭔지 모르던 시절에 나만이 만들어내던 특별 간식으로 동생들에게 무척 인기가 있었다. 나는 동생들이 초콜릿을 만들어 달라고 할 때가 젤로 행복했다. 언니는 어깨에 힘이 들어간다.

"리더란 뭘 좀 먹이는 사람"이라고 동막골 촌장 할배가 말씀하시기 40년 전의 일이었다. 나는 명실공히 어린 동생들의 리더였다.

어머니는 겨울이 오기 전에 모과를 사다가 깨끗이 씻고 얇게 썰어 설탕을 켜켜이 넣고 모과주를 담갔다. 광에 가면 허리께에 닿는 커다란 모과주 항아리가 있었다. 어머니는 이것을 가족들의 겨울음료로 매년 잊지 않고 마련하셨다.

한겨울, 모과주 항아리의 뚜껑을 열면 항아리 벽에 붙은 부분엔 살얼음이 끼어있다. 표주박으로 얇은 얼음을 휘저어 섞어 과일주를 뜨는데 항아리가 커서 모과주가 바닥을 보이는 마지막쯤에는 항아리 입구에 대롱대롱 매달려야 했다. 조그만 표주박으로 반쯤 떠서 마신다. 옆에서 쳐다보고 있는 둘째 동생한테도 준다. 꼴딱꼴딱 잘도 마신다.

달콤하고 쌉싸름한데다 셔벗 같은 얼음이 씹히며 향긋한 모과향이 입안에 가득 고인다. 살짝 술맛이 나기도 한 것 같은데 일단 차갑고 달콤했으며 그 맛이 절묘했다. 모과주라 했지만 마시고 취하는 법은 없었다. 아무튼 나와 둘째 동생은 자주 광을 들락거리며 겨울 내내 모과주를 즐겼다.

본채를 돌아 뒤뜰로 가면 땅을 파고 무나 고구마를 묻어둔 땅속 창고가 나타난다. 엄마가 부엌에서 식사준비를 하시다가 "무 하나 갖고 온나~." 하면 맏이인 내가 뒤뜰로 간다. 칼을 들고 가야 하므로 어린 동생을 시킬 순 없다. 짚으로 두껍게 묶어 만든, 입구를 봉하고 있는 마개를 빼내고 일단 속을 들여다본다.

껌껌해서 잘 보이지도 않지만 가지고 간 칼로 아무데나 겨냥을 하고 찍으면 무 하나가 칼끝에 꽂혀 나왔다. 눈이 오고 얼음이 얼어도 땅속 창고의 무나 고구마는 얼지 않았다.

김장독에 가득한 김치와 저장된 무나 고구마, 처마 밑에 빨래처럼 걸어 말렸던 시래기(어려서 나는 왜 나물을 쓰레기라고 하나 궁금해 했던 적이 있었다.), 얇게 썰어 가을 볕에 잘 말려 저장해 둔 호박, 무, 고사리….

광에는 온갖 마른 나물들이 누런 봉투마다 가득 담겨 있었다. 거기에 더하여 겨울 엽총사냥이 취미셨던 아버지 덕분에 각종 꿩고기 요리와 특히 꿩고기로 속을 넣은 만두, 산토끼고기요리 등으로 어머니가 차려내시는 겨울 밥상은 여름 밥상 못지않게 푸짐했다. 비닐하우스 재배도, 냉장고도, 텔레비전도 없던 시절이었다.

막내 삼촌

　군복무 중 자원하여 월남을 갔던 막내 삼촌이 돌아왔다. 눈이 동그랗고 언제나 유쾌하며 얼굴에 장난기가 줄줄 흐르는 친구 같은 삼촌이었다.
　삼촌이 군대 가기 전, 마루 밑에 넣어두고 이두박근 삼두박근 만드는 데 쓰던 삼촌의 아령을 내가 고물인 줄 알고 엿장수에게 팔아먹은 날도 얼굴만 벌게져서 속상해했지 나한테 뭐라진 않았던 맘씨 좋은 삼촌이었다.

　우리는 삼촌 얼굴만 봐도 벌써 웃기 시작한다. 삼촌은 재미난 얘기로 우리를 웃겨주었고 목말을 태워주거나 다리 위에 올려놓고 시소처럼 띵까띵까를 해주거나 팔을 잡고 빙빙 돌려주며 신나게 놀아줬다.
　한 명이 아니다. 넷이 줄을 서 있다. (아이들과 그렇게 놀아주는 것이 얼마나 힘든 일인지 내가 아이들을 키워보면서 절실히 느꼈다. 다리 아프고 허리 아프고…)
　어쨌든, 우리는 그렇게 땀나게 놀다가 지치면 삼촌이 들려주는 먼 나라 월남 이야기에 시간 가는 줄 몰랐다.
　"부산항에서 배를 타고 월남으로 가는데 홀 양쪽 벽에 붙은 의자에 한 줄로 길게 앉아 배에서의 첫 식사를 할 때였데이. 정체를 알 수 없는 시뻘겋고 고추장같이 생긴 것이 밥과 함께 나왔는데 대체 뭔지 알 수가 있어야지. 서로 눈치만 살피고 못 먹고 있는데 어떤 사람이 결심한 듯이 그걸 밥에 턱 쏟아 붓더니 쓱쓱 비비능기야. 그래서 우리 모두는 '옳지!' 하고 그걸 밥에 부어 넣고 쓱쓱 비볐는데… 근데 그게 뭐였는지 니들 아나?"

삼촌이 우리를 한번 휘익 둘러본다.

잠잠~.

"모르나?"

잠잠~.

"모르나? 내 말해주까?"

우리는 동시에 끄덕끄덕.

"그거는 바로… 딸기잼이었다."

까르르르 우리는 배를 잡고 방을 뒹굴며 웃었다.

어느 추운 날 저녁, 삼촌이 뭔가를 가지고 집에 들어왔다. 이제 빙판을 탈 나이가 됐다고 아버지를 설득해서 내 스케이트를 사 가지고 온 것이다. 나는 가죽구두에 칼날이 붙은 롱스케이트(스피드 스케이트)를 그때 처음 봤다.

"형수요, 방에 수건 좀 깔아주소."

엄마는 수건을 길게 깔았다. 제일 작은 걸 사왔는데도 아직 내 발엔 좀 컸다. 삼촌은 스케이트 구두코에다 솜을 뭉쳐 넣었다.

삼촌이 내게 스케이트를 신기고 끈을 꽁꽁 맨 다음 아버지와 함께 나를 부축해 일으켜 세웠다. 저걸 신고 걸을 수 있을까 싶었지만 아버지와 삼촌이 붙들고 있으니 믿고 턱 일어났다. 신기하게도 칼날을 딛고 두 발로 반듯하게 설 수 있었다. 삼촌이 걸어보란다. 양쪽에서 해주던 부축도 풀고 없다. 살짝 불안했지만 수건 위로 한발을 떼어 놓았다.

성공이다.

난 넘어지지 않고 몇 발자국을 더 걸었다. 온 식구들이 손뼉을 치며 좋아했다. 삼촌이 뉘 집 아들은 이걸 신고 며칠을 연습해도 못 걸었다느니 해가며 나를 붕붕 띄웠다.

나는 신이 났다. 동생들이 모두 달려들어 내가 벗어놓은 스케이트를 만져보고 부러워했다. 삼촌은 다음날 진짜 스케이트장으로 데려가 준다고 했다.

그날 밤, 나는 스케이트를 머리맡에 두고 잠이 들었다. 국민학교 입학을 앞둔 마지막 겨울이었다.

암산 스케이트장

　삼촌의 손을 잡고 스케이트장을 가는 날. 자루 같이 생긴 헝겊 가방에 스케이트를 넣어 어깨에 척 둘러메고는 집을 나선다. 안동 시내에서 버스를 타고 30리쯤 가면 빙판 좋기로 유명한 암산 스케이트장이 있다. 버스를 타면 휘발유 냄새가 진동하고 사람들로 발 디딜 틈 없이 붐벼서 어김없이 멀미가 났다.

　겨울방학이라 스케이트를 타러 가는 사람들이 많았다. 버스 창밖의 겨울 풍경에 시선을 고정하고 속이 울렁거리는 것을 겨우 참고 있다 보면 드디어 저 멀리 스케이트장이 나타나고 깨알 같은 사람들이 링을 따라 돌고 있는 것이 보였다. 스케이트장에 도착하면 버스에 탔던 대부분의 사람들이 내린다.
　언덕을 걸어내려가 두껍게 언 빙판에 발을 디딘다. 조심하지 않으면 한번에 쭉 미끄러지면서 엉덩방아를 찧는다. 그러나 삼촌의 손을 잡으면 오히려 발을 밀며 얼음을 지치고 나가도 된다.
　전속력으로 링을 돌고 있는 사람들을 잘 피하며 벤치가 있는 곳까지 간다.(선수들은 대여섯 명씩 무리를 지어 빠른 속도로 돌기 때문에 주의해야 했다. 부딪히면 최소한 코피다.)

암산 스케이트장은 천연의 강줄기를 막아 얼린 야외 스케이트장으로 얼음이 두껍고 넓기로 유명한 곳으로 크고 작은 빙상 경기가 자주 열렸다. 그런 만큼 겨울이면 스케이트를 타는 사람들로 붐볐다.

삼촌은 나에게 스타트하는 방법, 팔을 흔드는 방법, 특히 코너를 돌 때 몸을 기울이며 다리를 교차하는 방법을 가르쳐 주었다. 그리고 똑바로 선 자세에서 발 앞꿈치에 힘을 주면서 뒤로 꼬불꼬불 갈 수 있는 비법도 가르쳐줘서 이 묘기로 친구들의 부러움을 샀다.

동생이 7살이 되자, 아버지는 동생에게 피겨스케이트를 사 주셨다. 팔을 획획 흔들며 전속력으로 달리기만 하는 나와는 달리 동생은 원을 그리고 팔자모양을 그리고 다리를 올리고 몸을 꺾으며 춤을 추는 방법을 배웠다.

점심때가 되면 우동을 사 먹는다. 추운 겨울 칼바람에 꽁꽁 언 몸을 속까지 뜨끈하게 녹여주는데는 우동만한 것이 없었다. 구멍이 숭숭 뚫린 커다란 국자에 미리 삶아놓은 우동국수 한 덩어리를 담아 펄펄 끓는 국물 솥에 넣고 흔들었다가 그릇에 퍼담고 뜨거운 국물을 붓는다. 그 위에 채를 썬 단무지를 올리고 고춧가루를 뿌려주는 것이 전부인데 우동 먹으러 스케이트장 간다는 말이 있을 정도로 유명했다.

삼촌의 주머니 사정이 좋은 날에는 10미터 정도 흙길을 걸어 올라가 기와집 뜨끈뜨끈한 방구들에 엉덩이를 지지며 소고기국밥을 먹었다. 사람들은 스케이트를 벗기 귀찮아서 스케이트를 신은 채 흙과 자갈을 밟으며 식당까지 갔다.

스케이트 날이 무뎌지면 날갈이 아저씨가 상주해 있으므로 걱정이 없다. 그는 스케이트 날을 쇠로 만든 틀에 고정해놓고, 맷돌처럼 생긴 얇고 둥근 숫돌로 문지르며 갈았다.

오후가 되고 사람들이 하나 둘 스케이트장을 떠나기 시작한다. 버스는 한두 시간 만에 하나씩 있을까 말까 하므로 길가에 멀거니 서서 버스를 기다리기 싫은 사람들은 국도를 따라 슬슬 걷기 시작한다. 버스 멀미가 싫었던 나는 그렇게 걸어가는 것이 좋았다. 길 옆은 추수가 끝나 황량한 논이나 밭이었다. 주위는 온통 바싹 마른 풀과 나무들로 누렇게 변해 있었다.

당시에는 자동차의 통행이 빈번하지 않았으므로 걸어가는 동안 차 때문에 신경이 쓰인 적은 별로 없다. 목도리와 장갑, 코트로 중무장을 했으므로 그다지 춥지도 않았다. 털 부츠를 신고도 발이 좀 시리긴 했지만 견딜만했다. 나는 버스가 영영 오지 않았으면… 하며 걸었다.

안동까지 오다 보면 지름길이 한 군데 있었다. 국도를 벗어나 기찻길을 따라 굴 하나를 지나는 것이었는데, 매우 위험하므로 어른들 없이 아이들끼리 가서는 절대 안 된다고 했지만 그 길의 유혹은 컸다. 삼촌 친구들은 항상 이 지름길로 다녔다.

굴이 그리 길지 않아서 깜깜하지도 않았지만 항상 기차가 오는지 귀를 기울이고 있어야 하고 만일 기차가 오는 소리가 나면 벽의 파인 공간으로 들어가 있어야 했다. 그 공간이 없는 곳에서는 벽에 바짝 붙어 기차가 지나갈 때까지 그 소음과 진동을 견뎌야 했다. 무척 위험한 짓이었으나 무탈하게 지나다녔으니 하나님의 은혜다. 그렇게 걷다 보면 버스가 오고 걷던 사람들 모두가 버스에 탄다.

조금 커서는 삼촌없이 친구와 동행하기도 하고 동생과 함께 가기도 했는데 나는 언제나 돌아오는 길에 버스를 타지 말자고 꼬드겼다.

집으로 걸어 돌아오는 길. 심심하면 만만한 돌멩이 하나를 찾아 발로 차며 가기도 하고, 서로 돌아가며 재미난 얘기를 해서 먼 길의 지루함을 잊어보려 했다. 나는 이야기에 공을 들였다. 나와 동행해 준 데 대한 내 나름의 보답이었다. 대부분은 동화책에서 읽은 이야기들이었지만 이것저것을 섞기도 하고 내 맘대로 지어내기도 했다.

친구나 동생은 다리 아프다고 불평도 하지 않고 괜히 너를 따라왔다느니 하는 원망도 하지 않았다. 재미난 얘기에 먼 길이 짧아진다.

제아무리 걷기를 즐긴다 해도 아이들이다. 2시간 이상 걷다 보면 슬슬 다리가 아파지다가 시내로 들어가는 낙동강 다리가 보이기 시작하면 정말 발을 질질 끌어야 할 지경이 된다.

    강바람을 맞으며 낙동강 다리를 건너면 아픈 다리도 쉬고 고픈 배도 달랠 겸 길가 오뎅 좌판 앞에 쪼그리고 앉는다. 버스비를 아껴서 남은 돈으로 꼬치 어묵을 사 먹으려는 것이다. 김이 솔솔 오르는 솥에서 잘 익은 어묵을 꺼내 간장에 찍어 먹고 뜨거운 오뎅국물을 후후 불어 마시다 보면 어린 걸음에 30리 길 걸어온 피곤이 싹 가셨다.

인현이

동생에게는 인현이라는 예쁜 이름을 가진 친구가 있었다. 동생이 국민학교 3학년이던 어느 날, 동네를 걸어가다가 저만치 골목길을 돌아나가는 인현이를 발견했다. 반가운 마음에 있는 힘을 다해서 소리쳐 불렀다.

"인현아~~ 인현아~~~"

갑자기 길 가던 어떤 아줌마가 동생의 뒤통수를 후려갈긴다.

"쪼끄만 기 친구한테 욕을 그래 해 싸면 되나? 그라몬 안 된다!!!"

아줌마는 어느새 골목길을 저만치 비적비적 걸어 내려가고, 동생은 얼얼한 뒤통수를 붙잡고 억울해 죽을 뻔했다는 슬픈 이야기.

전기밥솥

전기밥솥이 처음 나왔을 때 아버지는 동네에서 제일 먼저 전기밥솥을 사 들고 오셨다.

"네 엄마 밥 태우는 쌀값으로 치면 일 년 안에 밥솥 값 빠진다."

아버지의 표현에 의하면, 엄마의 밥은 날씨와 같았다. 어느 날은 흐리고 다음 날은 맑고 그 다음 날은 비 오고 눈 오고 바람불고…. 아버지가 밥을 하실 때는 공기그릇으로 정확하게 쌀과 물을 재고 끓는 순간부터 시간을 체크해서 정확한 시간에 끄고 정확한 시간만큼 뜸을 들였다. 밥은 한결같은 상태를 유지했다.

아버지의 시범을 다 보시고서도 엄마는 쌀도 대충, 물도 대충, 심지어 밥솥을 불에 올려놓고 잊어버리기 일쑤였다. 그랬던 엄마에게 전기밥솥은 구세주와 같았다. 밥 짓는 스트레스에서 해방되자 엄마는 요리에 관심을 가지기 시작했다.

당시에는 지방으로 다니는 요리전문가들이 있어 주로 주중에 비어있는 예식장 등을 빌려서 요리강습회를 열었다. 엄마는 요리강습에 열심히 나가기 시작했다. 요리전문가는 무료강습을 해 주고 요리기구를 팔았다.

집에는 이런저런 요리기구들이 늘어났다.

채소에 모양을 내는 틀도 있고 사과의 속만 빼내는 봉도 있고 군고구마나 과자를 구울 수 있는 냄비 모양의 오븐도 있었다.

우리 집 물김치에는 홍당무가 꽃 모양으로 동동 뜨고 무는 이파리 모양을 하기 시작했다. 빵이나 과자 반죽을 할 수 있는 계량컵들과 거품기와 보울들과, 보울에서 반죽을 깨끗이 떼어내는 고무 주걱들이 들어오기 시작하더니 학교에 갔다 오면 사과 파이가 기다리고 있거나 쿠키가 있거나 원시 형태의 오븐에서 구운 거친 카스텔라 같은 빵도 있었다. 친구네 가면 찐 고구마나 감자나 삶은 땅콩 같은 간식이 있던 시절이었다.

늘어나는 조리기구와 더불어 엄마의 요리솜씨는 일취월장했다. 만들지 못하는 요리가 없을 정도로 요리의 종류가 다양해지고 음식 맛도 나날이 출중해지더니 급기야는 음식을 담는 용기가 달라지고 어느 날부터는 깎은 홍당무나 토마토 등으로 만든 꽃이나 갖가지 모양의 장식이 음식 접시를 화려하게 수놓았다.

무를 원통 모양으로 잘라 윗부분 반 정도를 잘게 칼집을 넣은 후, 노란 식용 색소 탄 물에 담가 놓으면 무가 노란 국화꽃처럼 벌어진다. 커다란 음식 접시에 가득 담긴 맛난 음식 옆에 노란 국화꽃이 피어나는 것이다. 홍당무를 돌려 깎아 손으로 잘 만지면 활짝 핀 장미꽃이 되기도 했다.

주 요리가 그토록 화려해지면서 후식으로 나오는 과일깎기도 범상치 않아진다. 제비 꼬리 같이 깎은 사과, 동글동글 공 같은 수박, 보트 같은 참외, 홍당무 찍던 꽃무늬 틀로 수박이나 복숭아를 찍어 띄운 화채….

엄마에게 초대받아 온 사람들은 탄성을 터트리며 칭찬하고 또 칭찬했다. 엄마는 사람들에게 음식을 해서 먹이는 것을 무척 좋아하셨다. 거기다가 속도가 붙어 아무리 갑자기 손님이 들이닥쳐도 당황조차 않으셨다.

부엌에 들어가 잠시 분주하시면 금방 한 상 가득 차려내 오셨다. 동네에 잔치가 있으면 엄마를 모셔가기 시작했다. 교회에 잔치가 있어도 대장 노릇을 하시기 시작했다. 엄마가 바빠지니 집에서 먹는 반찬이 부실해지기 시작했다. 우리가 항의하면 반찬이 다시 좋아지긴 하지만, 그것도 며칠뿐이었다.

어쨌든, 어머니의 요리에 관한 관심은 이후로도 계속되었다. 특히 엄마의 고추장 양념 숯불 돼지갈비 요리는 천하일미다. 아직도 손이 빠르셔서 혼자서 이삼십 명 뷔페상 정도는 한 나절로 뚝딱 마치신다.

70을 훨씬 넘기신 지금도 텔레비전에서 하는 요리강좌를 열심히 보시고 이제 외국 음식과 한국 음식을 섞어 새로운 요리를 찾는 시도도 하신다. 서양식 수프에 된장을 풀어보기도 하고 갈비 양념에 커피를 넣어보기도 하신다. 우리가 어머니의 국적을 알 수 없는 요리를 처음 시식해야 하는 실험용이 되기는 하지만 멋진 요리로 되살려내는 재주는 변함없으시다.

   전기밥솥이 나온 지가 얼추 40년이 넘어가나 보다. 이젠 조잘조잘 전기 밥솥이 말도 하고 고구마 감자도 찌고 잡곡밥도 하고 누룽지도 만든다. 예약기능도 있고 갈비찜을 만들 수도 있다. 갈수록 똑똑해지는 전자제품처럼 주부들의 음식솜씨도 일취월장하고 있는가. ^^

극장1

　극장 출입은 중고등학생 시절보다는 오히려 국민학교 때가 훨씬 자유스러웠다. 어른들 손만 잡고 들어가면 그 누구도 뭐라 하는 사람이 없었다. 국민학교 2학년 때쯤엔 데이트하는 육촌 아저씨의 감시자로 극장을 여러 번 따라갔었다. 우리 집에 잠시 기거하던 젊은 육촌 아저씨의 예쁜 애인은, 자신의 엄한 부모님으로부터 밤에 나갈 때에는 나를 항상 동행한다는 조건으로 어렵게 데이트허락을 받아 냈기 때문이었다.

　그러나 그 부모님이 지금도 모르시는 일이 있었으니… 어느 날 밤, 육촌 아저씨가 영화가 끝난 뒤 나만 집에 들여 보내고 애인과 둘만 사라졌다는 사실이다. 대문 벨을 누르면 식구들을 깨우게 되고 둘만 데이트를 나가는 것이 들통나게 되기 때문에 잠시 고민하던 아저씨는 마침 조그만 아이 하나가 간신히 들어갈 만한 공간이 대문 밑에 있는 것을 발견하고 나를 문 밑으로 밀어 넣었다.
　얇고 작았던 나는 대문 밑으로 기어들어가는 데 성공했다. 아저씨가 나더러 이 일에 대해서는 그 누구한테도 절대로 말하면 안 된다고 했기 때문에, 부모님한테도 동생들에게도 말하지 않고 비밀을 지켜 주었다.

그때 차중락 주연의 '낙엽 따라 가버린 사랑'을 봤다. 아이가 보기에도 슬픈 사랑의 이야기였고 초겨울 바람에 낙엽들이 우수수 떨어져서 거리에 휘날리는 마지막 장면이 차중락의 깊고 슬픈 노랫소리와 함께 꼬마의 가슴에 각인되었다.

여배우 도금봉이 그 도발적인 가슴을 한복 치마로 동여매고 한 맺힌 귀신으로 등장하던 영화에서는 대낮에도 숲속에서 춤을 추고 있던 한 무리의 한복 입은 귀신들 때문에 몇 날 며칠을 화장실 가는데 고생을 했다.

필름이 자주 끊어졌는데 특히 아슬아슬한 부분에서 영락없었다. 갑자기 화면에 비가 내린다거나 필름이 끊어져 버리면 사람들은 흥분하여 휘파람을 불어젖히고 소리를 질러 댔다.

학교에서는 가끔 단체로 영화 관람을 갔다. 극장에 가는 날은 정말 신바람이 난다. 아이들은 두 줄로 길게 늘어서서 손에 손을 잡고 참새 떼들처럼 재잘거리며 안동극장까지 걸어갔다.

극장 안에는 깜깜한 통로를 다니면서 군것질거리를 파는 사람도 있었다. 사각의 나무 통에 끈을 달아 목에 맸는데 그 통에는 온갖 맛있는 과자들과 카스텔라 따위가 한가득 꽂혀 있었다. 마치 어른처럼 간식을 사 먹는 아이들도 있었지만 대부분은 침만 삼키다 말았다. 5~6학년 때쯤엔가 학교에서 단체관람했던 '사운드 오브 뮤직'은 충격이었다. 그 아름다운 영화를 보고 나오며 영화에 나오는 인형 같은 서양 아이들이 실제로 이 세상에 존재하는 사람들일까…. 믿어지지 않을 정도로 영화는 감동적이었다.

여름 방학이 되면 안동 시내 세 군데 극장에는 만화영화 간판들이 속속 걸렸다. 매일 오전 시간에 하나씩 새로운 어린이 영화를 틀어 주었는데 일주일 동안의 일정표를 극장 안내판에 붙여놓았다. 그 영화 제목들을 읽을 때부터 벌써 즐거움으로 가슴이 터질 것 같았다. 방학 동안 극장에 만화영화를 보러 가는 재미는 정말 쏠쏠했다. 친구들이나 동생들 손을 잡고 영화를 보러 몰려 다녔다.

중학교에 입학하고부터는 극장 가는 재미를 빼앗겼다. 학교에서 단체로 가는 영화 이외의 것을 보러 갔다가는 정학 처분을 받았다. 선생님들은 조를 짜서 수시로 극장에 단속을 나가셨고, 일명 노는 아이들 사이에서는 어떻게 선생님을 따돌리고 도망을 나왔는지 무용담이 횡행했다. 학교 교칙 지키는 것에 목숨을 걸었던 나는 쓸데 없는 오해를 불러일으키지 않기 위해서 극장 앞은 뛰어서 지나다녔다. 영화를 보는 것은 뭔가 불순한 일을 저지르는 것이라는 등식이 마음에 새겨진 나쁜 결과를 낳았다.

그렇게 되자 영화를 보는 일은 텔레비전에서 방영되던 주말의 명화로 대체되었다. 벤허, 십계, 에덴의 동쪽, 왕과 나, 마릴린 먼로 주연의 영화들…. 7일간의 휴가에서 두 남녀 주인공이 피아노를 치던 장면이 기억난다.

서부의 멋진 총잡이들이 나오던 수많은 영화들…. 그리고 영화에서 보았던 서양아이가 먹고 있던 정체불명의 음식은 결국 뭔지 모른 채 대학을 갔다. 빵을 한 입 베어 물면 하얀 껌 같은 것이 주욱 늘어지는데 그 서양꼬마는 그 흰 것을 손가락에 칭칭 감아 입에 넣었다. 뭔지 모르니 맛있어 보이지는 않았지만 도대체 저것이 뭐란 말인가.

대학교 2학년 봄, 클래식 음악을 틀어주던 신촌의 '바로크'라는 카페에서 친구가 시킨 '피자'라는 것을 처음 맛보게 되었을 때 그 오랜 의문이 풀렸다. 피자를 처음 먹던 날의 그 고통은, 어린 시절 처음 카레라이스를 먹었던 때의 그것과 비슷했다. 도대체 이런 느글느글한 음식을 돈 주고 사 먹는 사람들이 다 있다니…. 김치 생각이 간절했던 날이었다.

극장2

 그 당시 안동에는 3개의 극장이 있었다.
 극장에서는 항상 영화를 두 개씩 묶어서 반복해 틀었고 사람들은 특별히 입장 시간을 지키는 것 같지도 않았다. 중간에 들어가면 첫 영화는 남은 것만 보고 두 번째 영화를 다 보고 난 후에 다시 시작하는 첫 번째 영화의 안 본 부분까지만 보고 자리를 뜨는 식이었다. 새 영화가 도착하면 포스터를 만들어 시내 곳곳 담벼락에 붙여놓았는데 아이들은 그 영화 포스터에 있는 신성일이나 신영균 윤정희 문희 같은 주인공의 눈을 파거나 이빨 하나를 까맣게 칠해주고 수염을 그려 넣거나 안경을 씌우기도 하고 주름살을 마구 그려 넣기도 했다.
 영화 제목이 지방마다 달랐던 걸 본 적도 있다. 서울에서는 '호랑이 눈동자'로 개봉되었던 중국무술 영화였는데 대구에서는 '호랑이 눈알', 안동에서는 '호랑이 눈깔'이었다.

 이들 극장에서는 영화를 상영할 뿐만 아니라 각 학교의 학예회나 공연이 열리기도 했다. 내가 극장 무대에 처음 올라간 것은 국민학교 일학년 때 학예회에서 병아리 춤을 추러 올라간 때였다. 무용 선생님께서 일학년 여학생 중에서 예쁜 순서(?)대로 열 명을 뽑았다. 노란 망사치마가 빵그란 무용복이 앙증맞고 예뻤는데 머리에는 병아리의 부리를 상징한 뾰족한 모자도 썼다.

무대의 막이 오르고 음악에 맞추어 노랑 병아리들이 종종걸음으로 무대 중앙으로 달려나가야 했는데 다른 아이들보다 키가 컸던 나는 사실 병아리보다는 엄마 닭을 해야 할 크기였다. 선생님께서 내 큰 키를 감추기 위해서 허리를 많이 굽히고 종종 걸음으로 걸어 들어가라고 시키셨다. 허리도 아프고 춤도 제대로 출 수 없어 너무 힘이 들었다. 결국 무용반은 일학년 병아리 춤을 끝으로 그만두었다.

합창반에서 몇 년 활동하다가 5학년 때부터는 합주부에서 첼로를 연주했다. 학교가 합주부에 첼로 두 대를 사들이면서 커다란 첼로에 어울릴만한 키가 큰 여학생 둘을 찾아내야 했는데 내가 그 중 하나로 뽑혔다. 피아노에 비하면 첼로는 쉬워 보였다. 손가락으로 짚어야 할 정확한 지점을 반창고로 표시해 놓고 연습했다. 쉬는 시간에는 바이올린 하는 아이들과 악기를 바꿔가며 놀아서 웬만한 동요는 바이올린 연주도 가능했다. 첼로를 하는 동안도 난 무용반이 되고 싶었다. 한 번은 합주반에서 도망가서 무용반에서 배역을 맡고 연습을 하다가 합주반 선생님께서 잡으러 오셔서 뒷덜미를 잡힌 채 끌려간 적도 있었다.

따라서 국민학교 6년 내내 대규모 공연이 있을 때마다 무용으로 합창으로 합주로 무대에 올라갈 기회가 있었으므로, 무대 뒤의 대기실이나 복도나 화장실 등을 이용할 기회가 많았는데 화려한 무대와는 달리 무대 뒤는 좁고 초라하고 지저분하고 나쁜 냄새가 났다.

당시에 극장 소유주라면 돈 많은 부자이고 지역 유지였다. 한 극장주가 연세 지긋해지시자 국회의원이 되고 싶어 출마했다. 그 아들이 아버지의 유세를 도와 열심히 사람들을 만나러 다녔는데 당시만 해도 유세에 막걸리 대접에 비누 설탕 고무장갑을 돌려야 하고… 돈이 너무 많이 들어갔다. 자기 아버지를 국회의원에 뽑아달라고 벌인 어느 술자리에서 이 아드님 말씀하시길 "우리 아부지가 선거에서 떨어지면 우리 집안이 낭패고 우리 아부지가 선거에 붙으면 우리나라가 낭패요." 했다. 다행인지 불행인지 결국 그 아버지는 국회의원 선거에서 떨어져 나라는 구하시게 되었다는 이야기이다.

텔레비전도 없던 시절이라 사람들이 세상을 만나는 방법은 극장에서 영화를 보거나 가끔 찾아오는 극단 공연이나 가수들의 공연, 요란하게 천막을 치고 꽹과리를 울리는 서커스단이 전부였다. 따라서 극장은 어른들과 아이들 모두에게 즐거운 놀이터 같은 곳이었다. 왁자지껄 모여서 떠들어가며 영화도 보고 맛난 과자나 땅콩도 집어먹어 가며, 아저씨들은 담배도 맘대로 피워 가며 그렇게 즐기던 곳이었다. 깜깜한 틈을 타 애인의 손을 잡아볼 수도 있는 가슴 떨리는 데이트 장소이자 선생님의 단속을 피해 사복 입고 가발 쓰고 기어 들어가 넓고 넓은 바깥세상에 대한 꿈을 키우던 까까머리 소년 단발머리 소녀들의 일탈 장소이기도 했다.

　세월이 흐르고 세상이 바뀌었다. 집집이 텔레비전이 들어오고 사람들이 예전처럼 극장을 자주 찾지 않게 되자 극장이 도태되기 시작했다. 어떤 극장은 불이 나서 내부가 다 타버린 후 상가로 리모델링 되기도 했고 어떤 극장은 사과를 저장하는 냉동창고로 변신 했다. 그 후로도 세월이 너무 많이 흘러버렸는데…. 지금 그곳에는 어떤 극장이 남아 있을지 가끔 궁금하다.

텔레비전

동네 전파상에 이상한 물건이 떴다. 길거리로 난 쇼윈도에 새로 진열된 네모난 상자에서는 흑백의 사람들이 나와 노래도 하고 극도 한다. 텔레비전이었다. 국민학교 2학년 때였고 막 겨울이 시작되는 무렵이었다. 우리 네 남매는 그 신기한 물건을 구경하느라 밤늦은 줄도 모르고 가게 쇼윈도 앞에 쭈그리고 앉아 소리도 들리지 않는 TV를 넋을 놓고 들여다보고 있었다. 아버지가 퇴근을 하셨는데 집에 아이들이 하나도 없었다. 어디들 갔느냐고 물으시니 누군가 요 앞 가게에 뭔 구경이 났다고 가는 거 같더라 했다.

아버지가 우리를 찾으러 나섰는데 쌀쌀해지기 시작하는 거리에서 당신의 아이들이 남의 가게 쇼윈도에 코를 박고 쪼그리고 앉아 있는 것을 보시고 자존심이 팍 상하셨다. 다음날로 집에 텔레비전 수상기가 들어왔다.

TV는 옆으로 기다랗고 아주 컸다. 가느다란 네 다리가 있고 꼭대기에는 안테나가 달려있었다. TV의 양쪽은 스피커이고 정작 화면은 중앙의 삼분의 일쯤인데 드르륵 열리고 닫히는 나무문이 있어서 TV를 보지 않는 시간에는 문을 닫아 놓았다. 채널은 손잡이를 잡고 탁탁 소리나게 돌려야 했는데 채널의 다이얼 같은 옆 부분을 이리 저리 돌려서 전파를 정확히 잡아야 했다. 우리 집에서는 내가 그 전문이었다. 나는 식구들이 둘러앉아 텔레비전을 볼 때 채널을 돌린다던지 전파를 잡는 일을 도맡아했다. 나는 두 방송사의 일주일 프로그램 방송 순서를 몽땅 다 외우고 있었다. 아버지는 나에게 "이거 끝나면 다음엔 뭐냐?" 하고 묻기를 좋아하셨다. 사람들이 다음 프로그램을 물으면 "쟈한테 물어보소. 자동이야 자동!" 했다.

당시에는 집에 텔레비전이 없는 이웃들이 많았다. 그래서 저녁이면 텔레비전 구경하느라 우리 집으로 마실을 오는 이웃들이 있었고 안방이 모자라 마루에까지 둘러 앉아서 연속극에 울고 웃었다. 아버지가 퇴근하신 후의 채널권은 아버지에게 있었다. 채널은 KBS와 MBC 달랑 2개뿐이었다. 서울에서는 TBC도 나온다 하고 영어채널인 AFKN도 나온다지만 지방엔 어림도 없었다.

김일이 레슬링을 한다던지 권투 중계가 있는 날은 아무리 다른 채널에서 재미난 걸 한다해도 무조건 포기해야했다. 대신 아버지가 흥분해서 주먹을 획획 날리시는 것을, 약간 떨어져 앉아 옆에서 구경해야했다. 온 식구가 저녁을 먹은 뒤 텔레비전 앞에 모여 앉아 연속극도 봤다. 그 때의 연속극은 눈물 짜내는 슬픈 이야기들이 많았다. 그 유명했던 드라마 '여로'는 모두가 기억하시리라. 바보 영구와 태현실의 연기를 따라 모두가 울고 웃었다. 독종 일본순사가 나오면 할아버지는 주먹을 불끈 쥐고 "저놈 나쁜놈! 저놈 나쁜놈!" 하며 흥분하셨다. '여로'는 너무 인기가 있어 그 시간대에 도둑이 들끓었다나….

슬픈 장면에서는 온 가족의 눈시울이 벌게지는데 특히 엄마와 둘째 동생은 언제나 울 준비가 되어있는 사람들 같았다. 주인공이 슬픈 감정만 잡기 시작해도 두 사람은 이미 눈가에 눈물이 그렁그렁 고여있기 일쑤였다.

우리는 슬픈 장면만 나오면 엄마와 둘째를 쳐다보며 "운다! 운다!" 하며 놀렸다.

그리고 저녁 6시, 애국가가 울리고 나면 바로 시작하던 수많은 만화영화들. 뽀빠이, 바다의 왕자 마린보이, 황금박쥐, 밀림의 왕자 레오, 마루치 아라치…. 나는 40년이 지난 지금도 그 만화영화 주제가들을 모두 외우고 있다.

이사 가는 날

내가 국민학교에 입학하자 아버지는 내가 걸어서 학교에 다닐 수 있도록 학교 옆으로 집을 옮기셨다.

앞집에는 우리 집 마당 쪽으로 난 조그만 창문이 하나 있었는데 그 창문을 통해 온종일 피아노 소리가 들려왔다. 엄마는 내 손을 잡고 앞집으로 데려가서 피아노 교습을 받도록 하셨다. 크고 검은 피아노 앞, 단단해 보이는 의자에 처음 앉았을 때 나는 살짝 긴장해서 손이 뻣뻣해졌다. 그러나 희고 검은 건반이 쪼르르한 피아노는 흥미로웠다.

바이엘 상권의 1번 오른손 '도레도레' 부터 배우기 시작한다. 바이엘 상권의 첫 페이지에는 피아노 건반이 인쇄된 기다란 종이가 첨부 되어 있었다. 집에 피아노가 없었던 나는 매일 그 종이를 밥상 위에 깔아 놓고 배운 것을 복습했다.

뒷집에는 경옥고를 잘 만들기로 유명한 한약방 할아버지가 살고 계셨는데 그집 손녀딸과 둘이서 할아버지한테 천자문을 배우기 시작했다. 그러나 무슨 이유에선지 '하늘 천 따 지 검을 현 누루 황 집 우 집 주 넓을 홍 거칠 황'에서 그치고 말았다. 두 여자아이가 한자 배우기가 너무 싫어서 비비 틀다가 성격 까칠하신 할아버지의 비위를 긁었기 때문이 아니었나 싶다.

아무튼, 그 집을 시작으로 우리는 거의 한 해에 한 번 정도 이사를 했다. 전셋집은 계약이 끝나서 그렇다 치지만 아버지 명의로 집을 사신 후에도 이사를 밥 먹듯 했다.

아버지가 퇴근하시다가 골목길에서 온갖 욕을 해대며 싸우고 있는 이웃집 아이를 만나시면 다음 날 바로 집을 내놓고 딴 동네로 집을 보러 다니셨다. 어느 날은 저녁 식사를 하고 있는데 갑자기 옆집에서 와장창 하더니 냄비뚜껑이 날아가고 부부싸움이 일어나 남자의 욕설과 여자의 악다구니가 담장을 넘어왔다. 순간 아버지 얼굴이 굳었다. 이내 수저를 내려놓으시며 "이사 갈 준비해라." 하셨다.

아버지는 욕하는 사람과 약속 안 지키는 사람을 대단히 싫어하셨다. 젊은 날, 아버지가 아끼시는 카메라를 빌려 간 친구가 약속한 날짜보다 3일 늦게 가지고 오자 보는 앞에서 바닥에 패대기쳐서 카메라를 박살 내버리셨다는 전설이 있다. 우리 아버지의 별명은 검사였다.

신기한 것은 아버지가 집을 내놓고 팔리기까지 보름을 넘기는 것을 본 적이 없다는 것이다. 빨리도 파시고 빨리도 사셨다.

아버지 말씀은 "팔 때는 약간 손해 본 듯이 팔고 사고 싶은 집은 약간 더 준다 생각하면"이 비결이라고 하셨다.

아버지가 살 수 있는 집들은 주로 자그마하고 낡은 한옥들이었다. 기둥이나 마루에 깔끔히 니스칠 하는 건 기본이고 없던 마루를 만든다거나 마루에 유리창을 달거나 마당에 지붕을 만들어 씌우거나 하여 집 구조를 완전히 바꾸시고 새 집으로 변신시키셨다.

"오늘은 학교 마치면 새 집으로 오너라." 하신 날, 온종일 새 집 때문에 가슴이 설레어 수업이 안 된다. 우리에게 새 집은 새 세상을 의미한다. 학교까지 걸어오는 길도 달라지니 등하교 때 구경거리도 달라진다.

장롱 위에는 집들이 때 손님들이 사가지고 온 하이타이, 성냥곽, 양초들이 빼곡히 쌓여있다. 일 년쯤 지나 가루세제(당시엔 하이타이가 대세)가 서서히 떨어져 갈 때쯤이면 장농 위를 쳐다보며 우리가 이런다.

"아부지, 우리 이사 갈 때가 된 거 아이래요?"

이사 가는 날, 안방 장농을 들어내기 전에 우리 넷은 장농 밑을 정확하게 사 등분하여 각자 자기 구역을 정한다. 정확히 선을 긋는 것은 항상 내 몫이었다. 나는 민주적인 맏이였다. 독재란 없었다.

장롱을 들어내면 장롱 밑에는 동전들이 수두룩했다. 드물긴 했지만, 지폐가 섞여 있는 적도 있었다. 그야말로 복불복이었다. 자기 구역에서 나온 동전을 각자가 챙기며 우리는 갑자기 생긴 수입으로 입이 벙글어졌다.
 한번은 엄마가 도둑맞았다고 난리를 치시던 다이아몬드 반지가 이사 가는 날 장농 밑에서 발견된 적도 있었다. 이래저래 이사는 꼬마들에게는 신나고 또 신나는 일이었다.

친구네 양옥집

친한 친구의 아버지가 새로 양옥집을 지으셨다. 처음 그 집에 초대되어 갔을 때 한옥에서만 살아왔던 나는 엄청난 문화충격을 받았다.

이층으로 올라가는 거울같이 반짝이는 나무 계단과 거실에서 바로 걸어 들어갈 수 있는 싱크대가 달린 부엌은 놀라움 그 자체였고, 무엇보다 내가 눈을 뗄 수 없었던 곳은 바로 욕실이었다. 타일을 바른, 각이 지고 거친 시멘트 욕조가 아닌 새하얀 알 같은 욕조에다가 벽에 반짝이며 늘어져 있는 스테인리스 샤워기, 그리고 처음에는 그 정체를 알 수 없었던 동그스름한 의자처럼 생긴 변기였다. 욕실 수도꼭지에서는 뜨거운 물이 펑펑 쏟아졌다.

부엌에서 물을 끓여 들통에 퍼 담아 날라야 하는 한옥 마당의 창고 같은 욕실이나, 밑에서 불을 떼서 사람을 끓여 먹는 식인종 냄비같이 생긴 일본식 욕조도 아니었다. 나는 분명히 욕조 위에서 후광이 쏟아지며 욕실 안이 빛 무리로 가득한 것을 보았다.

친구 중에서 나만 먼저 초대받은 날, 친구는 내게 화장실 쓰는 법을 친절히 가르쳐주었다. 새하얀 변기에 의자에 앉듯이 걸터앉아야 한다는 걸 알았고 손잡이를 누르면 물이 회오리치며 쏟아져 다시금 변기 안이 깨끗해지는 게 놀라웠다. 무엇보다 영화에서나 보던 욕조에 넋을 잃었다. 인형처럼 예쁜 친구는 그 욕조에 물을 받고 거품을 피워 올린 후 우아하게 몸을 담그고 거품 장난을 치리라.

이층으로 통하는 반짝이는 나무 계단을 올라 친구의 방에 가보았다. 유리알 같은 방바닥에 햇볕이 쏟아져 들어오는 커다란 창이 있었다. 방에는 갖가지 모양의 예쁜 인형들이 줄을 지어 서 있었고 어떤 것은 눕히면 눈을 감았다. 알록달록한 소꿉놀이용 장난감도 많았다. 계단을 내려갈 때는 엉덩이로 콩콩 미끄러지며 내려갔다. 계단은 유리알같이 매끄러웠다.

며칠 뒤 다른 친구들과 함께 다시 한 번 놀러 갔을 때, 어떤 아이가 화장실에 갔는데 한참을 오지 않아서 우리 모두 찾으러 가게 되었다. 열린 화장실 문틈으로 들여다보니 변기 위에 올라가 두 발로 뒤뚱뒤뚱 중심을 잡느라 진땀을 빼고 있는 친구가 보였다. 얼굴은 낭패감으로 새빨개져 있었다. 갑자기 집주인 아이가 배를 잡고 깔깔거렸고 다른 아이들도 덩달아 손가락질하며 웃었지만 한편으론 자기가 당할 뻔한 낭패였는데 모면했음에 가슴을 쓸어내리며 안도의 한숨을 내쉬었다. 그 집 욕실을 보고 돌아온 날 밤, 난 우리 집 한옥에 뜨거운 물이 철철 넘치는 서양식 욕실이 생긴 꿈을 꾸었다. 그때부터 나는 뜨거운 물이 쏟아지는 욕실이 있는 집에 살고 싶어졌다.

그러던 어느 겨울날, 그 친구 아버지와 절친한 친구였던 아버지가 만나셨다가 무슨 얘기 끝에 내년 설이 지나면 나와 그 친구를 서로 바꿔서 키우기로 했다고 하셨다. 기간은 일 년 동안이고 자칫 버릇없고 어리광쟁이가 될 수 있는 아이들에게 예절교육을 하기 위해서라고 하셨다. 나는 아버지가 한다면 하는 걸 봐 왔었다. 갑자기 공포감이 밀려왔다. 가슴이 벌렁거리고 눈물이 삐적삐적 나려고 했다.

친절하고 심지어 잘 생기기까지 하신 친구 부모님과 아래층 방에 계시던 친구 할머니의 웃는 얼굴이 떠올랐지만, 그 속에서 불편하게 쭈뼛대는 내 모습도 같이 떠올랐다. 반짝이는 욕조와 욕실도, 유리알 같은 계단도, 수십 개의 외제인형과 아름다운 정원도 쿠키가 익어가던 진짜 오븐도 내 마음 속에서 빛을 잃었다.

눈을 감고 있어도 누가 뭘 하는지 무슨 기분인지 훤한 내 동생들과 있는 게 훨씬 좋았다. 엄마가 해 주는 편한 음식을 먹고 아버지의 우스갯 소리에 웃음 소리가 끊이지 않는 창호지 바른 문짝이 달린 한옥, 내 집이 좋았다. 욕실이 불편하면 대중탕 가면 되지…. 빛나던 친구의 집 욕실은 아직도 부럽고 탐이 나지만 그건 이 다음에 커서 그런 집에 살면 될 터이다.

나는 그 해 연말이 다 가고 새해가 돌아올 때까지 이제나저제나 옷 보따리를 챙겨서 남의 집에 가게 되는 날이 올까봐 전전긍긍했다.

그러나 겨울이 지나고 봄이 오고 있는데도 아버지는 거기에 대해선 아무 말씀이 없으셨다. 나는 그제서야 조금씩 마음을 놓았다. 아버지에게 어떻게 된 일이냐고 물어보지도 못했다. 잊고 계시다가 다시 떠올리고 일을 성사 시키실까봐서였다.

도시락

우리 시대 최고의 도시락 반찬은 달걀을 입힌 소시지였다. 멸치볶음, 콩나물 무침, 시금치 무침, 콩자반, 장조림, 계란말이…. 밥 위의 계란 후라이가 있다면 최고였다. 때는 바야흐로 부족한 쌀을 메꾸기 위하여 정부 주도 하에 혼분식 장려운동이 전국적으로 일어나고 있던 시절이었다. 학교에서도 선생님들은 혼분식의 중요성을 강조하면서 수시로 도시락 검사를 했다.

잡곡밥을 싫어하시는 아버지 덕분에 우리 집은 항상 하얀 쌀밥을 먹었었는데 우리 도시락 때문에 엄마는 보리쌀을 따로 물에 불려 보리밥을 지어야 했다.

다른 집도 비슷한 상황이었는지 거듭 선생님께 혼이 나면서도 쌀밥을 싸 오는 아이들이 가끔 있었다. 그러면 도시락 검사가 있기 전에 옆자리 친구에게서 보리 밥알 몇 알갱이를 빌려 제 쌀밥에 듬성듬성 심었다. 죽어도 보리밥이 싫었던 어떤 아이는 위에만 살짝 보리밥을 깔아 왔다가 나중에 걷어내고 속에 든 쌀밥을 먹었다.

겨울이 왔다. 교실 난로 위에는 층층이 쌓인 알루미늄 도시락이 수업시간 내내 데워지고 있다. 난로 옆에 앉은 아이는 학교에 공부를 하러 오는 게 아니고 일하러 오는 것 같았다. 수업 시간 내내 장갑 낀 손으로 도시락의 순서를 바꿔줘야 하기 때문이다. 이 아이는 난로의 열기 때문에 항상 두 뺨이 빨갛게 달아올라 있었다.

드디어 점심시간 시작을 알리는 종이 울린다.
아이들은 뜨겁게 데워진 밥에 반찬을 다 때려넣은 다음 도시락을 들고 난리 오두방정 춤을 춘다. 잠시 후 뚜껑을 열어보면 밥과 반찬이 알맞게 어우러져 맛있는 비빔밥이 되어 있었다.
김치는 아기 얼굴이 그려진 작은 미제 이유식 병에 담아 삼양라면 봉지로 덮은 후 뚜껑을 잘 닫아야 한다. 만일 그런 단속을 하지 않아 가방 안에서 김치 병이 터지기라도 하는 날에는 책이며 공책이 김칫국물로 범벅이 되어 난리가 나는데 한동안 가방을 열 때마다 숙성된(?) 김치 냄새에 속이 뒤집혀야 하기 때문이다.
책상 앞뒤로 앉은 아이들이 서넛씩 몰려 같이 밥을 먹는다. 반찬은 당연히 나누어 먹는 것이지만 개중에는 젓가락만 달랑 들고 다니며 온 반 아이들의 밥과 반찬을 공략하다가 뺏기기 싫어 침을 퉤퉤 뱉은 반찬도 아랑곳하지 않고 주워 먹어 막강한 비위를 자랑하던 아이들도 있었고 도통 남의 반찬을 못 먹는 결벽증 환자들도 있었다.
그러나 그런 아이들의 개성도 쿨하게 인정해 주면서 우리는 즐거운 점심시간을 누리곤 했다.

여기서 보너스 하나 내가 중학교 때 들은 이야기다.

어떤 여학생이 학교에 가려고 버스에 올랐는데 평상시 버스에서 자주 마주치던 잘생긴 남학생 옆에 서게 됐다. 자리에 앉아 있던 남학생이 가방을 들어주었다. 황공해하며 그의 무릎에 가방을 올려 놓으려던 순간, 그만 버스가 휘청하는 바람에 가방이 기울어지면서 김치 병이 튀어나와 버스 바닥을 굴렀다.

창피해서 죽고 싶었던 여학생은 미친 듯이 김치 병을 찾아들어 가방에 쑤셔 넣었다. 남학생이 경멸에 찬 표정으로 계속 여학생을 노려보았다. 여학생은 점점 더 쥐구멍이라도 있으면 찾아 들어가고 싶었지만 '지는 김치 안 먹고 사나. 그렇다고 저런 표정으로 나를….' 꾹 참는 수밖에 없었다. 목적지에 도착하자 여학생은 가방을 찾아 들고 뒤도 안 돌아 보고 뛰어 내렸다.

그러나 얼핏 그 남학생의 얼굴이 경멸로 일그러져 짙은 보라색이 되어 있는 것을 본 듯했다.

학교 점심시간, 아침의 사건을 생각하면 아직도 창피함에 속이 쓰리고 눈물이 나지만 밥은 먹어야겠는고로 가방을 열던 여학생, 그 자리에 쓰러지셨다.

가방 안에 김치 병이 두 개나 딱!!

다정한 기억

교회

일요일이 되면 예배를 드리러 교회에 갔다. 부모님께서 100원씩 주시는데 50원은 헌금을 하고 50원은 돌아오는 길에 군것질을 했다. 교회에 가지 않는 어린이는 백 원도 탈 수 없어 교회에서 돌아온 다른 형제들이 '뽀빠이'나 '라면땅'같은 라면과자를 맛있게 먹는 것을 구경만 할 수밖에 없었다. 결정은 본인이 하는 것이다. 아버지는 교회에 가는 것을 강요하지 않으셨다. 교회는 아주 오래된 석조건물이었다. 목사님은 매우 훌륭하셨지만 크리스마스설교나 부활절설교가 매년 비슷했다. 대부분의 사람들은 기억력이 좋지 못해서 매년 새롭게 들었지만 아버지는 남들보다 기억력이 뛰어나셔서 매년 특별한 절기의 설교는 다 기억하셨다. 그래서 우리 아버지는 목사님의 설교가 몇 년째 똑같다고 가끔 불평하셨다.

교회에 가면, 어린이 전체예배 후 특별관으로 가서 몇 개의 반으로 나뉘어 또 성경공부를 해야 했다. 매주 외워가야 할 성경구절이 있었는데 나는 그것을 외우는 게 너무 귀찮고 싫었다. 그러나 요절을 못 외워서 선생님께 야단을 맞는 것은 자존심 상하는 일이고 아이들 앞에서 창피를 당하는 게 싫어서 매번 외워가려고 노력했다.

그런데 각 반에는 안동교회에서 운영하는 보육원에 사는 아이들도 몇 명씩 섞여 있었다. 교회 옆을 따라 화성동 골짜기를 좀 걸어 올라가면 흙벽돌로 지어진 보육원이 나왔다. 수많은 방이 마당을 둘러싸고 늘어서 있는 것을 들여다본 적이 있다. 특이하게도 대문이 없었다. 이 아이들은 깨끗하기는 하나 칙칙하고 거친 질감의 옷들을 입고 있었다. 남자아이들은 빡빡 깎은 머리였고 여자아이들은 귀 밑이 달랑한 단발머리였다. 성경 요절을 외우는데 이 보육원 아이들을 당해낼 수가 없었다. 외우기 싫어서 억지로 중얼대는 나와는 달리 이 아이들은 시키기가 무섭게 좔좔 외워 재꼈다.

여름방학이 되고 여름 성경학교가 시작됐다. 방학이 되자 서울로 전학갔던 영식이도 교회에 나왔다. 나는 남몰래 영식이를 좋아하고 있었으므로 그가 돌아오는 방학이 기다려졌다. 앗싸~ 간만에 교회로 가는 발걸음이 가벼워진다.

그날은 여름성경학교에서 노래자랑을 한다고 했다.

전원이 참가해야 하는 대회였다. 순서를 정하는 추첨에서 나는 1번을 뽑았다. 처음으로 무대 위로 올라가 마이크 앞에 섰다.

나는 정확한 음정과 박자 감각을 지니고 있었지만 목소리가 작고 가늘었으며 결정적으로 고음 불가였다. 거기다가 찬송가는 내 성량에는 너무 높았다.

그래서 나는 어쩔 수 없이 마이크를 가까이 붙들고 가성으로 노래를 부르기 시작했다. 어차피 나중에 못 올라가서 가성이 되느니 처음부터 가성이면 덜 웃길 것이란 생각이었다. 그리고 마이크의 에코 때문에 제법 그럴 듯하게 들릴 수도 있을 거란 계산이었다.

마이크를 잡고 연속극에서 여인이 남자친구의 귓가에 사랑을 속삭이듯 찬송을 부르기 시작했다. 심사위원들이 입을 막고 킥킥 웃는 것을 보았다. 그러나 돌이키기에는 이미 때가 늦었다. 어쩔 수 없이 계속 불렀다. 심사위원들이 얼굴이 벌게지도록 입을 틀어막고 있었다. 보고 있던 아이들도 웃고 있었다. 그 누구보다도 영식이가 보고 있다는 생각에 등골이 뻐근해 왔다. 진땀나는 시간이 흐르고 나는 내 자리로 돌아왔다.

고만고만한 실력의 아이들이 하나씩 찬송을 부르고 내려왔는데 거의 마지막에 짧은 단발머리를 실핀으로 단정히 고정한 보육원생 아이가 무대 위로 올라갔다. 키가 작고 평범한 외모였지만, 마치 단단한 감자를 연상시키는 똘망한 아이였다. 마이크를 의식하지도 않고 반듯하게 서더니 반주에 맞추어 노래를 부르기 시작했다.

기교를 부리지 않은 우렁차며 힘 있는 찬송소리가 예배당을 울리기 시작했다. 우리는 모두 하던 짓을 멈추고 무대 위로 시선을 집중했다. 단아한 자세로 그 아이는 멋지게 찬송을 불러제꼈다. 잘 웃지도 않고 생전 가야 말 한 마디 하지 않던 여자아이였다.

만장일치였을 것이다. 그 여자아이가 찬송가 경연대회 1등을 했다. 선생님들이 상품을 주고 축하해 주느라 그 아이의 머리를 쓰다듬고 등을 두드릴 때 그 아이는 처음으로 보일 듯 말 듯 웃었다.

영식이

영식이는 수업 중 의자에 앉아있는 자태부터 남달랐다. '필기할 때를 제외하고는 허리를 꼿꼿이 펴고 두 손을 뒷짐 지듯 뒤로 모으고 얼굴을 반듯하게 들어 선생님을 주시한다.'가 정석이었는데 영식이는 드러눕듯이 앉아있거나 한쪽 다리를 복도 쪽으로 내뻗고 있거나 비틀고 앉았거나… 아무튼 제멋대로였다.

영식이의 그런 자유분방한 모습이 더 멋있게 느껴졌던 것은 타의 추종을 불허하는 좋은 성적과 반듯한 행실 때문이었을 것이다. 거기다가 영식이는 잘 생기기까지 했다. 목이 늘어진 티셔츠를 입고 앉아 있어도 늘어진 티셔츠 속으로 어깨가 드러난 것에 여자아이들은 정신을 잃었다. 안동에서 좀 산다는 집 자손들만 모인 학교였다. 그런 아이들 중에서도 영식이는 단연 빛이 났다.

영식이네 집은 울창한 숲속에 들어앉은 석조 건물로 옛날 미국인선교사가 살던 집이라 했다. 영식이 아버지는 종합병원 원장님이셨는데 영식이 생일에는 그 병원에 근무하는 의사 자녀만 초대해서 파티를 열었다. 우리 아버지는 의사도 아니었고 내가 영식이와 평상시 친하게 지내는 친구사이도 아니어서 한 번도 영식이네 집을 가보지 못했다.

영식이의 생일에 갔다 온 친구는 신이 나서 집이 어떻더라 영식이 방이 어떻더라 수다가 늘어졌다.

　영식이네 집 현관 입구에 영식이가 금발의 귀여운 백인 여자아이랑 어깨동무를 하고 해변에서 찍은 사진이 커다란 액자에 걸려 있다는 소리에, 몰려 앉아 이야기를 듣던 모든 여자아이들이 충격에 휩싸였다. 우리 모두는 그 알지도 못하는 백인여자아이에게 불타는 적개심을 느꼈다. 게다가 아직 서울 구경도 못한 아이들이 대부분이었는데 영식이는 방학마다 미국엘 간다는 것이었다.

　서로 얘기는 하지 않았지만 학교의 거의 모든 여자아이들이 영식이를 좋아하고 있다는 걸 나도 알고 있었다.

　그러던 어느 날, 서울에서 아주 예쁘고 상냥한 여자아이가 전학을 왔다. 안동에 있는 36사단 장교로 부임한 아버지를 따라 이사를 온 것이다. 예쁜 것도 예쁜 거지만 사람을 녹여먹는 서울 말씨에 활달하고 스스럼없이 명랑한 성격이 우리랑 달라도 너무 달랐다.

　상냥함이라고는 약에 쓸래도 없고, 누구를 좋아해도 좋아한다는 말 한 마디 못하고 빙빙 돌고 있는 거친 경상도 가스나들과는 달리 그 아이는 반의 남자아이들에게 서슴없이 말을 걸고 농담을 하고 어깨를 두드려가며 장난을 쳤다. 물론 여자 친구들에게도 상냥하기 그지없었다. 나도 그 친구를 따라 군부대까지 놀러 가보기도 했다. 그 친구는 예쁜 옷도 아주 많아서 다른 여자아이들의 질투를 유발했다.

어느 날이었다.

반의 몇몇 여자아이들이 단합해서 그 서울친구의 책상 속에 쪽지를 써넣었다.

'너 영식이 좋아하지? 그렇다면 이따가 수업 끝나고 철봉 밑으로 나와!'

그 친구는 쪽지를 읽고 울고불고 난리가 났다. 책상에 엎드려서 한참을 훌쩍이더니 두 주먹을 불끈 쥐고 일어났다.

"나 이거 못 참아. 가만 안 둬. 어디야 어디?"

하고 철봉대로 달려 나갔다. 여러 명이 나와 있었지만 정작 이 아이가 따지고 들자 한 마디 대꾸도 못하고 뻘쭘해 있었다.

그러려면 쪽지는 왜 쓰고 이 사달을 만든 것인지…. 그러나 나도 사실은 저 아이한테 '우리의 영식이'를 빼앗기는 건 아닌가 내심 불안해하고 있었으므로 결코 영식이와 사귀려고 하는 것이 아니라는 확실한 대답을 듣고 싶었다. 그리고 그것은 거기에 나와 서 있는 모든 아이들의 마음이었을 것이다.

서울 친구는 울면서 자신의 결백을 주장했다. 그리고 어떻게 니네들이 일방적으로 그런 쪽지질을 할 수 있냐고 따지고 들었다. 아무도 대답을 못하고 있다가 다시 좋은 친구가 되자 어쩌구로 결론이 나면서 그나마 평화로운 결말을 보긴 했다. 다시 반에는 평화가 찾아 왔다.

그러던 어느 토요일, 학교에 갔는데 영식이가 없었다. 서울로 전학을 갔다는 것이다. 인사 한마디 없이 훌쩍 가버린 것이다.

5년 동안이나 같이 공부했는데 어찌 전학 간다는 말 한 마디 없이 배신을 때리는가. 갑자기 가슴에 뻥하고 구멍이 뚫리더니 찬바람이 쌩하니 불었다.

그날 집에 어떻게 돌아왔는지 모른다. 멍하니 방에 앉아 있는데 라디오에서 유행가가 흘러나왔다. 난 그때, 내 앞에 어떤 새로운 문이 열리고 새로운 세상으로 성큼 걸어 들어가는 경험을 했다. 노래 가사가 들리기 시작하는 것이었다. 곡조만 들리던 어제까지와는 달리, 구구절절 마치 내 마음을 들여다보고 부르는 듯한 노랫말들이 가슴에 날아와 꽂혔다.

그날과 그 다음 날 이틀 동안 맘고생을 했다. 이제 학교는 무슨 재미로 가나… 낙이 없었다. 하지만 눈에서 멀어지면 마음도 멀어지는 법, 며칠이 지나니 마음이 달라졌다. 월요일에 학교에 갔는데 애들과 놀다 보니 언제 그런 일이 있었냐는 듯 깡그리 잊어버렸다. 문제는 영식이가 아니었다. 영식이를 시작으로 줄줄이 친한 친구들이 서울로 전학을 가기 시작한 것이다.

내 왼팔, 오른팔, 왼 다리, 오른 다리 같았던 친구들 모두가 서울로, 서울로 떠나갔다.

바야흐로 어린아이들의 서울 유학이 유행처럼 번지던 시대가 시작되고 있었다. 나도 서울로 가야겠다고 마음먹게 된다.

다락방

6학년, 국민학교에서의 마지막 학년이 되었다. 당시 우리 집은 학교와 같은 담장을 쓰고 있어서 우리 집 마당에서 담장을 뛰어넘으면 학교로 바로 들어갈 수 있었다. 교육대학 담장을 따라 하늘을 가릴 듯 울창한 탱자나무 가지들이 우리 집까지 넘어와 그늘을 드리우곤 했다.

아버지 형제 중 장남이신 큰아버지는 줄줄이 딸을 넷이나 낳고서야 기다리던 아들 둘을 얻었다. 그런데 시골에서 나와 살겠다고 집을 구해보려 했지만 애들 많다고 집을 세 주겠다는 사람이 없었다. 이 일을 어떻게 하면 좋겠느냐는 큰아버지의 전화를 받은 우리 아버지, 덜컥 우리 집을 큰집 식구들에게 내어주고 말았다. 졸지에 우리가족은 아버지의 시계가게 뒷방으로 이사를 하게 되었다.

새 집을 살 때까지 임시로 거처하려던 것이 어영부영 내가 국민학교를 졸업할 때까지 살게 되었다. 어려서 살던 집으로 6학년 때 다시 돌아간 셈이다.

그동안 동생들이 셋이나 생겼기 때문에 큰 방 하나에 여섯 가족이 모두 함께 지내는 건 너무 복잡했다. 나는 내 방을 가지고 싶었다.

아버지는 궁리 끝에 마침 지붕 위에 방 하나가 더 있었던 것을 기억해내셨다. 아버지가 처음 이 가게에 세 들어오실 때 가게 천장 위에 작은 방 하나가 더 있었으나 쓸 일이 없어 가게 수리를 하면서 합판으로 입구를 막아버렸던 것이다. 아버지가 입구를 기억하시고 그곳의 합판을 들어내자 가게 천장 위에 거짓말처럼 방 하나가 숨어 있었다. 아버지는 나무 사다리를 놓은 다음 숨겨져 있는 동안 먼지가 앉고 벽지가 찢어지고 천장에 얼룩이 난 그 방을 깔끔하게 수리하셨다. 방은 하이디가 살던 알프스 목장의 다락방을 연상시켰다. 천장은 비스듬히 기울어져 있었고 벽에는 거리를 내려다볼 수 있는 작은 창문까지 나 있었다.

아버지는 벽과 천장에 스치로폴을 붙이고 그 위에 예쁜 벽지로 마감하신 다음 작은 접이식 상을 책상 대신으로 들여놓고 그 위에 아담한 책꽂이를 놓아 주셨다. 그리고 삼단 요를 사서 넣어 주셨는데 낮 동안은 접어 소파로 썼고 밤에는 펼쳐서 푹신푹신한 침대라고 상상하며 잠이 들었다.

여름날, 뜨겁게 달구어진 지붕에서 내려오는 후끈후끈한 열기 때문에 헥헥거리도록 더워서 괴로운 것 말고는 대단히 만족스러운 방이었다. 나는 마치 꿈을 꾸는 듯한 기분이었다. 아버지는 그 방을 내게 주셨다.

나는 그 방에서 일생동안 읽은 것보다 더 많은 책을 읽었다. 내 소원은 바닥부터 천장까지 책을 쌓아놓고 과자를 한 트럭 쏟아

놓은 다음 매일매일 과자를 밥 대신 먹으며 책만 읽고 사는 것이었다.

강소천 선생의 '꿈을 찍는 사진관'도 그때 읽었다. 모파상의 소설들… 수많은 단편들. 손에 잡히는 대로 책을 마구 읽어댔다. 동생들이 아슬아슬한 나무계단을 올라 놀러 오기도 했지만 책만 읽고 같이 놀아주지 않는 언니가 재미없어서 금방 뛰쳐나가곤 했다.

나는 책을 읽으며 한없는 상상의 나라로 날아다녔다. 한번은 아버지가 큰맘 먹고 사다 주신 12권짜리 동화전집을 이틀 만에 읽어치우자 아버지가 혀를 내두르며 손을 드셨다. 이제 더 이상 니 책은 못 사주겠다, 앞으로는 도서관에 가서 빌려다 보라고 선언하셨다. 대신 매달 소년 중앙이나 새 소년, 소년 세계 같은 소년월간잡지 중에서 한 권씩은 계속해서 사 주시기로 약속하셨다.

그 방에서 학교 임원선거의 소견발표 원고도 썼고 초시계를 가져다 놓고 3분짜리 후보자 연설 연습도 확실히 했다. 일주일간에 걸쳐 6년간 배운 실력을 가늠하는 졸업시험 준비도 마쳤다. 나는 지금도 막대에 코일이 감기는 방향에 따라서 양쪽 극의 성질이 달라진다는 것을 기억한다. 그 다락방에서 노트에 그림을 그려가며 정리했던 내용이다.

그동안 우리 옆에 있던 중국 빵집이 문을 닫고 나가고 양복점이 들어왔다. 그 집에도 아이들이 셋이나 있었는데 큰딸아이는 우리 집 셋째랑 동갑이었다. 그 집도 우리처럼 자기네 가게 위 천장을 뒤져 방을 하나 찾아냈다. 즉 가게마다 하나씩 다락방이 숨어 있었던 것이었다.

양복집에는 갖가지 다른 색깔과 질감의 양복 천이 가게의 세 벽면을 빼곡히 채우고 있었다. 국민학교 2학년짜리 여자아이를 필두로 학교도 안 들어간 두 사내아이는 착하긴 하나 부모 말을 죽어라 안 듣는 개구쟁이들이었다. 특히 불장난하는 것을 좋아해서 양복감 자투리 등을 모아놓고 불을 붙이는 장난을 하다가 어른들에게 들켜 종종 야단을 맞았다.

그 집도 우리 집을 따라 가게 윗방을 아이들 방으로 꾸몄다. 그것이 큰 불행의 씨앗이 될 줄을 당시엔 아무도 몰랐다.

여름방학 시골교회 할아버지 댁

할아버지께서는 시골교회의 전도사셨다. 목사가 부족하던 시절, 목사를 대신해서 파견되어 시골에서 목회를 하셨다. 몇 년마다 여러 교회를 옮겨 다니셨는데 대부분 버스에서 내려서도 한참을 걸어 들어가야 하는 오지였다. 교회는 초가지붕에 황토색 흙벽이었다. 입구에는 나무로 만든 신발장이 있고 마루가 깔려 있으며 거친 무명천으로 만든 방석들이 있었다. 그 교회에는 흙벽돌로 쌓아올린 종탑도 있었는데 종탑만 있고 종은 없었다.

어느 날 할아버지께서 시내에 나오셨다가 아버지 가게에 들르셔서 소파에 앉으셨다. 마른 손을 몇 번 비비시더니 "야야~ 교회에 종이 하나 있었으면 좋겠다." 하셨다.

종 값이 적은 돈이 아니다. 나는 아버지를 쳐다봤다. 잠깐 생각하는 듯 하더니 아버지가 말씀하셨다.

"걱정하지 마소. 지가 해드릴게요."

그때, 가게 소파 위에서 다리를 달랑대며 놀고 있던 나는 우리 아버지가 참 멋있다고 생각했다.

드디어 종탑에 종이 달리고 새끼로 꼬아 만든 손잡이가 늘어졌다. 할아버지께서는 매일 새벽, 그 손잡이에 온몸으로 매달리듯

예배당 종을 치셨다.

　예배당 옆에는 마루를 사이에 두고 방 두 칸과 부엌이 딸린 사택이 있다. 역시나 초가지붕에 흙벽돌이다. 마루에는 틈새가 많아 들여다보면 깜깜한 마루 밑이 보일 듯 말 듯했다. 부지런한 할머니의 걸레질에 마루는 원래의 거친 표면이 반들반들해져 있었다. 방문 앞에는 겨우 엉덩이를 걸칠만한 쪽마루가 붙어 있었는데 아침에 일어나 보면 그 위에 호박도 있고 오이가 놓여 있는 날도 있었다. 새벽 밭일을 나가면서 누군가 얼굴 부끄러워 몰래 놓고 간 것들이다. 할배가 "어이구~ 누가 고맙게…." 웃으셨다.

　예배가 없는 평일의 예배당은 창문과 문이 다 활짝 열려있어 여름 내내 바람이 넘나들고 매미 소리가 자지러졌다. 흙벽에 기대앉거나 교회 거친 마루에 누워있으면 여름 하루가 느릿느릿 지나갔다.

　국민학교 방학이 시작되고 우리가 찾아간다는 기별이 가면 할머니께서는 우리가 덮을 이불 홑청을 깨끗이 빨아 풀을 먹이신 후 다듬잇돌에 놓고 방망이질을 하신다. 입에 물을 품고 푸푸 뿌려가며 공을 들여 손질하신 후 햇볕에 바닥바닥 말려 새 홑청을 씌워 준비해두셨다. 도착한 첫날밤, 할머니가 장농에서 꺼내 깔아 주시는 이불의 그 파르스름하고 빳빳한 느낌이 아주 좋았다.

　할머니의 부엌에는 수도도 없고 하수구도 없다. 그곳에서 아궁이에 군불을 때시며 저녁을 하신다. 아궁이에는 무쇠솥이 걸려있다. 부뚜막은 반들반들하다. 할머니는 부지깽이로 마른 나뭇가지들과 솔잎들을 살살 들어가며 불을 잘도 붙이신다. 매운 연기 때문에 콜록콜록 기침이 나지만 우리는 할머니 옆에 쪼그리고 앉아 불꽃이 일어나는 것을 구경하고 싶어 한다.

할머니는 음식솜씨가 있으셨다. 밀가루를 푼 파국도 일품이며 밀가루를 입힌 풋고추나 가지를 쪄서 갖은 양념에 무쳐 주시거나 온갖 싱싱한 푸성귀로 푸짐한 상을 차리셨다. 할머니가 나물을 무치실 때는 참기름병을 조심스럽게 기울여 모기 눈물만큼 떨어뜨리셨다. 어떻게 그렇게 작은 방울을 떨어뜨리시는지 신기하다. 그래도 할머니가 무친 나물들은 무지하게 고소하고 맛있었다.

여름날 마루에서 먹는 저녁밥, 된장찌개에 금방 무친 나물들을 넣고 쓱쓱 비벼 한입 가득 떠넣고 볼때기를 씰룩대며 맛나게 먹다 보면 어둠이 내리고 달이 둥실 떠오르며 울타리 밑 분꽃이 꽃망울을 터트렸다.

할아버지가 석유등을 밝혀 마루 기둥에 거신다. 온갖 날벌레들이 모여들어 윙윙대면 할머니는 상을 치우시고 우리가 잘 방에 이부자리를 깔고 모기장을 치셨다. 어둠이 내리고 문풍지에 달빛이 어른어른하면 가슴 한구석이 새콤하게 아파오며 엄마가 보고 싶어진다. 동생이 눈치채지 않도록 얼른 눈을 감고 잠을 청한다. 멀리서 개굴개굴 개구리 소리가 들리고… 그렇게 시골 할아버지 댁에서의 밤이 깊어갔다.

화재

세월이 흘러 드디어 나는 2월 어느 날 빛나는 졸업장을 받고 국민학교를 졸업했다. 졸업식 때 받은 들지도 못할 만큼 크고 무거운 국어사전은 졸업장과 몇 가지 상장들과 함께 고이 치워두었다. 그 국어사전은 그동안 틈틈이 모아둔 예쁜 엽서, 편지지들, 편지 봉투, 메모지들을 담아둔 상자와 함께 내 보물 1호가 되었다.

그날은 엄마가 둘째와 막내를 데리고 멀리 친구 집으로 마실을 가셨고 나와 셋째는 가게에 딸린 방 안, 텔레비전 앞에서 잠이 들어 있었다.

잠결에 놀러 갔던 엄마가 돌아와 가게에서 아버지와 두런두런 얘기를 나누시는 소리가 들렸다. 엄마가 친구 집에 놀러 갔다 오셨으니 무슨 재미난 얘기를 가지고 오셨을까 궁금하여 졸린 눈을 비비며 가게로 나갔더니 엄마와 아버지가 재미나게 말씀을 나누고 계셨다. 엄마를 따라갔던 동생들은 그 집 애들과 너무 신나게 놀아서 하룻밤 자고 오라고 두고 오셨다 했다.

엄마 옆에 앉아 한참을 재미나게 얘기를 듣고 있는데 문득 천장을 타고 뭔가 시커먼 것이 뭉클뭉클 밀려 들어오는 것을 발견했다. 양복점과 접한 벽과 천장이었다. 나는 비명을 질렀다.

"엄마! 저거 뭐야!"

아버지와 엄마가 의자에서 용수철처럼 튀어 일어나는 모습을 본 것을 마지막으로 정신을 차려보니 나는 청자다방 옆 좁은 골목길, 도꾸도꾸이가 늘 서 있던 자리에 신문지 한 장을 구겨쥐고 바들바들 떨면서 서 있었다.

집에 불이 난 것이다. 벌써 옆집에 붉은 불꽃이 널름대는 것이 보였다. 정신을 차리고 아버지를 도우려 가게로 다시 뛰어 들어가려는데 어느새 몰려든 인파와 경찰들이 앞을 가로막고 못 들어가게 했다. 들어가야 한다고 악을 썼지만 경찰관은 막무가내로 나를 밀어냈다.

짚과 흙으로 지어진 바싹 마른 낡은 건물이었다. 화마는 순식간에 상가 전체를 집어삼켰다. 아버지가 담요에 뭔가를 싸서 들고 나오셔서 받아줄 사람을 찾는 듯 두리번거리시는데 경찰 때문에 한 발짝도 들어갈 수가 없었다. 그때서야 텔레비전 앞에서 자고 있던 셋째 생각이 났다.

"아버지! 방에 인영이 자고 있어요!"

미친 듯이 악을 쓰며 소리를 지르고 있는데 갑자기 큰 폭발음이 들리더니 우리 집 지붕이 날아가는 것이 보였다.

왜 나에게 이런 일이…

　불자동차가 달려왔지만 이미 우리 건물은 화염에 휩싸여 있었다. 소방관들은 우리 건물을 포기하고 장춘당약국에만 집중적으로 물을 뿌려댔다. 장춘당약국에는 약품이 가득 들어찬 대형창고가 있었다. 만약 그곳으로 불이 옮겨 붙는 날에는 안동 시내 절반이 날아갈지도 모른다고 했다. 불은 삽시간에 도장방과 양복점, 만보당과 과일가게를 잿더미로 만들어 버렸다.

　부모가 잠시 집을 비운 사이에 양복점 아이 셋이서 천조각에 불을 붙이며 장난을 하다가 불이 양복감으로 옮겨붙었다. 남자아이 둘은 밖으로 튀어 나갔는데, 그 집 큰딸아이는 겁에 질린 나머지 이층 다락방으로 올라가 숨었다. 잿더미 속에서 그 아이의 시체를 찾아냈는데 두 손으로 얼굴을 감싸고 있어서 얼굴 피부만 조금 남았더라고 했다. 그 집 엄마는 그날 이후 정신을 놓았다.
　모든 것이 괴로운 꿈만 같았다. 소리가 들리지 않는 무성영화처럼 사람들이 몰려다니고, 검은 연기가 하늘을 뒤덮고, 경찰은 두 손을 마구 휘저으며 사람들을 통제했고, 불자동차가 왔지만 나는 그 사이렌 소리나 사람들의 아우성을 듣지 못했다. 눈앞의 모든 정황이 느린 동작으로 천천히 흐르고 있었다.

그때 누군가 내 등짝을 후려쳤다.

"정신 차려라. 니 여기서 뭐 하고 있노 지금? 빨리 느이 이모네 가게로 가봐라. 부모님 거기 다 계신다."

아직도 사람들이 웅성거리며 내 앞에 벽을 치고 있었지만 모든 상황은 이제 끝이 난 것 같았다. 같은 거리의 끝, 좀 떨어진 곳에 있던 이모네 가게로 터덜터덜 걸어갔다. 이모네 양복점 유리문을 열고 들어서니 엄마가 나를 보고 달려와 끌어안고 통곡을 하셨다.

"나는 니 죽은 줄 알았다. 나는 니 죽은 줄 알았다."

엄마는 내가 보이지 않자 내가 나의 보물상자를 가지러 안으로 들어갔다고 생각했단다. 다행히 방에서 잠들어 있던 인영이도 거기 있었다. 내 비명을 듣고 불이 났다고 판단한 아버지는 어찌할 줄 모르고 천장만 바라보고 있는 엄마의 등을 후려치시며 소리를 지르셨단다.

"빨리 들어가서 담요 가져와!"

그리고는 재빨리 진열장을 열고 시계가 담긴 우단 통들을 꺼내셨다. 엄마가 방에 들어가서 자고 있던 인영이를 깨워 밖으로 내몰았는데 엄마가 담요를 가지고 나가자 잠결이었던 동생은 다시 방안으로 들어가 텔레비전 앞에 멍하니 서 있었다고 했다. 마침 가게 앞을 지나던 아버지의 친구분들이 집안으로 뛰어 들어가셨다. 뭐라도 끌어내 주려고 했지만 벌써 천장에서 불똥들이 떨어져 내리고 있었다. 인영이는 방안까지 뛰어 들어간 아저씨들 눈에 띄어 끌려 나왔고 무사히 목숨을 건졌다. 도장방 아저씨는 불이야 하는 소리를 듣고 전화기를 통째로 들고 달려 나와선 끊어진 전화기에 대고 계속 "소방서 소방서!" 하고 소리를 질렀다. 수화기를 어찌나 힘주어 쥐고 있었는지 그 이후로 한 달 동안이나 팔을 못 쓰셨다고 했다.

그 누구도 옷가지 하나 건져내지 못하고 건물은 완전히 잿더미가 되었다. 식구들이 그나마 무사한 것을 확인하시고, 담요에 감아 들고 나온 몇 통의 손목시계들을 챙겨두신 다음 의자에 돌아앉으신 아버지. 그제서야 머리를 두 손으로 감싸고 잠시 우셨다.
"왜 내게 이런 일이… 왜 하필이면 나에게 이런 일이…."
밖에 세워둔 자전거가 남은 유일한 재산이었다. 아버지는 이 화재로 전 재산을 잃으셨다.

아버지의 기적

아버지의 친구분께서 부엌이 딸린 아래채를 비워 놓을 테니 빨리 오라고 연락을 주셨다. 교회 마당이 바라다보이는 화성동 골짜기 입구의 큰 한옥, 내 친구 정혜네 집이기도 한 그 집으로 우리 넷은 석양에 긴 그림자를 끌며 터벅터벅 걸어갔다. 아버지는 묵묵히 자전거를 끌고 걸으셨다. 엄마도 그 누구도 아무 말이 없었다. 나도 마음이 먹먹하여 신발코만 보며 걸었다. 늘 당당하게 각이 서 있던 아버지의 등이 둥글게 내려앉아 있었다.

나는 그 뒤를 따라가며 난 이제 중학교도 못 가게 되었다고 생각했다. '중소기업은행에 맡겨둔 내 예금통장을 털어 아버지를 드려야겠다. 그런데 통장도 다 타버렸으니 은행에서 나 모른다 하면 어떡하나….' 걱정이 됐다.

내일 날이 밝으면 은행에 가봐야겠다는 생각만 하며 걸었다.

그날 저녁부터 우리가 묵고 있는 정혜네 아래채에는 손님들의 발길이 이어졌다. 이불을 가져오는 분, 쌀을 가지고 오는 분, 옷가지와 신발과 베개, 냄비와 솥, 그릇들…. 도움의 손길들은 아버지가 새 가게와 새 집을 세 내서 이사 나오는 날까지 거의 두 달 동안 끊이지 않았다. 사람들이 사가지고 온 새 것 냄새나는 이부자리와 베개에도 불구하고 집안에서는 잿더미 속에서 끌어내 온 타다만 앨범, 진열장 밑받침 등등에서 나는 탄 냄새가 한 달이 가도 빠지지 않았다.

아버지는 주위 분들의 위로에 힘입고, 타고난 근성으로 다음 날부터 재기하기 위하여 뛰어다니기 시작했다. 불이 나기 몇 년 전에 만보당 앞에 있던 시외버스정류장은 더는 복잡한 시내 중심에 있을 수가 없어서 자리를 옮겼고 그 빈터에는 중소기업은행이 신사옥을 멋지게 짓고 들어섰다. 즉 아버지의 가게는 멀리 옮겨간 시외버스정류장과는 거리가 있었던 셈이다.

불이 나는 바람에 가게를 잃자 백방으로 새 가게 자리를 알아보고 계시던 아버지는 새로 생긴 시외버스정류장 앞에 분양 중인 건물이 있다는 것을 알아내셨고 건물주에게 사정을 얘기하고 돈에 지독하다는 건물주를 설득하여 가게를 새로 얻고 같은 건물 3층에 살림집도 얻었다.

아버지가 거래하던 대구의 총판들과 본사에서도 무조건 물건을 대주라는 결정이 내려졌다. 회사들로부터 속속들이 손목시계, 벽시계, 부속들이 도착했다. 어음결제 날짜는 걱정하지 말라는 말과 함께였다. 아버지는 새 가게를 얻고 간판도 달기 전에 번듯한 새 시계점을 꾸밀 수 있었다.

불이 난 집은 불같이 살림이 인다고 덕담들을 해주신 덕분이었을까… 아버지의 가게는 승승장구 번창해가기 시작했다.

아버지의 가게가 있는 삼 층짜리 상가건물의 맨 위층에는 18세대의 살림집이 있었다. 우리는 그중 12호에 세를 얻어 들어갔다. 부엌 하나에 방 하나가 전부인데 방 중간을 가로지르고 있는 유리문을 닫으면 방이 두 개가 되었다. 부엌엔 수도나 하수구가 없었다. 모든 씻고 다듬는 일은 수도꼭지 열 몇 개가 벽에 일렬로 달려있는 공동세면장에서 해야 했고 복도 끝에 공동화장실이 있었다. 지금 생각하면 거의 쪽방 수준이지만 당시에는 명실공히 안동에 처음으로 등장한 원시 형태의 아파트였다.

우리 형제들은 우리가 드디어 아파트에 살게 됐다고 좋아했다. 화장실도 수세식이라고 아주 만족해했다. 거기다가 집집이 아이들이 있어서 새로운 친구들이 생겼다. 앞날에 대한 걱정과 불안함으로 마음이 복잡하셨을 부모님과는 별개로 우리 네 남매는 새 집과 새 친구들에 신이 나서 아주 황홀할 지경이었다. 타다만 진열장을 책상으로 사용하며 나는 중학교에 입학했다.

2부

머릿니의 추억

"야는 먹는 게 다 머리로 올라가는 모양이네. 우째 이리 머리숱이 많다냐."

가늘가늘한 여자아이가 머리를 양 갈래로 땋았는데 양 갈래 중 한 가닥이 다른 아이들 통가닥 굵기와 맞먹자 동네 아줌마들은 내 머리를 볼 때마다 탄성을 질렀다. 나보다 더한 건 셋째 동생이었다. 셋째는 머리숱이 감당치 못할 정도로 너무 많아서 엄마는 미장원에 아이를 데리고 갈 때마다 숱을 쳐 달라고 부탁해야 했다. 군데군데 머리숱을 쳐놓아도 셋째의 커트머리는 항상 봉두난발이었다.

세상을 살다 보면 참으로 영원히 좋은 것도, 영원히 나쁜 것도 없다는 진리를 실감할 때가 있다. 젊어서 오목조목 예쁘장한 얼굴은 나이 들어가며 쉬 시들어 보이기 쉽고, 젊어서 그저 둥글 둥글 평범했던 얼굴이 나이 들어가며 더 훤하게 피어나는 경우도 많이 보지 않는가? 어려서 남다른 숱 때문에 고생했던 셋째는 남들이 탈모로 고민을 시작하는 40대 이후에 빛을 발하기 시작했다. 건강하고 굵고 숱 많은 머리채는 어디를 가나 중년 여인들의 부러움을 한 몸에 받게 된다. 셋째가 미장원에 파마를 하러 가면 미용사가 한숨을 들이쉬고 내쉬며 울상을 한다.

남들이 사용하는 것의 두 배에 달하는 파마기구를 가져와야 하고 하염없이 파마를 말아야 하기 때문이다.

각설하고, 만보당 뒤채에는 수도가 아닌 펌프로 물을 길어 쓰게 되어 있었다. 머리를 감을 때는 펌프 가에 가서 우선 마중물 한 바가지를 펌프에 들이붓고 물이 묵직하게 올라올 때까지 손잡이를 아래위로 마구 움직여야 한다. 손잡이에 물이 올라오는 무게감이 실리기 시작하면 바로 맑은 물이 콸콸 쏟아진다. 펌프에서 길어 올린 물을 대야에 가득 담은 다음 머리채를 풀어 담그고 흔들어 적신 후에 빨랫비누를 문질러 거품을 낸다. 빨랫비누는 너무 커서 손에 잘 잡히지도 않았고 비릿한 냄새가 났다. 머리를 비싼 세숫비누로 감는 사람은 없었다. 머리는 빨랫비누로 감는 것이다. 거품이 잘 나지 않으니 다시 한 번 더 비누로 문질러야 했다. 그리고는 열 손가락으로 머리 밑을 긁적긁적 긁고 비벼서 거품을 낸다. 대충 감겼다 싶으면 대야의 물을 몇 번씩 갈아가며 냄새가 빠질 때까지 헹궈줘야 하는 것이었다.

세 자매가 차례차례로 머리를 감고 엄마에게로 가서 수건을 받아 머리를 말린다. 흰 수건에 까만 점으로 붙어있는 이가 몇 마리 발견되는 날에는 비상이 걸린다. 즉시 엄마는 참빗을 가져다가 신문지를 깔고 아이의 머리를 빗는다. 제법 통통한 놈들이 후두둑 떨어진다.

신문지 위로 떨어진 이들이 도망을 가기 전에 손톱으로 눌러 터트린다. 엄마는 계속해서 머리를 빗어 내리고 아이는 이를 눌러 죽이는 일에 열중한다. 문제는 이가 아니다. 대충 빗질이 끝났다 싶으면 엄마는 자신의 무릎에 아이를 눕힌다. 그리고는 머릿속을 이리저리 뒤져가며 서캐를 뽑아낸다. 하얀 사분음표같이 생긴 서캐는 알이 통통한 채로 머리카락 깊숙이 하얗게 붙어있다. 서캐를 뽑아낸 다음 손톱과 손톱 사이에 넣고 누르면 타각 하는 명쾌한 소리를 내며 터졌다. 엄마가 서캐를 하나씩 뽑아낼 때마다 머리카락이 뽑히는 고통에 눈물이 쑥 빠진다.

학교를 다녀온 후에는 책을 읽거나 집안에서 얌전히 놀아 동네 마실을 거의 다니지 않는 나와 둘째와는 달리 학교 갔다 오기가 무섭게 책가방을 던져놓고 밖으로 달려나가 온 동네 아이들과 머리를 맞대고 놀아서 이를 옮아오는 원인으로 지목된 것도 숱이 많은 셋째였다. 내 머리에서 서캐가 대충 뽑히면 엄마는 셋째를 불러다 머리를 뒤진다. 나는 둘째를 내 무릎에 눕히고 둘째의 서캐를 잡아낸다. 일요일 오후 햇볕 쏟아지는 따듯한 마루에서 세 딸과 엄마는 이 박멸에 몰두하느라 시간 가는 줄 모른다.

한번 누군가가 이를 옮아오면 같이 자는 자매들에게는 하룻밤이면 옮겨졌다. 참빗질에 서캐 사냥으로 세 아이의 머릿속을 관리하느라 엄마가 땀을 빼며 박멸해봐야 얼마 못 가서 또 기승을 부렸다. 세상이 좋아지고 나날이 좋은 물건들이 쏟아졌다. 텔레비전에서 샴푸라는 것을 선전하기 시작했다.

유니나 샴푸. 올록볼록 격자무늬가 있는 예쁜 병에 담긴 주황색 액체. 샴푸는 조금만 짜서 머리에 발라도 거품이 풍성하게 일어나 빨랫비누에 비할 바가 아니었다. 샴푸냄새는 거의 황홀할 지경이었다. 우리 집도 당장 빨랫비누를 버리고 샴푸를 사용하기 시작했다.

이가 사라진 것은 분명히 우리가 샴푸를 사용하기 시작하던 무렵과 맞물려 있다. 참빗질도 하지 않았고 서캐를 더는 뽑아내지도 않았는데 이는 샴푸를 사용하기 시작하자 순식간에 사라졌다. 집안에서 참빗이 사라지고 서캐를 뽑히느라 눈물 뽑으며 고문을 당하는 일도 없어졌다. 샴푸의 향기에 취해서 왜 이가 살지 못하고 한방에 박멸이 되었는지에 대해서도 생각해 볼 겨를이 없었다.

중학교 입학 그리고

중학교에 입학했다. 중학교 학칙에 따라 머리카락을 귀밑이 달랑하도록 잘랐다. 가뜩이나 살집도 없이 키만 뻘쭘하게 큰데다가 짧은 단발머리 덕분에 가늘고 긴 목선이 썰렁하게 드러난 모습을 보고 아버지는 '아를 꽁지 빠진 새 같이 만들어 놨다.'고 속상해하셨다. 중학교에 진학한 나는 사실 첫날부터 그다지 행복하진 않았다. 솔직하게 말하자면 한순간에 천국에서 지옥으로 뚝 떨어져 내린 것만 같았다.

내가 다닌 국민학교는 한 반에 아이들이 40명 정도뿐이어서 오붓한 데다가 아이들 대부분이 얌전해서 일상이 평온했다. 지나가다가 조금만 스쳐도 서로 미안하다고 사과를 하라고 배웠으며 친구가 떨어뜨린 연필이나 지우개를 서로 주워주려고 했고 어김없이 고맙다는 인사가 오고 갔다.

욕설은 들어 본 적도 해 본 일도 없고 힘든 일은 남자아이들이 알아서 도와주었다. 선생님께서 그리 하라고 가르치셨다. 심지어 여자아이가 의자에 앉으려고 하면 남자애들이 의자를 빼준 적도 많았다.

그런데 여자아이들만 모인 중학교가 그야말로 아비규환이었다. 아이들의 목소리는 기차 화통을 삶아 먹은 듯 거칠고 노는 시간이면 우당탕 여기저기서 책상이 넘어가고 의자가 날아가고 몸싸움을 하느라 교실 안이 북새통이었다. 아이를 문 뒤에 넣고 문을 서로 밀어대다가 문틈에 손이 찍히고 울고불고 도망가고 소리를 지르며 뒤쫓아 가고… 나는 정신을 잃을 것만 같았다.

깨끗한 수세식 화장실을 사용했었는데 다시 푸세식 화장실로 돌아왔고 학생 수가 많아서 화장실을 사용하려면 길게 늘어선 줄 끝에 서서 하염없이 기다려야 했다. 첫 수업에서 담임선생님은 출신 학교별로 아이들을 일으켜 세우셨는데 교대부국(교육대학부속국민학교) 나온 아이는 나를 포함해서 달랑 둘이었다. 손바닥만한 동네인지라 내가 교대부국을 학장상 받고 졸업한 학생이란 사실이 삽시간에 교무실에 알려졌고(수석 졸업이란 얘기다. 흠흠), 수업에 들어오는 선생님마다 내 얼굴을 확인하셨다. 나는 졸지에 선생님들의 관심의 대상이 되었고, 그리고 나는 반장이 되었다.

좋은 반장이 되고 싶었지만 아이들은 통제되지 않았다. 봉지에 쑤셔 담아 누르면 누를수록 삐져나가는 콩나물 대가리처럼 아이들은 중구난방이었다. 나는 앞날이 캄캄할 뿐이었다.

새로 만난 선생님들은 참신했다. 대학을 갓 졸업한 젊은 선생님들이 많았는데 특히 국어를 가르치시는 여선생님이 좋았다. '것 바 줄 이 터 따름뿐 수' 7개의 불완전 대명사를 강제로 외우게 시키셨던 덕분으로 나는 지금도 저 7개의 불완전 명사를 외우고 있고 글쓰기에서도 적절하게 써먹고 있다.

국어 선생님은 내가 입학하자 바로 학교 문예반에 넣으시고 백일장마다 끌고 다니셨다. 오전 수업을 다 재끼고 백일장에 나가는 건 말할 수 없는 기쁨이었다. 답답하고 재미없는 수업을 서너 시간이나, 그것도 합법적으로 빼 먹을 수 있다는 것은 정말 자다가도 일어나 앉아 천장을 보고 하이파이브를 치고 싶은 일이었다. 학칙을 어기지 못하는 성격 탓에 자발적인 일탈을 시도하지는 못하지만 백일장이 열리는 날에는, 학생들이 모두 학교 교실에 갇혀 깡그리 사라진 백주의 거리를 교복 차림으로 쏘다닌다는 것 하나만으로도 뼈와 살이 떨리는 흥분이 있었다.

2, 3학년 상급생들과 같이 어울려 백일장 가서 글도 쓰고 학교에서 제공한 점심값으로 맛있는 짜장면을 사 먹는 일도 신이 났다. 한번은 짜장면 대신, 지금은 전국적으로 유명해진 안동 버버리 찰떡을 먹으러 간 적도 있었다. 안동국민학교 옆 개천 위를 거친 판자 등으로 엉성하게 얼기설기 덮은 통로를 걸어 들어가야 하는 허름한 가게였으나 찰떡 맛만큼은 기가 막혔다. 입안에 들어가는 순간, 떡이 혀 위에서 살살 녹았다.

한번은 국어 선생님께서 점심을 사 먹는 것보다는 의미가 있겠다면서 점심값으로 공책을 사주신 적이 있었는데, 그런 선생님의 배려가 전혀 반갑지 않았다는 것을 아실까? 아이들에게 선물이

라면서 학용품을 주는 만행은 저지르지 말아야 한다.

물론 선생님을 실망시키지 않고 백일장이 있을 때마다 상을 타 왔다. 그렇게 타온 상장은 전교생이 모인 조회시간에 교장 선생님으로부터 다시 받았다.

교장 선생님께서 좋아하셨다. 평상시에 내가 쓴 글은 교무실 선생님들끼리 먼저 돌려본다고 국어 선생님께서 말씀해 주셨다. 이유는 '재밌어서'라고 하셨다. 난 그 말이 참 좋았다.

입학식을 치르고 얼마 지나지 않아 꽃샘추위가 왔다가 사라지고 나자 어느새 햇살에 따듯한 기운이 돌기 시작했다. 드디어 오랜 겨울이 지나가고 봄이 오는 것이다. 아직은 건조한 바람이 남아있는 겨울의 끝자락 어느 날, 전교생이 동원되어 근처 시골 마을로 보리밟기를 하러 갔다. 우리 학교는 겨울철 동복이 바지였다. 수백 명의 여학생들이 교복차림으로 학교에 집합했다. 선생님으로부터 간단한 안전수칙을 전해 들은 후에 시내를 벗어나 보리농사를 짓는 밭이 있는 곳까지 몇십 리를 걸어갔다. 비용 때문이었겠지만 단체로 움직일 때 버스를 타고 간다는 건 꿈도 못 꾸던 시절이었다.

겨우내 얼어있던 보리밭은 봄이 오고 땅이 녹으면 얼음 때문에 부풀어 있던 땅이 들떠있으므로 보리가 뿌리를 제대로 내릴 수가 없다. 따라서 보리밭을 사람이 밟아서 다져줘야만 그 해 보리농사가 제대로 되는 것이다. 즉 우리는 땡전 한 푼 안 받고 나라의 원활한 식량생산을 위해서 동원 된 것이었다. 수백 명의 단발머리, 검정교복의 여자아이들이 시내를 벗어나 국도를 따라 떼를 지어 걸어가는 모습은 마치 수백 마리의 까마귀떼들 같았으리라. 그래도 공부를 하지 않아도 된다는 그 사실 하나만으로도 얼마든지 즐거웠다. 아이들은 마치 소풍을 나온 기분으로 참새떼처럼 재잘재잘대며 그 먼 길을 불평 없이 걸었다.

밭에 도착하면 줄을 지어 보리밭 고랑을 따라 땅을 지근지근 밟아나갔다. 한 학년이 거의 600명에 가까웠다. 학년별로 날짜를 달리하기는 하지만, 우리 학교에서만 1800여 명의 학생들이 동원된 것이다. 밭은 겨우내 얼었다가 녹은 탓에 실제로 살짝 들떠 있었다. 밟으면 땅이 푹푹 꺼졌다. 그러나 수백 명의 발길이 지나가고 나면 밭은 자근자근 다져지게 된다.

푸른 기 하나 없는 삭막한 밭이었다. 그 밭에서 곧 파릇파릇한 보리싹이 나오기 시작하고 여름이 되기 전에 바람에 일렁이는 푸른 보리 물결을 만들 것이다.

보리밟기는 생각보다 재미있었다. 친구들과 재잘대며 수다를 떨어대는 재미에 하루가 훌쩍 지났다.

작업량이 채워지고 해가 중천을 지나 서쪽으로 기운다 싶으면 우리는 다시 줄을 지어 몇십 리 길을 걸어 돌아왔다. 행렬이 길고 학생들이 많이 움직이다 보면 항상 그 중에 몇 명 부산스러운 애들이 있기 마련이다. 일학년 몇 반 아무개는 밭두렁을 걸어오다가 왜 멀쩡한 길을 벗어나 밭으로 내달렸는지는 지금도 알 수 없으나. 밭 가장자리에 땅을 파고 겨우내 숙성시키고 있던 거름더미를 땅으로 착각해서 밟았는데 한쪽 다리가 허벅지까지 푸욱 빠졌다. 주위에 있던 아이들이 소리를 질러댔고 놀란 선생님께서 사색이 되어 달려가셨다. 선생님과 친구들에 의해 거름더미에서 건져진 그 친구는 일단 지푸라기 같은 걸로 대충 닦아내고 가까운 농가로 씻으러 갔다. 거름 냄새가 진동했다.

그 아이와 그 아이의 제일 친한 친구는 그 일로 돌아오는 행렬에 동참하지 못했고, 동행했던 선생님으로부터 돌아오는 내내 평생 먹을 욕을 다 먹었다는 후문이었다.

강제 동원은 여름이 오기 전에 한 번 더 나갔다. 안동 일대 소나무에 송충이가 번져 구제에 나서야 하는가 보았다. 보리밟기는 우아한 편이었다. 이번엔 송충이 잡기이다. 각자가 집에서 빈 깡통에 철사로 손잡이를 달고 기다란 나무젓가락이나 집게 등을 준비해 와야 한다. 송충이가 득실거리는 소나무밭을 제 발로 걸어 들어가야 한다는 건 정말 죽을 맛이었다. 지난봄, 보리밟기 할 때처럼 전교생이 줄을 서서 또 산으로 간다. 이번엔 소나무가 울창한 산이다. 가까이 들어가 보니 소나무가 아니고 송충이 나무다. 나뭇가지에 우글대고 있는 송충이를 나무젓가락으로 집어내어 물이 조금 담긴 각자의 깡통에 빠뜨려 죽여야 한다. 일정량의 죽은 송충이를 선생님께 보이고 검사를 받아야 하므로 게으름을 피울 수도 없다. 송충이 털에는 독이 있다. 목덜미나 팔에 송충이가 떨어지면 금세 좁쌀 같은 것들이 빨갛게 돋았다. 긴 소매 옷을 입고 무장은 했지만 등줄기에 뭔가 스멀스멀 기어 다니는 것 같아 아주 기분이 나빴다.

 다행히도 우리 반에는 여자아이지만 용감무쌍한 아이들이 많았다. 특히 시내가 아닌 시골 마을 국민학교를 나온 아이들은 송충이를 손으로 집어내기도 했다. 작업 도중 나뭇가지에서 아이들 어깨나 머리 위로 송충이가 툭툭 떨어져 내리기도 했는데 심약한 아이들이 비명을 질러대면 용감한 누군가가 손으로 툭 쳐서 떨어뜨려 주거나 날쌔게 젓가락으로 잡아 제 깡통에 담았다.
 내 빈약한 깡통을 들여다본 그 용감한 소녀들은 제 깡통에서 차고 넘치는 송충이를 듬뿍듬뿍 나누어 주었다. 우리 반 아이들은 그렇게 서로 나누며 한 사람의 낙오도 없이 제 할당량을 모두 채웠다.

 한 가지 강제 동원이 끝날 때마다, 혹은 매일 일어나는 참으로 다양하기 짝이 없는 사건 사고들을 겪어내는 사이에 도저히 맞춰지지 않는 퍼즐조각 같던 소녀들은 이렇게 저렇게 자꾸만 서로에게 정이 들어갔다.

폐품수집과 쥐꼬리

 당시의 모든 초중고등학교에는 한 달에 한 번씩 폐품수집의 날이 있었다. 1인당 가져가야 할 양이 정해져 있다 보니 폐품수집 날에는 집집이 폐품 난이 벌어졌다. 부모님께서 한 달간 빈 병과 신문 잡지들을 모은다고 모아도 남매가 넷이나 되다 보니 네 등분으로 나누어 가져야 하는 상황이었고 그 양은 항상 부족하기 마련이었다. 내 친구 중 어떤 아이는 고물상에서 빈 병과 폐지를 사 오기도 했다.

 5월이 되면 아카시아 이파리를 뜯어 말려서 한 포대씩 가져가야 하기도 했다. 아카시아 나무는 동네 야산이나 학교로 올라가는 길 옆에 지천으로 있었다. 그러나 농사일을 해본 아이들도 아니었고 아이들이 해내기에는 턱없이 어려운 일이었다. 그러자니 대부분 부모님의 도움을 받아야 했다.
 나도 할머니께서 도와주셨다. 잔디씨를 채집해 라면 봉지 하나 정도의 양을 만들어 오라는 숙제도 있었다. 아이들은 공부를 마치면 삼삼오오 짝을 지어 낙동강 가를 헤맸다. 잔디씨를 채집할 수 있는 곳은 낙동강변밖에 없었다.
 잔디는 대롱이 삐죽이 올라와 씨를 맺는데 손으로 그 대롱을 밑에서 위로 훑어올려 씨를 채집해야 했으므로 잔디씨 채집을 '잔디씨를 훑는다'고 말했다.

나는 이런 일에는 젬병이었다. 오죽하면 적성검사에서 농업점수가 가장 낮았겠는가. 결국, 나는 잔디씨 채집에 천부적인 재능을 발휘하는 친구의 도움을 받아야했다.

우리 어렸을 때는 쥐가 참 많았다. 특히 만보당 뒤채에 살 때는 한밤중이면 천장에서 온 동네 쥐들이 운동회를 했다. 머리 위에서 쥐떼가 우르르쿵쾅 이쪽에서 저쪽으로 몰려다니는 소리를 듣는 것은 참으로 소름 끼치는 일이 아닐 수 없었지만, 소리는 들리나 일단 내 눈에 띄지 않으니 그나마 견딜만했다. 가끔 천장에 누런 얼룩들이 생기곤 했는데 엄마는 그것이 쥐 오줌 자국이라고 했다. 그 얼룩이 천장 이곳저곳으로 번져가는 것을 봐야 하는 것은 참으로 괴로운 일이었다.

어느 날은 동생이 펌프장 가에서 소리를 지르고 있었다. 달려가 보니 시멘트 조각이 떨어져 나가 생긴 구멍 깊숙이에 빨갛고 작은 새끼 쥐들이 오글오글 모여있었다. 어미 쥐 한 마리가 새끼를 하나씩 입으로 물고 어디론가 옮겨놓는 중이었다.

내 동생은 그 옆에 서서 두 주먹을 불끈 쥐고 울며 소리치고 있었다.

"가지고 가지 마! 가지고 가지 마!"

아마도 동생은 그 새끼 쥐들이 태어난 며칠 전에 우연히 그 장소를 발견했었고 매일 찾아가서 새끼 쥐들을 구경하고 있었던 모양이었다. 내 새끼 내가 옮기는데… 엄마 쥐로서는 기가 찰 노릇이었겠으나 동생은 며칠 동안이나 상실감에 가슴 아파했다.

어느 해 섣달 그믐날에 엄마는 다음날 설날 떡국에 넣을 요량으로 만두를 세 광주리 가득 빚었다. 추운 겨울날이므로 밤새 만든 만두를 광주리에 총총히 담아 마루에 내다 놓았는데 아침에 일어나보니 빈 광주리만 달랑 남아있고 만두는 몽땅 사라지고 없었다.

엄마는 허탈하고 기가 막혀서 아무리 세상이 어렵다지만 어찌하여 찌지도 않은 생만두를, 세 광주리나 되는 만두를 하나도 남기지 않고 훔쳐가느냐고 도둑을 원망했다. 그런데 뭔가 이상했다. 서로 붙지 말라고 만두에 뿌려놓았던 밀가루가 마루를 지나 마당 여기저기에 솔솔 뿌려져 있는 것이었다. 그 자국을 따라간 엄마는 세 광주리에 가득했던 수십 개의 만두가 마루 밑에 고스란히 모셔져 있는 것을 발견하고야 말았다. 범인이 밝혀지는 순간이었다. 그 해 설날, 우리는 만두가 없는 떡국을 먹어야 했다.

쥐잡기 운동이 한창이었던 때에는 동회에서 쥐약을 무료로 나누어주고 전 국민이 같은 날 같은 시간에 쥐약을 놓게 했다. 정해진 날, 밤 9시가 되면 동회나 시청에서 사이렌을 울려 쥐약 놓는 시간임을 알려줬다. 그러면 집집마다 일제히 밥에다 약을 섞어 집 안 곳곳에 뿌려 두었다. 쥐약을 제대로 놓았다는 증거로 다음날 아침에는 죽은 쥐의 꼬리를 잘라 학교에 가지고 가야 하기도 했다. 나는 차마 그 짓은 못하겠어 빈손으로 학교엘 갔다. 선생님께 야단을 맞는 편이, 보기만 해도 소름이 돋는 쥐의 꼬리를 잘라내는 것보다는 훨씬 나았기 때문이었다.

은자

은자는 중학교 1학년 5반 중에서도 키가 큰 순서로 다섯 번째 쯤 되는 괄괄한 성격의 아이였다. 얼굴이 크고 길었는데 광대뼈가 많이 솟아 있어 남자 농구선수를 연상시키는 인상이었다. 은자는 노는 시간에도 요란스럽기로 둘째가라면 서러운 선머슴이었음에도 불구하고 그날은 오전 내내 의자에서 일어나지를 않았다.

첫째, 둘째, 셋째 시간이 지나도록 꼼짝 않고 앉아만 있는데 얼굴빛이 건드리면 곧 울음이 터질 듯, 점점 더 붉은 흙빛이 되어 가고 있었다. 집에 무슨 일이 있나? 이상하다는 생각은 했지만 1학년 5반의 쉬는 시간에는 오만 가지 사건이 다 일어나고 조용한 날이 오히려 이상했으므로 다들 특별히 신경을 쓰지는 않았다.

그런데 은자가 갑자기 책상에 쓰러지듯 엎어지더니 꺼이꺼이 울기 시작하는 것이었다. 아이들이 놀라 달려가고 무슨 일이냐고 아무리 물어봐도 그 아이는 대답을 하지 않고 울기만 했다. 몇 명의 아이들이 달래다 못해 "말을 해야 알지, 어디가 아픈 거냐?"고 다그치듯 물어대자 은자는 그제서야 떠듬떠듬 몇 마디 하더니 어깨를 들썩이며 대성통곡을 시작했다.

"내는 이제 죽는다~. 나는 이제 죽는다고오~."

다정한 기억 ___ 123

은자는 자기가 죽을 거라는 말만 반복하며 통곡을 그치지 않았다.

"왜 죽냐고~ 어디가 아픈데? 말을 해라 말을 해!"

아이들이 여럿 둘러서서 아무리 어르고 달래도 은자는 울음을 그치지 않았다.

그런데 둘러섰던 아이들 중에 한 명이 꽥 하고 소리를 질렀다.

"이거 봐라, 이게 뭐로?"

오전 내내 엉덩이 한번 떼지 않고 앉아 있던 은자의 걸상에 불그죽죽한 액체가 번져 나오고 있었다. 내가 처음 손님을 맞던 날, 학교에서 들어도 봤고 친구 중에도 이미 생리를 시작한 아이들도 있었으므로 이것이 무슨 현상인지를 알고는 있었지만 당장 찾아온 것은 낭패감이었다. 한 달에 한 번은 너무 많아, 그리고 30년 넘게는 너무 길어. 이런 번거로운 일을 이제 어쩌면 좋단 말인가. 눈앞이 깜깜했다.

엄마는 뭐가 좋은지 자꾸만 벙긋벙긋 웃으며 시장으로 달려가서는 예쁜 꽃무늬 면 팬티 몇 장, 비닐 덮개가 달린 팬티 몇 장, 생리대를 만들 부드러운 면 천을 한 보따리나 사오셨다. 그리고 일본에서는 이런 일이 있으면 단팥죽을 쑤어 먹으며 잔치를 열어 준다고 하시면서 그날 저녁 제법 푸짐한 저녁 상차림으로 축하를 해주었다.

은자의 이 문제가 뭔지 알았지만 내가 해결하기에는 너무 벅찬

일이었다. 나는 무용 선생님께 달려가 알려드렸고 무용 선생님과 양호 선생님이 오셔서 일은 일단 수습이 되었다. 얼굴은 눈물범벅, 옷은 생리혈로 범벅이 된 채 아이들의 부축을 받고 집으로 돌아갔던 은자는 다음 날 아침, 얼굴 가득 뽀송뽀송한 웃음을 흘리며 학교에 왔다. 은자의 어머니는 연세가 높으셔서 이미 할머니가 다 되셨고, 위로 줄줄이 장성한 오빠들만 있는 집에서 사내아이처럼 자란 은자였다. 중학생이 되도록 아무도 은자에게 찾아올 손님에 대해서 알려주지 않았던 것이었다.

죽을지 모른다는 공포를 어디다 내던졌는지, 은자는 어제의 소란이 남사스러워 온종일 헤헤거렸다.

전학, 서울로 가다

중학교 2학년 때 서울로 전학을 갔다. 청량리 제기동 한옥촌에서 한약방을 하시던 이모할머니 댁의 문간방이 비어 있었다. 엄마는 그 작은 방에 비키니옷장과 책상, 작은 찬장과 전기밥솥을 사 넣어 주시고 떨어지지 않는 발길을 돌려 고향으로 돌아가셨다.

서울서 공부하고 싶다는 고집 센 맏딸의 고집에 설득 당해 결정한 일이기는 했지만 아직도 어린아이를 자취방에 두고 가는 것이 마음에 걸려 몇 번이나 밥 잘 챙겨 먹고 다녀야 한다고 다짐을 하셨다.

학교는 별반 다를 바가 없었다. 아이들이 좀 더 부드럽다고 느낀 건 말씨 때문이었을 것이다. 국어 시간, 선생님이 "오늘 이 반에 전학 온 학생 있지? 어디 일어나서 본문 한번 읽어봐라." 하셨다. 나는 일어나 책을 반듯이 들고 평상시처럼 또박또박 읽어 내려갔다.

갑자기 여기저기서 킥킥거리는 소리가 들리기 시작하더니 반 전체가 책상 위로 쓰러졌다. 나는 웃음을 참느라 고통스러워하고 있는 아이들을 곁눈으로 감지하며 계속해서 책을 읽어 내려갔다. 어라, 선생님도 비실비실 웃고 계신다. 아이들은 더는 웃음을 참지 못하고 얼굴이 벌게져서 눈물을 질금거리고 있었고 나는 책 읽기를 그만두지도 못한 채 당혹감으로 두 뺨이 화끈거렸다.

'내 이것들을…'

일생 살아오며 남들의 웃음거리가 되어보긴 교회 찬송가 경연 대회 이후 처음이었다. 참으로 이해할 수 없는 일이었다. 나는 내 말투가 그리도 이상한 것인지 책을 읽다 말고 아이들에게 따져 물어보고 싶은 심정이었다. 서울과 지방간의 교류가 지금 같지 않던 시절인지라 서울 아이들은 그리도 생생한 사투리를 가까이서 들어볼 기회가 없었던 것이다.

책을 다 읽고 자리에 앉자 아이들은 눈물을 닦으며 웃음을 진정시키느라 애를 쓰고 있었다. 자존심이 상했다. 하지만 반 아이들은 새로 전학 온 투박한 경상도 사투리의 키만 껑충한 말라깽이, 하얗고 작은 얼굴에게 다정했다. 반 아이들은 나를 신선한 자극으로 여긴 듯, 호감을 보이며 친하게 지내고 싶어 했다. 독하기로 소문난 나는 사투리를 고치기로 작정, 6개월 만에 누가 들어도 티 나지 않는 서울말을 구사하게 되었다. 학교는 매일매일 편안해져 갔다.

60번 친구

여자 중학교 교실엔 언제나 싱싱한 활기가 흘러넘쳤다. 한 반을 가득 채운 60명의 혈기왕성한 여자아이들은 언제나 검은색 와이셔츠나 검정 폴로 티만 입고 오시는 멋쟁이 총각 선생님을 담임으로 모시고 풀잎같이 싱싱한 나날들을 만들어가고 있었다. 반 번호 1번은 조그맣고 얇은 몸매에 얼굴을 다 가릴만한 안경을 쓰고 있었지만 똘망했다. 나랑은 같은 버스를 타고 다녀서 가끔 버스 안에서 마주치곤 했는데 그때마다 몸집에 어울리지 않는 큰 소리로 "안녕 41번!!" 하고 아는 척을 해주었다.

우리 반 마지막 번호는 60번이었는데 선생님보다도 키가 크고, 죽은 임꺽정이 환생해 돌아온 것이 아닌가 의심이 될 정도의 기골이 장대한 아이였다. 이 아이는 커다란 덩치에 어울리지 않게 귀염성 있는 이목구비와 복숭앗빛 뺨을 가지고 있었는데, 이 친구는 공부에는 별 관심이 없었고 항상 뭔가에 신이 나 있었고 항상 웃고 있었다. 덩치가 큰 만큼 힘도 세서 책상쯤은 번쩍번쩍 들어서 아이들을 놀라게 했다.

우리는 그 친구에게 다음 생에서는 장군으로 태어나 나라를 구해달라고 부탁했다. 이 친구가 어느 날 학교에 왔는데 평상시와는 달리 약간 침울해 있었다. 무슨 일 있느냐고 물어대니 마지못해 사연을 털어놓는데 사연인즉슨 이랬다.

집안의 외동딸로 아버지의 전폭적인 사랑을 받고 있던 이 친구, 방안에서 만화를 보고 있는데 퇴근길에 한 잔 걸치시고 기분이 좋아지신 아버지가 딸내미 방에 와서 자꾸만 장난을 걸었다.

귀찮아진 딸은 저리 가라고 아빠를 자꾸 밀쳐냈는데 아빠는 더 신이 나서 딸내미 팔을 비틀다가 그만 성질이 난 거구의 딸에게 팔이 붙들렸다.

아빠의 팔을 꺾어 쥐고 "하지마! 하지마~." 맹세를 시키자 아버지는 더 재미를 붙이시곤 "시로 시로." 하신거다. 그럴수록 화가 머리끝까지 난 이 친구 "귀찮게 안 한다고 대답 안 하면 계속 비튼다!" 하고 위협을 가했다.

그놈의 술이 문제라면 문제였을까. 아빠는 배포가 두둑하셨다.

"시로 시로…."

"말해!"

"시로!"

"말해!"

"시로 시로!"

"계속 이러면 부러뜨려버린다!"

"부러뜨려봐! 부러뜨려봐!"

이 친구, 에라 모르겠다고 힘을 줘 버렸고, 그만 아빠의 팔은 댕강 부러지고 말았다. 아빠는 그 야밤중에 병원에 실려 가시고 이 친구는 그 큰 덩치를 흔들며 장판을 치고 후회했으나 이미 소용없는 일이었다.

부모님께 상해를 입힌 죄 때문이었을까. 얼마 지나지 않은 어느 겨울날, 이번에는 이 친구가 팔에 깁스를 하고 나타났다. 어젯밤 또 사건이 있었다는 것이다. 집을 혼자 보고 있다가 구멍가게에 가서 과자를 좀 사오려고 대문을 나서는 순간, 열쇠를 가지고 나오지 않았다는 자각이 듦과 동시에 대문은 뒤에서 철커덕 잠겨 버렸다. 낙천적인 성격을 가진 이 친구는 그 순간에도 별로 걱정은 하지 않았다.

밤늦게 놀다가 부모님께서 다 주무시는 시간을 틈타 담을 넘는 일이 다반사였으므로(교복 스커트를 걷어붙이고 그 거구가 담을 넘고 있는 광경을 상상해 보시라.) 담 옆에 붙어있는 시멘트 쓰레기통을 밟고 올라가 담을 넘을 작정이었다.

구멍가게에서 과자를 한 봉지 사 들고 돌아온 이 친구, 담 꼭대기까지는 잘 올라갔다. 뛰어내릴 곳을 잘 조준하고 날아 뛰어내렸는데 지난밤 내린 눈이 응달에 알맞게 얼어있었다. 땅에 닿은 두 발이 미끈등 얼어있던 눈발 위에서 미끄러지면서 엉덩방아를 찧고 잘못 짚은 팔에 금이 가고 말았다. 이 친구가 담에서 떨어지는 순간에 지축을 뒤흔드는 진동이 옆집에서도 감지되어 이웃집 아줌마가 놀라 뛰어나왔고 이 친구는 또 병원으로 실려 가게 되었다는 이야기였다.

　팔을 깁스해서 목에 매단 채로, 담벼락에서 떨어질 때 어떤 폼으로 자빠졌는지 몸소 재현해 보여주며 평소에도 발그스름한 두 뺨이 흥분으로 빨갛게 달아오르도록 거구의 소녀는 상황설명에 열을 올렸다.

　그래서 그 집에선 딸과 아버지가 나란히 깁스를 하고 다녔다는 이야기였다.

무학의 7공자

학교에는 7명의 총각 선생님이 계셨다. 아이들은 그 일곱 분의 선생님들을 무학의 7공자라고 부르며 자기 취향대로 편을 갈라 좋아했다.

외모가 준수했던 생물 선생님은 열정적인 수업으로도 유명했다. 수업 내내 교단 위를 종횡무진으로 뛰어다니며 침을 튀겨서 앞자리에 앉은 아이들은 수시로 날아오는 파편을 견뎌야 했다. 어느 날 젊고 열정이 가득했던 선생님은 칠판에 필기를 미친 듯이 해 나가다가 갑자기 칠판 옆에 놓아두었던 의자 위로 뛰어 올라갔다. 선생님도 의자 위에 올라가서야 자신이 의자 위에 있다는 사실을 알아차렸다. 키가 좀 작은 듯했던 선생님은 필기를 해 나가다가 뻗은 팔이 필기 중이던 칠판 윗부분에 못 미치자 무의식적으로 자신이 조금 더 높았으면 하고 생각함과 동시에 벌써 의자 위로 뛰어 올라가 계셨던 것이다. 아이들의 폭소가 터졌고 선생님도 황당한지 웃음을 흘리시며 뻘쭘하게 내려오셔야 했다.

생물 시험을 치고 채점을 할 때였다. 선생님은 각반 반장들을 불러서 채점을 하도록 했는데, '식물의 기원'을 발표하고 생물체의 기본구조가 세포라고 주장한 학자의 이름을 묻는 문제에 답으로 생물 선생님의 성함을 써낸 아이가 있었다. 시험지에는 답을 몰라 고뇌한 흔적들이 남아 있었다. 선생님은 자기 이름을 써낸 답안지를 보고 박장대소하며 좋아하시더니 정답 처리해 주라고 하셨다. 답은 '슐라이덴'이었다.

우리는 선생님께서 영원히 결혼하지 않기를 바랐지만 혹시라도 꼭 결혼을 해야 한다면 미스코리아 찜쪄먹는, 우리가 감히 질투하지 못하는 여신과 결혼하기를 바랐다. 그랬는데… 그랬는데…. 교무실에는 예쁜 영어 선생님이 계셨는데도 불구하고 하필이면 우리가 제일 답답해하고 무미건조하고 매력 없다고 생각한 여선생님과 결혼발표가 났다. 그동안 아무도 눈치채지 못하게 감쪽같이 비밀연애를 해 오셨던 것이다. 우리는 말도 안 된다고 분개를 하고 눈물을 글썽대며 가슴을 쳤다. 마음속에서 연모한 선생님을 별로 인기도 없는 여자 선생님에게 빼앗기는 아픔을 그대들은 아는가. 신혼여행을 다녀오신 후 생물 선생님은 다른 학교로 전근을 가셨다. 아이들은 왜 그 여선생님 대신 생물 선생님이 전근을 가셔야만 하는지 가슴 아파하며 방과 후 학교 앞 분식집으로 몰려가서 떡볶이를 씹으며 괴로워했다.

키가 크고 가늘가늘하셨던 물리 선생님은 수업 중에 내내 교실 뒤편 천장을 쳐다보며 수업을 하셨다. 대학 졸업 후 첫 부임지가 여자중학교였었는데 60명이나 되는 여학생들 앞이 난처하고 쑥스러워 아이들 눈을 바로 보지 못하신 것을 시작으로 버릇이 되고 말았다. 그분은 수업 내내 절대 우리와 눈을 마주치지 못하셨다. 출석부에서 이름을 골라 질문을 하실 때에도 눈은 천장을 주시한 채로 "아무개 빨리 나타나!" 하셨고 질문 후에는 "빨리 사라져!" 하셨다. 여전히 눈을 바로 보지 못한 상태로였다.

서울대를 졸업하자마자 바로 우리 학교에 부임하신 세계사 선생님은 자그마한 체구에 목소리가 짜랑짜랑하셨는데 약간 혀 짧은 소리를 하시는 분이었다. 작은 키를 커버 하시려는 듯 항상 고개는 뒤로 젖혀지고 턱이 한껏 들려 있었다. 선생님은 한동안 머리 피부에 문제가 생겨서 머리를 빡빡 깎으신 후에 가발을 쓰고 다니셨다. 수업 중에는 절대로 가발을 벗지 않으셨는데 청소시간에 테니스장 근처를 지나가던 애들이 가발을 벗은 채 테니스를 하다가 쉬고 있는 세계사 선생님을 발견했다. 아이들이 오마나~ 하고 소리를 지르자 세계사 선생님께서 화들짝 놀라 가발을 들고 흔들며 "저리 가! 저리 가!"하며 방방 뛰셨다고 애들이 교실에 돌아와 호들갑을 떨어댔다.

세계사 시간에 제일 뒷자리에 앉아 있던 나는 짝꿍인 경희랑 같이 세계사 책을 펼치다가 조지 워싱턴의 사진을 보고 웃음이 터졌다. 인쇄가 불량하던 시절이라 사진에 잉크가 뭉쳤는지 워싱턴의 두 뺨이 군고구마 껍질을 붙여 놓은 듯 시커멨다. 한번 터진 웃음은 가라앉지를 않았다. 선생님의 눈을 피해서 터져나오는 웃음을 참느라 허벅지를 꼬집고 비틀고 입 안을 깨물어대도 웃음은 터져 나오고 눈물이 질금거리고 가슴은 터질 것 같아 거의 울고 있을 때, 벼락같은 선생님의 호통이 쏟아졌다. 아까부터 뒤에서 두 놈이 선생님의 눈치를 살살 보면서 눈물 질금대며 킥킥거리고 있는 것을 선생님은 자신을 보고 웃는다고 오해를 하신 것이다. 우리를 계속 신경을 쓰시면서도 이제나 그치나 저제나 그치나 하다가 결국은 폭발을 해 버리신 것이다.

우리 둘은 그날 눈물이 쑥 빠지도록 혼이 났다. 한 번만 더 그러면 가만두지 않겠다고까지 하셨다. 평상시에 나를 예뻐라 하시던 선생님이라서 더욱더 놀라울 뿐이었다. 워싱턴 얼굴 때문이었다고 말씀드려도 믿어주지 않으셨다. 자신을 보고 웃었다고 끝끝내 믿고 계셨다. 지금 생각하니 당시 선생님도 스물 두세 살의 홍안청년이었던 것이다.

그리고 국어 선생님이었던 우리 담임선생님. 이순신 장군의 눈을 가지셨는데 눈꺼풀이 훨씬 더 두꺼워서 눈동자가 잘 보이지 않을 정도였다. 이 선생님은 일 년 내내 검정 와이셔츠, 검정 티만 입고 다니셨다. 그리고 항상 목 폴라 티셔츠 입기를 즐기셔서 일 년 내내 목을 가리고 계셨는데 아이들은 아마도 목에 키스 마크가 있기 때문일 거라는 불온한 소문을 퍼트렸다.

국어 수업은 재미났다. 황순원의 '소나기'를 배울 때였다. 소년이 소녀가 원하는 들꽃을 꺾으려다가 낭떠러지에 떨어져서 소녀가 내민 손을 끌어올려 주는 장면에서 물으셨다.

"이 소녀는 왜 소년에게 손을 내밀었을까?"

우리가 그 맘을 알 수가 있겠는가. 남자친구를 사귀었다가는 당장에 정학처분을 받고 학교에서 쫓겨날 것이므로 일생 남자애들이 어떻게 생겨먹었는지도 알지 못하고 사춘기를 넘기고 있는 여자아이들이었다.

선생님은 그 두꺼운 눈꺼풀 깊숙이에서 장난스럽게 반짝이는 눈으로 이러신다.

"그렇다고 발을 내밀 순 없잖아."

헤헤헤헤 그때서야 소녀들은 배를 잡고 웃는다.

점심시간까지 기다리지 못하고 아이들은 배가 고프다. 셋째 시간 마치고 나면 다들 도시락을 꺼내 먹고야 만다. 학교에서는 점심시간 전에 밥을 먹지 못하도록 하고 있었지만 아이들은 참지를 못했다. 그날도 셋째 시간 마치는 종이 울리자 모두 도시락을 꺼내놓고 신나게 먹고 있었다. 복도 쪽 창가에 앉아 있던 나도 짝꿍이랑 열심히 도시락을 까먹고 있었는데 한순간에 교실 전체에 찬물을 끼얹은 듯한 정적이 흘렀다. 뭔가 잘못되었다고 알아차리는 순간, 오른쪽 뺨 쪽에 이상한 기운이 느껴졌다. 천천히 고개를 돌려 보다가 갑자기 코 앞에 두툼한 눈꺼풀 속에서 레이저를 쏘고 있는 선생님의 눈동자와 맞닥뜨리고 기절을 하는 줄 알았다. 복도

쪽으로 열린 창틀에 담임선생님께서 턱을 괴고 나를 똑바로 보고 계셨던 것이다. 선생님의 입술 끝이 샐쭉하게 말려 올라가 있었다. 그 사이에 다른 아이들은 광속으로 도시락을 감춘 지 오래였다.

"도시락 들고 따라왓!"

나와 내 짝꿍은 선생님을 따라 교무실까지 끌려갔고, 도시락 뚜껑을 입에 문 채 교무실 입구에 서 있어야 했다. 오고 가는 선생님들이 아낌없이 꿀밤을 날리셨다.

미옥이 대행진

미옥이, 키가 작아서 맨 앞줄에 앉아 있던 미옥이는 웃으면 잇몸이 반쯤이나 드러나고 잇몸 색은 꺼멓게 죽어 있었다. 그래도 미옥이는 잇몸 따위엔 상관치 않고 입을 헤벌쭉하게 벌린 채 마냥 웃고 다녔다.

미옥이와 친한 친구가 없었지만 교실에서 누구라도 둘 이상 모여서 이야기를 하고 있으면 어느새 미옥이가 달려와서 끼어들었다. 그리고는 고개를 젖히고 열심히 듣는데 이야기를 입으로 듣는지 귀 대신 입이 열려 있었다. 그리고 언제나처럼 벙실벙실 웃고 있다. 아이들이 "아 저리 가!" 하고 구박을 해도 이래도 흥 저래도 흥 미옥이는 그냥 웃었다.

당시에 '묘기 대행진'이라는 TV프로가 인기였다. 아이들은 미옥이 들으라고 '미옥이 대행진 미옥이 대행진' 하며 놀렸다. 공부도 반에서 꼴찌였다. 수업시간에 해맑은 얼굴로 선생님의 얼굴을 열심히 쳐다보는 착한 학생인데도 말이다.

수학시험 중이었다. 미옥이는 도형시험을 잘 보고 싶었다. 그런데 답안지에 적어 넣을 것이 없다. 아무리 생각해도 아무것도 떠오르지 않았기 때문이다. 한 문제 한 문제 읽어내려가지만 답이라고 적어 넣을 게 딱히 없었다. 애꿎은 연필만 손가락으로 문지르다가 짝꿍 옆구리를 연필로 찔렀다.

두 직선이 한 점에서 만날 때 생기는 네 교각 중에서 서로 마주 보는 각을 뭐라고 하느냐, 뭐라고 하느냐 말이다. 짝꿍은 숨죽인 목소리로 '왜 그래?' 하며 짜증을 냈다. 미옥이는 안타까운 눈빛으로 두 손을 모았다. '이거 하나만 가르쳐줘, 이거 하나만.' 미옥이의 눈빛과 입술이 간절히 달싹거렸다. 짝꿍은 눈썹만 한번 사납게 찡그리더니 못 들은 척했다. 미옥이는 애가 탔다. 이번에는 연필로 짝꿍의 옆구리를 사정없이 찌른다. '아 진짜 왜 그래?' 짝꿍의 얼굴이 시뻘게진다. 미옥이가 손가락 하나를 빼들고 가슴에 붙인다.

'하나만, 꼭 하나만.'

'아 진짜.'

짝꿍은 재빠르고 은밀하게 고개를 돌려 선생님의 위치를 확인한 다음 빨리 말했다.

'젖꼭지각'

미옥이의 얼굴에 벙싯 하고 웃음이 번진다.

'고마워'

미옥이의 입술이 달싹거린다. 짝꿍은 그런 미옥이를 한번 싹 째려보고는 휙하고 얼굴을 돌리고 다시 시험문제에 집중한다. 다음 날, 미옥이가 수학 선생님께 불려갔다. 선생님은 미옥이의 답안지를 펼쳐놓고 야단을 치신다.

다정한 기억 ____ 139

"니가 선생을 뭐로 보느냐. 장난하냐 지금?"

미옥이는 자기가 왜 야단을 맞는지도 모르고 야단을 맞는다. 알고 나서도 짝꿍이 그렇게 가르쳐줬다고도 말을 못한다. 눈가에 눈물이 맺혔는데도 그저 웃고 있다. 쳐다보시던 선생님도 그만 웃고 만다.

"가라 짜식아! 어떤 놈인지 그렇게 가르쳐준 놈이 나쁜 놈이지…. 어이그~."

선생님이 미옥이의 답안지를 휙 던져 놓으신다.

교생 선생님

 교생 선생님들이 오셨다. 반마다 두 명의 교생 선생님이 배정됐다. 매일 되풀이 되는 일상에 지루해질 즈음의 여자 중학교 교정에 젊은 교생 선생님들은 신선한 바람을 몰고 나타나셨다. 여학교라서인지 교생 선생님은 전원 여대생들이셨다. 무엇보다 선생님들이 입고 오는 예쁜 옷들에 관심이 집중된다. 나는 예쁘게 입고 오는 선생님이 좋았다. 그러나 대부분은 학교지침 때문인지 무릎이 덮이는 치마에 목까지 꽁꽁 잠근 블라우스에 무채색 일색이었다. 그런데 이화여대를 다니던 한 선생님이 나의 눈길을 확 끌었다. 선명한 진분홍색의, 양 무릎을 드러낸 짧은 원피스였다.

 봄이었던가…. 원피스의 좁고 긴 소매가 날씬한 팔을 부각시키며 가늘가늘하고 여성스러운 몸매를 선명하게 드러낸 옷이었다. 나는 선생님이 왔다갔다하는 것이 그 진분홍 원피스가 왔다갔다하는 걸로 보였다. 수업에서도 온 힘을 다해 열심히 가르치셨는데 그 옷은 선생님의 젊은 열정을 한결 돋보이게 했다. 나는 온종일 진분홍 아우라에 싸여 하루를 보냈다.
 이담에 크면 나도 꼭 저런 옷을 입어야지. 천편일률의 흰 브라우스, 검정 스커트의 교복에 싸여 옷이라는 것에 대한 아무런 센

스도 없던 15살 소녀들에게 옷을 예쁘게 입을 줄 아는 사람이 되고 싶다는 아지랑이 같은 소망이 진달래꽃잎 색으로 피어올랐다.

  6.25를 앞두고 한국전쟁에 관한 글짓기를 하는 시간, 분단 사이를 천천히 걸어 다니며 아이들의 글쓰기를 지켜보시던 한 교생 선생님이 내 곁에서 발을 떼지 못하고 멈추어 계셨다. 내가 쓰는 대로 계속 읽고 계시다는 것을 알아챘다. 신경은 조금 쓰였지만 상관치 않고 계속 써내려갔는데, 한참을 그렇게 서 계시더니 "넌 이담에 소설가가 되면 좋겠구나." 하셨다.
  그 말이 아프게 다가왔다. 이제 고등학교에 가면 공부만 하고 글은 쓰지 않겠다고 생각하고 있던 차였다.
  내가 글을 쓰는 것을 얼마나 좋아하는지는 알고 있었으나 계속해서 글을 쓰려면 작가가 되어야 할 터이고, 작가가 된다면 굉장한 철학이 녹아있는 작품을 써야만 한다고 생각했으며, 나는 그럴 자신이 없었다. 그때 즈음에 나는 내 글에는 철학이 없다는 다소 건방진 결론을 내려놓고 고민하고 있었던 때였다.
  시를 읽으면 시인이 말하는 아름다운 세계가 펼쳐질 것 같았지만 정작 국어 시간에는 단어와 단어를 조각조각 뜯어내고 분석하고 문법적 설명을 달고 무엇이 주제인지 소재인지 어미인지 어간인지를 따지고 시인의 의도를 정확하게 짚어내는 과정이 재미없고 건조하고 지루해서 싫었다. 시는 그렇게 해체되는 사이 본래의 아름다운 빛깔과 느낌을 잃고 너덜너덜해졌다. 나는 글 쓰는 것을 무엇보다 좋아했지만 정작 국어 수업시간은 좋아하지 않았다. 수업을 듣는 대신 교과서 밑에 문고판 소설책을 깔고 빠져들었다.

국민대 체대를 다니는 두 명의 남자 교생 선생님이 우리 학교로 교생실습을 나오시자마자 학교는 한바탕 벌집을 들쑤신 듯했다. 당시에는 부르는 게 값이라던 180센티가 훌쩍 넘는 훤칠한 키에 화장품 광고에서나 구경할 수 있을 법한 서구적인 이목구비를 갖춘 두 분의 교생 선생님의 얼굴 뒤에서는 은은한 후광이 서려 있었다. 원래 키가 180센티를 넘고 갸름한 얼굴이 영화배우 같으셨던 체육 선생님이 난데없이 백옥자 국가대표 투포환 선수와 결혼을 하여 전교생에게 충격을 안겨준 이후로 체육 선생님에게로 몰렸던 인기는 이제 교생 선생님들에게로 방향 전환을 한 듯했다.

여자아이들은 어떻게 하면 교생 선생님 눈에 띌까, 말 한 마디라도 건네볼까 전전긍긍했다.
우리 반에 할당된 특별청소구역이 교생 선생님들이 상주하시는 체육부실이었다. 나는 운 좋게 특별구역청소팀이었다. 청소시간이 되어 빗자루를 들고 체육실로 가면 체육실 바깥에는 3학년 언니들이 손에 손에 정성껏 포장한 선물을 들고서 창문을 기웃거리고 있었다. 그 언니들은 청소를 위해서 자유롭게 체육실을 드나들 수 있는 우리를 부러운 눈으로 바라보며 교생 선생님께 말 한마디라도 붙여보고 싶어 속을 태웠다. 같은 반 아이들도 체육실 청소팀에게 너희들은 전생에 무슨 좋은 일을 그리 많이 했더냐며 부러워했다. 그러나 정작 체육실 청소를 하는 우리들은 무덤덤했다. 두꺼운 안경을 쓰고 있고 가로세로가 비슷하다고 네모라는 별명을 가졌던 만숙이는 체육실 바닥을 먼지 하나 없이 쓸어내는 데만 신경을 쏟았다. 그래서 가끔 전교생의 선망의 대상인 미남 교생 선생님들을 빗자루로 위협하며 무생물 취급을 하기도 했다.
"선생님 저쪽으로 좀 가세요. 이쪽부터 비질을 해야 해요."

그날은 아침에 학교를 가려고 보니 검정코트가 깔끔하지 못했다. 당장 급한 대로 수건을 물에 적셔서 코트 앞면을 다 닦아냈다. 학생용 코트는 다시 깔끔해졌다. 이걸 입고 청소를 하러 체육실에 간 날, 날씨가 제법 추웠고 체육실엔 난로가 훈훈하게 피워져 있었다. 그날따라 별로 청소할 것도 없어 일찌감치 일이 끝나자 우리 다섯 명은 선생님 둘을 포함해서 난로 주위로 모여 불을 쬐고 있었다. 나는 사투리를 쓰고 있었고 원래 말이 별로 없는 아이였다.

그래서 별말 없이 난로의 따뜻한 열기를 쬐며 다른 아이들이 교생 선생님과 잡담을 하며 노는 것을 듣고만 있었는데 갑자기 내 코트에서 뿌연 김이 뭉글뭉글 피어올랐다. 아침에 코트를 물로 닦은 것이 추운 날씨에 얼어있다가 뜨거운 난로 열을 받아 증발하기 시작했던 것이다. 그런데 물수건질이 좀 과했던 것일까, 나는 찜통에서 막 꺼낸 찐빵같이 허연 수증기를 내뿜고 있었다.

푸하하핫.

굽슬굽슬한 고수머리를 목까지 늘어뜨린 교생 선생님이 나를 가리키며 낄낄거리기 시작했다.

"너, 너 어떻게 된 거야? 으하하하하 찐빵도 아니고…. 크하하하하."

아침에 그냥 올걸 물수건질은 왜 해가지고… 순간 후회가 물밀듯 밀려왔지만 이미 때는 늦었다. 창피하고 민망해서 뭐라 말도 못하고 고개를 꺾고 있었다. 그런데 이상한 일이었다. 분명 기분 나빠야 하고 자존심 상해야 하는 일인데도 불구하고 기분이 나쁘지가 않았다. 오히려 '나를 김 나는 찐빵으로라도 기억해 주겠지?' 하는 기대로 마음이 슬슬 바뀌면서 기분이 살짝 좋아지는 것이었다.

꺾인 고개 밑으로 혼자서 배실 배실 웃고 있는 것을 교생 선생님은 감쪽같이 모르고 계셨으리라.

만원버스의 추억

하루 7, 8교시 수업에 필요한 교과서와 공책, 필통, 연습장, 참고서, 준비물과 도시락으로 나의 쓰리세븐 학생용 가방은 터지기 일보 직전이었고 그 무게는 가히 바윗덩어리였다. 체육 시간이 있는 날은 체육복과 육상화 담은 가방을 따로 들어야 하고 실내화와 청소시간에 쓸 수 놓인 앞치마와 머릿수건 등이 들어있는 보조가방도 들어야 했으니 비리비리 마르고 키가 휘청휘청한 나는 멀리서 보면 아이가 걸어오는지 가방 더미가 걸어오는지 모를 지경이었다.

청량리 제기동 한옥 골목을 빠져나와 버스 정류장까지 걸어가서 잠시 버스를 기다린다. 내가 타야 할 버스가 저 멀리 나타나면 가방들을 다시 추스르고 버스를 향해 돌진한다. 버스는 오늘도 변함없이 발 디딜 틈이 없다. 안내양이 밀어대는 대로 일단 버스 계단에 발을 얹으면 어떻게든 몸은 버스 안으로 쑤셔박혀 진다. 자리에 앉는 것은 기대도 하지 않는다. 천장에 매달려 대롱거리고 있는 손잡이라도 어떻게 하나 잡을 수 있으면 그날은 운수대통이라고 여길 지경이었다.

사람들 사이에 숨도 못 쉴 만큼 끼어있으면 손잡이를 잡고 있지 않아도 흔들림이 없었다. 나는 무거운 가방을 사람들 사이에다 끼워 올린다. 가방은 누군가의 엉덩이나 등쯤에서 공중부양을 하고 있다. 나는 손잡이만 잡고 있으므로 무거운 가방의 무게감이 없다. 흐흐흐 사람은 다 살게 마련인 것이다.

버스는 사람들을 태우고 토해내기를 반복하며 왕십리를 향해 간다. 나는 자꾸만 버스 뒤쪽으로 밀려들어 간다. 그러나 내려야 할 곳이 서너 정거장 정도 남았을 때부터는 저 인간장벽을 뚫고 다시금 출입구를 향해 나갈 생각으로 한숨이 난다. 그러나 마음을 강하게 다져 먹어야 했다. 따로 근력 운동을 하지 않아도 팔다리운동 전신운동이 됐다. 매일 아침 만원 버스에서 숨 쉴 틈도 없이 들어찬 사람들을 헤치고 밀며 하염없이 멀게만 느껴지는 출입문까지 나아가는 것만으로도 아침 먹은 기운을 다 써야 했으니 따로 다이어트도 필요 없었다. 하루를 시작하는 버스 안에서 진이 다 빠졌다.

그날은 유난히 더 뚫고 나가기 힘이 들었다. 출근하는 남자들과 학생들이 대부분이다 보니 사람들은 다들 나보다 머리 하나 정도는 컸고 그들도 길을 열어주고 싶었겠지만 도통 그럴 공간이 없었다. 내릴 정거장은 다가오는데 마음이 급해진 나는 있는 힘을 다해서 사람들 사이를 밀고 나와 어찌어찌 출구까지 진출했다. 그런데 문제는 공중부양하고 있던 내 가방들이었다. 손잡이는 분명

내가 잡고 있는데 이 가방들이 아직도 저 멀리에서 끼어 빠질 줄을 몰랐다. 버스가 정차하고 내가 내릴 차례가 됐는데도 가방이 빠지지를 않았다. 안내양이 조급하게 빨리 내리라고 성화를 해대는 바람에 나는 내리다 말고 뒤돌아서서 계단에 한 발을 딛고 다른 한 발을 지렛대로 삼아 가방을 있는 힘껏 잡아당겼다. 가방 없이 학교에 갈 수는 없지 않은가.

오마나~ 삼일 피죽도 못 먹은 것 같은 가녀린 여학생의 팔뚝에서 어떻게 그런 괴력이 생겨났는지 가방과 함께 몇 명의 사람들이 우수수 나를 향해 쏟아졌다. 어떤 언니가 나를 째려봤지만, 그들에게도 나에게도 시간이 없었다. 내가 죄송하단 말을 할 일순간의 틈도 없이 그들은 후다닥 다시 버스로 끼어 들어가고 안내양이 배치기로 그들을 밀어 넣으며 차는 다시 출발했다.

편지

학교 운동장의 양쪽에는 오래된 등나무가 있었다. 등나무는 철재로 만들어진 틀을 타고 올라 퍼져 나가 제법 널따란 그늘을 만들어냈고 그 무성한 가지 밑에는 열 개가 넘는 벤치가 놓여 있었다. 봄이 되면 파랗게 물이 오른 등나무 이파리 사이로 보라색 초롱 같은 꽃무리들이 늘어져 내렸다. 이 벤치는 조회시간에 땡볕에 현기증을 일으켜 쓰러진 아이들이 옮겨져 쉬는 곳으로 쓰이기도 했고 꿈 많은 여자아이들이 삼삼오오 무리지어 앉아 수다를 풀어내는 곳이기도 했다.

봄기운이 완연하고 등나무가 예쁜 꽃들을 늘어뜨리기 시작하던 어느 따뜻한 봄날이었다. 문예반 선생님께서 문예반 전체 학생들에게 학교 운동장 양쪽에 하나씩 자리잡고 있는 등나무에 대한 시를 써오라고 하셨다.

"선생님, 산문 쓰는 애들도 시를 써오라는 말씀이세요?"

그렇다는 대답이 돌아왔다.

나는 국민학교 때 동시를 써 본 적이 있긴 했지만 정작 시를 써 본 일이 없었다. 문예반은 시를 쓰는 반과 산문을 쓰는 반으로 나누어져 있었고 나는 항상 산문만을 써 온 학생이었다. 그러나 선생님의 명령이니 등나무에 대한 짧은 글 하나를 써냈다. 봄이 되면 등나무에서는 보라색 꽃이 피어나는데 늘어져 바람에 흔들리는 모양이 흡사 초롱 같았으므로 흔들리는 보라색 등불 운운한 시였다.

며칠 뒤, 선생님께서 나를 따로 부르셨다. 내 시가 추천되었으니 몇 월 며칠 기자들이 찾아 올 텐데 준비를 하고 있으라는 이야기였다. 내가 써서 낸 시에 선생님께서 몇 군데 수정을 하셨는데 푹 주저앉았던 시가 반짝반짝 살아나 있었다. 어느 잡지사에서 중학교마다 돌아가며 학교 탐방을 겸해 학생이 쓴 시를 소개하는 것이라 했다.

며칠 뒤 정말 카메라를 멘 잡지사 기자분이 학교로 오셨다. 나는 문예반 선생님께서 지정해 준 몇 명의 친구들과 함께 등나무 벤치에서 여러 장의 사진을 찍었다.

"야 우린 뭐냐. 우린 들러린거냐."

옆 반 반장이 툴툴거렸다.

얼마 뒤에 나는 두 페이지에 걸쳐 여섯 장의 사진과 내 시가 실린 학생 잡지 한 권을 받았다.

그러던 어느 날의 청소시간, 복도에 엎드려 양초로 나무 복도를 문지른 다음 걸레로 광을 내느라 땀을 빼고 있을 때였다. 담임선생님이 걸상 하나를 복도에 놓고 앉으셨다. 선생님이 내려다보고 계시니 우리는 떠들지도 못하고 바닥만 열심히 문지르고 있었는데 갑자기 나를 부르셨다.

"너 이리로 좀 와 봐."

선생님은 편지 한 통을 손에 들고 계셨다.

"너, 얘 아는 애냐?"

봉투 겉봉에 쓰인 이름과 주소를 보니 내 고향인 안동시 모 중학교 모 군인데 아는 바가 없는 이름이었다.

모른다고 했더니 정말 모르느냐고 몇 번이나 다짐을 하셨다. 정말 모른다고 했다. 담임선생님은 가늘고 긴 눈매로 나를 잠시 쳐다보시더니 결심하신 듯 "너를 믿고 준다. 읽어봐라." 하셨다.

선생님께서는 무엇을 그리 걱정하시는 걸까? 내 말을 진실로 믿어주시는 데 걸린 십 초 정도의 정적이 나는 섭섭했다. 내가 아는 사람이면 안다고 했을 것이다. 아무튼, 자리로 돌아와서 편지를 뜯었다. 노란 편지지로 무려 세 장에 걸쳐서 파란색 볼펜으로 꾹꾹 눌러 쓴 편지였다. 이 학생은 내가 안동에서 자란 사실을 모르고 있었다. 서울 사는 시를 쓰는 미지의 여학생과 친구가 되고 싶어 늦은 밤 불을 밝혀가며 장문의 편지에 정성을 들인 것 같았다. 그 학생은 안동이 어떤 도시인지 자기가 다니는 학교 운동장에는 등나무가 세 그루나 있다는 것과 학교 주변이 어떻다고 설명하고 있었다. 내 머릿속에 지금이라도 그림을 그릴 듯 선명하게 떠오르는 거리와 학교와 동네들을 묘사하느라 파란색 볼펜 글씨가 편지지 가득 빼곡했다. 답장을 해야 할까 고민을 하기도 했지만 나는 그 편지지 세 장의 무게가 부담스러워 한동안 책상 서랍에 넣어

두었다가 결국 그 편지는 휴지통으로 사라졌다. 그 학생은 그 편지를 부쳐놓고 얼마 동안이나 답장을 기다렸을까? 미안한 마음이 없지 않았지만 그래도 답장을 할 수는 없었다. 나는 앞뒤가 꽉 막힌 모범생이었다. 선생님이 우려했던 일을 만들고 싶지는 않았다. 비록 그것이 펜팔 정도의 우정일지라도. 그의 관심에 짧은 답례도 못해 준 것에 대한 미안함 때문일까. 나는 지금까지도 그 편지를 기억하고 있다. 아무튼, 그것은 내 생애 처음이자 마지막으로 받아 본 팬레터였다.

경양식

중학교 졸업식을 마치고 고향에 내려가 있던 중이었다. 때마침 안동역 근처에 신식 호텔이 하나 들어서면서 안동 최초의 서양식 음식점, 즉 돈까스와 비프까스, 함박스테이크를 파는 경양식집이 생겼다. 나는 그 식당에서 내 생애 최초의 돈까스를 먹게 되었다. 아버지의 친구분이 내 중학교 졸업을 축하 해주신다면서 새로 생긴 호텔의 경양식집에서 만나자고 하신 것이다.

난 이미 국민학교 때부터 납작한 크림빵을 스테이크 삼아 나이프와 포크 사용법을 무수히도 연습해왔고 중학교 가정시간에 '서양음식 먹는 법'도 배워 강력한 이론으로 무장하고 있었으므로 오늘 드디어 이론과 실제가 하나 되는 역사적 순간을 맞이하게 되는 것이었다. 설레기도 했지만 사실 좀 긴장이 된 것도 사실이다.

식당은 실내가 환하고 깨끗했다. 테이블 위에는 하얀 테이블보가 깔끔하게 깔려 있었다. 앙증맞은 소금과 후추통이 예뻤다. 잠시 기다리니 아버지 친구분 내외와 그 집 아들로 보이는 남자아이 하나가 들어왔다. 그 아이도 이번에 중학교를 졸업했다고 했다. 어려서 몇 번 일면식이 있기는 했지만 이 녀석은 그 사이에 키가 훌쩍 자라 몰라볼 뻔했다. 옛날 내가 만만히 보던 그 꼬마가 아니었다. 제법 코밑도 거뭇거뭇했다.

어른들은 서로 반갑게 인사를 나누며 자리를 잡았다. 어쩌다 보니 나는 그 아이와 마주 앉게 되었다. 가뜩이나 어른들이 동행한 자리라서 부자연스럽고 어려운데다가 앞자리에 앉아 뭐가 좋은지 눈웃음을 흘리며 힐금힐금 나를 훔쳐보고 있는 이 아이도 신경이 쓰였다. 나는 최대한 도도하게 눈길을 깔고 깔끔하게 무시를 해주는 것으로 그 눈길에 보답하고 있었다.

이미 오래 전부터 로터리 클럽 회원이었던 아버지는 로터리 클럽 정기총회 참석 등으로 여러 도시를 부부 동반해 다니시며 양식을 수도 없이 드셔 보신지라 편안해 보였지만 나는 양식 식당이 처음이었다.
왠지 안동역 앞 국밥집에나 어울릴 듯한 웨이터가 메뉴판을 들고 다가왔다. '돈까스와 비프까스가 뭐가 다른 거지?' 나는 당당하게 물어보지도 못하고 혼자 중얼거렸다. 웨이터는 멈칫멈칫 하더니 둘 다 똑같은 거라고 했다.
"같을 리가 있나 이 사람아! 다르니까 이름이 다르겠지."
아버지 친구분이 내 역성을 들어주었다. 웨이터가 얼굴이 벌게지더니 그때부터 나를 미워하기 시작하는 것 같았다.
어쨌든, 아버지 친구분은 나와 스포츠머리를 한 자신의 아들에게 돈까스를 시켜 주셨다. 수프가 먼저 나왔는데 크림수프였다. 난 가정시간에 배운 대로 수프 접시를 뒤로 살짝 기울여 스푼으로 최대한 예쁘게 떠먹었다. 그러나 정작 그 맛은 밀가루 풀과 다를 바가 없었다. 느끼해서 한 숟가락 뜨고는 그만 먹고 싶었지만 음식을 남기면 어른들이 나쁘게 생각할지도 모른다는 생각에 꾹 참고 끝까지 먹었다. 오른손에는 나이프, 왼손엔 포크를 잡고 돈까스를 자른다. 십 원짜리 납작한 크림빵으로 단련된 칼질이다. 서투를 리가 없다.

 그러나 세상 모든 사람이 나만 쳐다보고 있다고 생각하던 사춘기 소녀였다. 어른 네 분과 저 은근히 신경 쓰이는 남자아이와 아까부터 나를 째려보고 있는 웨이터까지…. 나는 내 모든 행동이 부자연스럽고 어색해서 돈까스가 코로 들어가는지 입으로 들어가는지 모를 지경이었다. 앞자리의 소년은 돈까스를 한번에 죄 잘라놓고 나이프는 팽개친 채 오른손에 포크를 잡고 마구 찍어 먹고 있었다. 가정선생님이 저렇게 먹지 말랬는데, 무식한 놈 같으니라고.
 구름 한 점 없이 맑고 청아한 겨울 하늘이 바라다보이는 식당 창으로 겨울 햇살이 쏟아져 들어오고 있었다.

3부

고등학교에 입학해 보니

고등학생이 되었다. 중학교 때 반 친구들 대부분은 공동학군에 속해있는 경기여고나 이화여고, 창덕여고에 가고 싶어했다. 나 역시 양 갈래머리를 땋거나 벨트를 매어 잘록한 허리를 강조하거나 베레모를 쓰는 예쁜 교복을 입고 싶어 공동학군에 가게 되기를 간절히 바랐다.

그러나 인생이 어디 바라는 대로 풀리던가. 공동학군 추첨에서 똑 떨어졌다. 그리고 무학여고만 피해 가면 소원이 없겠다던 대부분의 무학여중 졸업생들과 함께 그토록 피하고 싶었던 무학여고의 자주색 넥타이가 달린 교복을 입어야 했다. 아이들은 그 자주색 넥타이를 개 혓바닥이라고 불렀다. 두발은 귀밑 1센티를 넘어서는 안 됐다. 등교 시간, 교문 앞에는 규율부가 두 줄로 버티고 있다가 머리가 길다거나 배지가 없다거나 이름표를 달지 않은 아이들을 속속들이 골라냈다. 규율부 아이들은 30센티 자까지 들고 있어서 의심이 가는 아이에게는 가차 없이 귀밑에 자를 들이대고 머리카락 길이가 귀밑 일 센티가 넘는지 확인했다. 그리고 만일 조금이라도 길다고 판단되었을 시에는 여지없이 머리카락 한 뭉텅이를 잡고 가위로 싹둑 잘라버렸다. 나중에 미장원에 가서 잘린 길이에 맞추어 머리카락 정리를 하다 보면 머리 길이가 귀 위로 달랑 올라가 버리기도 했다. 그렇게 짧게 자르고 나면 덤으로 뒷목에 시퍼런 면도 자국도 선명하게 드러나게 된다. 그 때문에 아침 등교 시간에 그 무시무시한 규율부 학생들이 만든 통로를 지나갈 때 마다 아무 죄가 없는데도 불구하고 머리끝이 쭈뼛쭈뼛 솟았다.

교장 선생님은 50세가 넘었으나 아직도 뽀얀 피부에 미모를 자랑하는 미혼의 여성이셨다. 젊은 시절 꽤 예쁘셨을 것 같은 미모는 연세가 들어서도 가시지 않았을 뿐만 아니라 다소곳하고 우아한 말투나 행동이 돋보이는 분이었다. 그러나 매사에 너무나 진지하기만 하여 얼굴은 항상 굳어있었고 단 한번도 농담을 하거나 웃는 얼굴을 보여주지 않으셨다. 그분은 조회 때마다 학생들에게 여자다움과 조신함을 강조하시면서 특별히 학생들은 학교 교칙을 준수해 줄 것을 강조하고 또 강조했다. 중년이 되도록 결혼을 하지 않은 여자 교장 선생님을 수녀원 원장 같다고 우리는 수근거렸다. 남녀 교제가 허용되지 않는 시절이었다. 실제로 남학생과 빵집에라도 가 앉아 있다가 적발되었을 시에는 가차 없이 정학이 되거나 퇴학이 되기도 했다.

어느 날의 청소시간이었다. 수돗가에서 대걸레를 빨면서 두 여자아이가 심심하던 차에 농담을 시작했다.

다정한 기억 ___ 159

"너 남자친구 없지? 난 있는데…. 나 어제 내 남자친구가 빵집에서 우유랑 곰보빵을 엄청나게 사줘서 배 터지게 먹었다. <u>흐흐흐</u>."

"무슨 소리야. 이 미모에 남자친구 없다는 게 말이 되느냐? 집에 가면 대문 앞에 서넛은 항상 기다린다. 아~ 오늘은 또 무슨 말로 설득해 돌려보내지? 지금 만나는 애들만 한 트럭은 되는데…. <u>으흐흐</u>."

주위에서 듣고 있던 애들도 킥킥거리며 엿듣기를 즐기고 있었는데 갑자기 등뒤에 싸늘한 기운이 느껴졌다. 뒤를 돌아본 순간, 아이들은 얼음같이 굳어 버렸다. 머리를 단정하게 틀어올려 한 올도 흘러내리지 않도록 핀으로 단단히 고정시킨 교장 선생님이 두 아이를 노려보고 있었던 것이다.

그 뒷일은 여러분의 상상에 맡긴다. 두 학생은 규율부실에 끌려가 몇 시간 동안이나 학생주임 선생님으로부터 살벌하고 고통스러운 심문과 윽박지름을 견뎌야 했다. 결국 실제로 남자친구가 있는 것이 아니고 농담이었다는 사실이 밝혀졌지만 어떻게 감히 청순하고 깨끗하고 정숙해야 할 여고생들 입에서 남자들 얘기가 나올 수 있느냐 용서할 수 없다는 교장 선생님의 마지막 결정으로 두 아이는 3일간의 정학처분을 받았다. 우리는 교장 선생님이 너무 한다고 생각했다. 이제는 맘 놓고 농담도 못하는 신세가 됐다. 낮말은 새가 듣고 밤말은 쥐가 듣는다. 자나 깨나 교장 조심.

그러던 어느 날, 교장 선생님께서 1학년 각 반 간부들에게 도시락을 지참하고 교장실로 모이라는 명을 내리셨다. 밥을 같이 먹으면서 화기애애하게 마음을 튼 대화의 시간을 갖자는 취지였다.

이런 회의는 처음이라서 매우 신선하다고 느껴졌다. 어쩌면 이 회의에서 교장 선생님은 우리가 알고 있는 독한 기숙사 사감 같은 이미지를 벗고 또 다른 따듯하고 신선한 모습을 보여주실지도 모른다는 기대로 설레며 도시락을 들고 교장실 회의용 탁자에 모두 둘러앉았다. 교장 선생님과 교감 선생님 교무 선생님을 모신 식사 자리가 그다지 편하지는 않았다. 그러나 밥을 먹으면서 진행된 대화의 광장에서 아이들은 조금씩 용기를 내고 평소에 학교에 바라던 이런저런 요청도 하고 의견도 제시하기 시작했다. 교장 선생님은 연신 고개를 끄덕이며 열심히 들어주셨다. 종이에 뭔가를 메모하기도 하고 줄을 긋기도 하시며 경청하시는 모습에서 아이들은 어떤 희망 같은 걸 느꼈다.

아이들의 의견이 모두 제시가 되자 교장 선생님은 아이들의 의견 하나하나에 대한 자신의 생각을 피력하셨는데 듣자니 모든 의견에 반대셨다. 결국 아이들이 낸 12개의 건의는 모두 거절되었고 회의는 도루묵이 되었다. 식사가 끝나고 모두 도시락 뚜껑을 닫는데 교장 선생님은 정말 화기애애하고 보람된 시간이었다고 기뻐하셨다. 우리는 반쯤 남은 도시락을 챙겨 들고 나오면서 이럴 거면 회의는 뭣 때문에 하는 거냐고 입을 삐죽거렸다.

여름방학이 다가왔다. 교장 선생님은 또 한 가지 신선한 의견을 내놓으셨다. 여름방학 중에 학생 간부들 친목도 다질 겸 강원도 어느 해변으로 1박2일 여행을 가는 게 어떠냐는 것이었다. 아이들은 쾌재를 불렀다. 우리 교장 선생님께 이런 면도 있었구나. 모두가 기뻐하며 찬성하자 계획은 일사천리로 진척 되었다. 이제 모든 일이 준비 되고 마지막 준비물 프린트를 받았는데 준비물 중에 수영복(원피스 수영복 필수)이 있었다. 당시에는 비키니 수영복이 유행할 때라서 아이들은 원피스 수영복을 입고 싶지 않았다. 마지막 회의에서 아이들이 이 문제를 들고 나섰다.

"교장 선생님, 여기 수영복은 반드시 원피스여야 한다고 하셨는데요. 현재 가지고 있는 수영복이 비키니인 아이들이 많아요. 그럼 또 수영복을 사야 하는데 부모님께 부담 될 수도 있잖아요. 그러니까 수영복은 비키니도 허용해 주시기 바랍니다."

우리는 속으로 쾌재를 불렀다. 저렇게 똑똑한 친구가 다 있는가. 부모님께 경제적인 부담을 줘서는 안 된다는 말에 교장 선생님이 어떻게 반대를 할 수 있겠는가. 아이들의 머릿속은 벌써 물방울 무늬 비키니 수영복을 입고 바닷가 모래사장을 달린다.

"음… 그렇구나."

교장 선생님은 잠시 난감한 표정이 되셨다. 그럴수록 아이들의 표정은 밝아져가는 것이 보인다. 잠시 생각에 잠겼던 교장 선생님은 교무 선생님께 지시하셨다.

"방법이 있습니다. 비키니 수영복만 가진 아이들은 시장에 가서 광목을 좀 끊어다가 비키니 수영복 중간에 바느질해서 붙여주면 됩니다. 그렇게 합시다. 광목은 몇 푼 안 하니 부담이 되지 않을 것이고 혹시 집에 안 쓰는 천이 있는 사람들은 그것을 써도 좋으나 무늬나 색깔이 있으면 안 되고 흰색 천이면 되겠습니다."

결국, 학생 전원이 참가를 거부하여 이 계획도 없던 일이 되고 말았다.

버스 안내양

껌 좀 씹는 남학생들은 한눈에 알아볼 수 있었다. 책 한 권 들어있지 않은 듯한 얄팍한 가방을 옆구리에 끼고 운동화는 접어 신었고 모자는 뒤통수에 걸려 있거나 아예 없고 교복 후크는 불량하게 열려 있었다.

버스에 탔을 때, 이런 남학생들이 보이면 지레 겁을 먹고 멀찌감치 섰다. 그리고 그다지 불량해 보이지 않는 학생들일지라도 남자아이들은 떼로 몰려다니며, 대개는 버스 뒷자리에 일렬로 진을 치고 있다가 여학생들이 타면 낄낄거리고 떠들며 시선을 끌어보려고 애를 썼기 때문에 버스 뒷좌석 쪽은 될 수 있으면 가지 않는 게 좋았다.

그런데 그날은 어쩌다 보니 사람들에게 밀려 버스 뒤쪽에 서게 되었다. 버스 제일 뒷자리에 몰려 앉아있던 남자아이 중 하나가 큰 목소리로 떠들기 시작했다.

"어젯밤 12시에 우리 집에 전화가 왔어. 내가 받았더니 공동묘지래. 겁도 좀 나고 황당하기도 하고 그래서 저한테 왜 전화하셨어요? 그랬어. 그랬더니 관을 사래. 오동나무, 박달나무, 돌로 된 것도 있고 양철, 도자기, 알루미늄관도 있대. 두 개를 사면 하나는 공짜로 준대. 그리고 동네 단위로 단체주문 환영이래. 단 필요한 날부터 이틀 전에는 꼭 미리 알려줘야 한대."

들으려고 한 건 아닌데 들렸다. 어떤 아주머니가 앉아계신 의자 손잡이를 붙잡고 창밖에 시선을 꽂고 새초롬히 서 있었는데 웃음이 새어나와 참을 수가 없었다.

말하는 아이들은 자기네들끼리 키득대고 있었지만 중간 중간 내 반응을 보고 있었다. 결국 내가 입을 가리고 피식거리기 시작하자 완전히 신이 나서 자기네들끼리 등짝을 쳐대며 좋아하고 있었다.

그들이 내릴 정거장인 모양이었다. 남학생들이 일렬로 우루루 출구로 나갔다. 학생 버스비가 30원 할 때였다. 처음 내리는 학생부터 번호를 부르며 뛰어내리기 시작했다.

"하나 둘 셋 넷 다섯 여섯."

일곱 번째 내리는 학생이 안내양에게 물었다.

"삼 칠은?"

버스 안내양이 남학생을 째려봤다.

무리 중에 제일 키가 큰 여드름쟁이 남학생, "십 이!" 라더니 안내양 손에 120원을 쥐어주고 뛰어내렸다.

안내양의 얼굴이 잠시 구겨진 양철처럼 일그러지더니 남자아이의 뒤통수에다 그 동전 한 움큼을 집어 던졌다.

그 이후에도 나는 남학생들에게 시달림을 받는 안내양들을 종종 봤다.

회수권을 쓸 때는 10장이 붙어 있는 회수권을 교묘히 가위로 잘라 11장을 만들어 쓴다거나 심지어 회수권을 똑같이 그려서 쓰는 학생도 있었다. 하늘이 내려준 재주를 회수권 카피하는데다 소모했던 그 아이도 어느 날 문득 깨달음이 있어 바람직한 예술가로 거듭났을까?

비가 몹시 내리던 날, 축축한 버스에 다른 날과 다름 없이 사람들로 가득 찼는데 버스 와이퍼가 고장이 났다. 기사는 곤란해하며 운행을 계속하지 못한다고 했다. 뒷좌석 남자애들이 소리 지르기 시작했다.
"야! 차장! 니가 유리창에 붙어서 닦으면서 가자!"

한번은 만원 버스에 손님들을 밀어 넣다가 안내양이 미처 버스에 못 탔는데 버스가 출발해버렸다. 그날도 비가 오는데 안내양은 놀라 소리치며 따라오고, 버스에 탄 사람들이 안내양 못 탔다고 기사에게 고함을 질러 한참을 가서야 버스가 섰다.

비에 젖은 채 달려와 버스에 올라타던 어린 안내양, 젖은 머리를 닦을 새도 없이 다음 정거장 내릴 손님들에게서 토큰을 받아야 했다. (그렇게 매일 버스를 타고 통학을 하면서 수 많은 안내양을 봤지만 나는 사실 안내양들이 무서웠다. 조금만 늦게 나가거나 토큰을 늦게 주면 신경질 난 얼굴로 화를 냈기 때문이다. 그래서 나는 내릴 정거장 하나 전에 미리 나가서 토큰을 주고 기다리다가 차가 정지함과 동시에 재빨리 뛰어 내리는 버릇이 들었다.

조금만 꾸물거리면 영락없이 한 소리가 날아오기 때문이었다. 가까이에서 본 안내양들은 무표정하거나 뭔가에 짜증이 나 있는 얼굴이었다.)

당시에는 그 버스 안내양들이 내 또래의 소녀들이라는 걸 몰랐다. 유니폼을 입고 있었고 다들 당차 보여서 나이 꽉 찬 처자들인 줄 알았다. 그 꿈 많을 나이에 교복 입고 학교 가는 여학생들이 얼마나 부러웠을까….

시험이 끝나고 평상시보다 일찍 집으로 가는 한가한 오후 시간의 버스 안, 버스 주행 중에 의자에 잠시 앉았던 안내양이 자신도 모르게 깊이 잠이 들고 말았다. 다리는 풀어져 벌어지고 팔은 의자 옆으로 늘어뜨렸는데 머리를 의자 등받이에 기댄 채 고개가 옆으로 꺾여 흔들리고 있었다.

문득 그녀가 안쓰럽단 생각이 들었다. 나는 버스가 이대로 하늘로 날아올라 그녀가 저 곤한 잠에서 깨어나지 않도록 꿈같은 햇살 속을 날아다녔으면 좋겠다고 생각했다. 그녀의 마디 굵어진 손가락이 바닥에 닿을 듯 말듯 흔들리고 있었다.

라디오

"나 지금 미국영화 하나 보고 오는 길이에요."
"아니 한국영화도 많은데 왜 미국영화를 봐요?"
"요즘 한국영화 뻔해서 재미없는 걸 어떡해?"
"뭐가 뻔하다는 거에요?"
"내가 왜 뻔한지 말해줘요? 자~ 들어봐요."

일단 영화가 시작되면 밑도 끝도 없이 바닷가 모래사장이 펼쳐지는 거야. 거기에 두 남녀가 뛰고 있어요.

왜 뛰냐구? 이유가 없어. 그냥 뛰는 거야. 언제나 여자가 앞서 뛰고 남자가 뒤야. 남자는 여자보다 더 빨리 뛸 수 있는데도 항상 뒤에서 쫓아가요.

그게 말이 되요? 그러다가 돌부리도 없는데 여자가 꼭 넘어져. 그러면 뒤따르던 남자가 여자를 덮치는 거지. 반드시 그렇게 돼 있다니까?

그러고 나면 멀쩡하던 하늘에서 번개가 치고 비바람이 불어요. 다음 장면으로 영락없이 바닷가에 난데없는 동굴이 나타나. 둘은 그 동굴로 들어가게 돼 있어. 동굴 안에는 감독이 불 피우라고 장작 몇 개를 가져다 놨어 이미. 그럼 그 장작으로 남자가 불을 피우는 거야. 불꽃이 일어나면 남자가 느끼한 눈빛으로 여자를 쳐다보며 목소리 내리깔고 말하지.

"옷을 말리시죠."

"그럼 말리라는 옷은 안 말리고 서로를 쳐다봐. 눈과 눈에서 불똥이 튀어…."

"깔깔깔 가리 갈갈갈…."

어제저녁 라디오에서 들은 이야기를 신나게 떠들어대는 나를 둘러앉은 채 반 아이들은 박장대소를 하며 좋아했다. 이 이야기를 할 때의 포인트는 "옷을 말리시죠." 이 부분을 최대한 느끼하게 표현해줘야 하는 것에 있었다.

전날 저녁 라디오 공개방송에서 들은 재미난 이야기들을 외워뒀다가 다음날 학교에서 재연하는 것에 재미를 붙였다. 쉬는 시간만 되면 앞뒤에 앉은 아이들뿐만 아니라 다른 아이들까지 몰려들어 나의 원맨쇼를 즐거워했기 때문이었다. 아이들을 즐겁게 해 주기 위해서는 방송에서 들은 그대로의 톤과 내용을 완벽하게 소화해야 했다.

내 책상 위에는 손바닥만한 트랜지스터 라디오가 비슷한 크기의 네모난 건전지와 고무줄로 팽팽하게 묶인 채 놓여 있었다. 이 라디오는 내 방에서는 없어서는 안 될 보물 1호였다. 언젠가 라디오 속 전선 하나가 떨어져서 납땜하러 수리점에 보냈던 날을 제외하고는 매일 저녁 내 책상 위에서 노래를 들려주거나 배꼽 잡는 공개방송으로 나를 즐겁게 해주었다.

"요즘 애들은 도무지 이해할 수가 없어. 라디오를 들으면서 어떻게 공부를 하나? 허 참!"

자고로 공부라는 것은 라디오를 끄고 조용한 가운데 해야 하는 것이라고 생각하는 어른들은 도대체 이해할 수가 없다고 머리를 흔들었지만 나는 오히려 음악이 없으면 정신이 더 산만해지는 느낌이었다.

부산한 저녁 시간이 지나고 점점 시간은 자정을 향해 흘러간다. 밤 11시, 집안 모든 방의 불이 꺼지고 대문은 굳게 잠기고 부산하던 골목길도 정적이 감도는 시간, Merci Cherie '별이 빛나는 밤에' 시그널 음악이 흘러나오기 시작하면 내 마음에 별이 뜨고 달이 뜨고 마음은 어느새 달콤하게 밤하늘에 녹아들기 시작한다. 때론 알 수 없는 슬픔이 고이기도 했다.

발을 뻗고 누우면 머리는 벽에 닿고 발은 책상 모서리에 닿는 작은 방, 달빛 아슴푸레 비치는 창호지 문이 아련한 시간, 따듯하고 포근한 잠자리에 누워 손바닥만 한 트랜지스터 라디오를 껴안은 채 눈을 감고 음악을 듣고 있으면, 작은 내 방은 신데렐라의 호박 마차가 되기도 하고 무도장이 되기도 하고 유럽의 어느 고성의 이끼 낀 돌 벼랑을 날아 오르는 바람이 되기도 한다. 혹은 잃어버린 사랑을 슬퍼하는 사람들의 동굴이 되기도 하고 떠나간 사람을 기다리며 파도치는 바다를 바라보고 있는 해변의 모래 사장이 되기도 했다.

　감미로운 DJ의 목소리를 따라 엽서를 보낸 수많은 사람의 사연을 들으며 다른 사람의 삶을 들여다보는 창을 하나 만들기도 했다. 인터넷도 없고 휴대전화도 없던 시절, 라디오 DJ가 읽어주는 엽서 사연은 안타까운 짝사랑을 호소하기도 하고 빗나간 인연을 슬퍼하기도 하고 버스에서 한두 번 마주친 어느 학교 교복의 아무개에 대한 설렘을 전하고 싶어하고 교생 선생님을 향한 이제 막 사랑을 시작하는 파릇한 마음을 적기도 하고 학교에서 일어난 온갖 웃지 못할 일들을 전하기도 했다. 그 수많은 사연들은 예쁜 글씨, 예쁜 그림과 함께 엽서에 실려 속속들이 방송국으로 보내졌다.

　아이들은 신청엽서를 쓰고 장식하느라 밤을 꼴딱 새웠고 엽서를 부치는 날부터는 이제나저제나 자기 엽서가 읽히기만을 밤새 기다렸다. 우리 반의 승희도 며칠 밤을 날로 새며 색종이를 연필 끝으로 찍어 찢어 붙여 그림을 그리고 사연을 적어 이장희씨가 DJ를 하던 '0시의 다이알'에 엽서를 띄웠다. 밤잠 안 자고 자기 엽서 사연이 채택되기만을 기다렸는데 어느 날 드디어 이장희가 "어, 내 동생도 승희인데… 반갑습니다." 내 친구 승희의 엽서를 골라 읽어줬던 것이다.

　승희는 라디오를 듣다가 좋아서 완전 까무러쳤다. 다음날 학교에서 승희는 기쁨에 달뜬 목소리로 전날 밤 자신의 엽서가 채택된 사연을 이야기하고 또 이야기했다. 다른 아이들은 부러움이 뚝뚝 떨어지는 눈빛으로 승희의 이야기를 듣고 있다. 이미 승희는 이장희씨의 동생과 동격이 되어 있었다.

   송창식, 트윈폴리오, 이장희의 걸걸한 노래들, 박인희의 청초한 노래들, 양희은, 조동진, 김정호, 최헌, 정훈희, 국내 음악에서는 들을 수 없는 화려한 음향의 팝송들, 영화 음악들….

   동양방송의 '밤을 잊은 그대에게' 동아방송의 '0시의 다이얼' 문화방송의 '별이 빛나는 밤에' '이종환의 밤의 디스크 쇼'…. 좋아하는 노래를 찾아 라디오 채널을 이리 돌리고 저리 돌리며 세상에 대한 호기심과 언젠가 나를 찾아올 감미롭고 아름다울 사랑의 대상을 상상하며 15살 소녀는 설렘으로 가슴이 저렸다 풀렸다 했다. 그렇게 숱한 밤을 베개 곁에 라디오를 켜둔 채 잠이 들었다.

제기동 한약국집

청량리 제기동 99평짜리 한옥은 방 6개, 부엌 하나, 화장실 하나, 장독대를 이고 있는 욕실 겸 빨래터 겸 창고 건물 하나로 이루어져 있었다. 아이를 낳지 못하는 태를 열어주는 한약으로 이름이 나 있던 이모 할아버지의 한약국 문간방에서 내 서울 생활은 시작되었다. 나는 이 집에서 중학교 2학년 때부터 고등학교 2학년 초까지 자취를 했다.

한약방 할아버지께서는 안방과 마주한 건넌방에서 온종일 손님을 맞고 약첩을 만들고 침을 놓았다. 손님은 꽤 있는 편이어서 하루 종일 사람들이 드나들었고 아래채 한약 재료를 준비하는 방에서는 여러 어른들이 모여 한약재를 거래하기도 하고 신문을 읽기도 하고 장기를 두기도 하고 담소하며 시간을 보내고 있었다. 할아버지 전처 소생의 나이 지긋한 아드님은 하루 종일 작두로 약을 썰었고 며느님은 가끔 부엌 일을 도왔다.

일과가 끝나고 저녁식사를 마치신 후 달이 둥실 떠오르면 한약방 할아버지는 정안수를 떠서 들고 장독간으로 올라가셔서 한없이 절을 하며 기도를 하셨다. 온종일 다녀간 손님들이 약발을 받고 병을 하루빨리 고치게 해달라는 기도를 한다고 했다. 그 기도는 하루도 빠지지 않으셨는데 그 정성에 혀가 내둘릴 지경이었다. 할아버지는 말수가 없으셔서 그 집에서 지낸 3년 동안 나한테 직접 말씀을 하신 건 한두 번에 그칠 정도였다.

안방은 눈이 부리부리하고 한국인 체형답지 않게 뚱뚱한 내 이모할머니의 영역이었다. 할머니는 목소리가 걸걸하고 잘 웃지를 않으셨으며 맘에 맞지 않으면 아무 때나 버럭버럭 소리를 지르셨고 해소기침이 있으셔서 가끔씩 숨이 넘어갈 듯 심한 기침을 하셨다. 그러면서도 항상 담배를 태우고 계셨다. 기침이 시작되면 옆에서 내가 안절부절못할 정도로 얼굴이 벌게지시고 눈이 빨갛게 충혈되시며 금방이라도 숨이 넘어갈 것만 같았다.

부엌일을 하는 혜숙이 언니는 하루에도 몇 번씩 할머니의 불호령을 들어야 했지만 8년 넘게 동고동락하고 있던 터라 그러려니 아무렇지도 않게 듣는 듯 했다. 그러나 나는 할머니가 소리를 지르실 때마다 혼이 다 빠져나가는 것 같았다.

첫 사달은 내가 저녁을 먹고 있을 때 벌어졌다. 혼자 밥을 어떻게 먹나 궁금하셨던 할머니가 갑자기 내 방문을 열어보셨던 어느 저녁 시간이었다. 할머니는 내 밥상을 보자마자 집안이 다 떠나가게 소리를 지르셨다. 밥상 위에 바가지를 올려놓았기 때문이었다.

나는 일평생 바가지를 상 위에 올려놓으면 안 된다는 소리를 들어본 적이 없었으니 내가 왜 야단을 맞아야 하는지도 모른 채 벼락을 맞았다. 다음날은 밤 9시에 액자를 걸려고 벽에다 못을 치던 중에 날벼락이 떨어졌다. 안방에서 TV를 보고 계시다가 못 박는 소리에 신발도 제대로 못 꿰찬 채 달려오셨다. 그날도 나는 눈물이 쑥 빠지게 야단을 맞았다.

매일매일 새로운 것들을 익혀야 했다. 문지방을 밟아서는 안 되고 아침에 왼발부터 내디뎌야 했다. 불도가 강한 외가 쪽 식구들은 절에도 자주 가고 가끔 굿도 했다. 굿을 하고 나면 고시래 떡을 온 집안 곳곳에 두었는데 화장실 구석에도 한 그릇 놓아둔 것이 참 인상적이었다. 떡 주위에는 막걸리가 뿌려진 자국도 함께 있었다.

한번은 집에 무당이 와서 굿을 했는데 나는 그런 구경은 또 난생처음이었다. 사람들이 마당을 가득 메우고 구경을 하는 중에 무당은 육회를 버무려 눈을 희번덕이며 구경꾼들에게 먹이려 들기도 했다. 사람들은 에구구 하면서 피했다. 나도 무서워서 사람들 틈에 끼어들었다. 마루에 작두가 놓이고 무당이 작두를 타려던 참에 이모할머니가 나에게 나가 있으라 했다. 내가 크리스천인 것을 기억하신 것 같았다.

다정한 기억 ___ 175

할머니는 성격이 지나치게 깔끔하셔서 집안에 먼지 한 톨이 있는 꼴을 보지 못하셨으며 마루를 닦는 걸레가 눈처럼 하얗게 빛나지 않으면 걸레 그릇이 날아갔다. 나는 이 할머니를 호랑이 할머니라고 맘속으로 부르기로 작정했다. 그리고 할머니와 마주치지 않기 위해서 최대한 방에 들어박혀 지냈다.

호랑이 할머니

할머니는 나를 야단치는 데 재미를 붙이신 듯했다. 어쩌면 내가 학교에서 돌아오는 시간을 학수고대 기다리고 계시는지도 모른단 생각이 들 정도였다.

그럴수록 나는 깍듯하게 인사를 하며 다녔다. 그건 나를 잘 봐달라는 최대한의 표현이었다. 그러나 나는 항상 할머니의 기에 눌려 신발을 벗어도 어디에 둘까 안절부절, 교복을 빨아도 어디에다 널어야 할까 안절부절, 할머니가 마루에서 쳐다라도 보고 계실 때는 그야말로 어쩔 줄을 모르고 괜히 왔다리 갔다리 했다. 그러면 어김없이 왜 할 일 없이 왔다리 갔다리 하냐는 호통이 떨어졌다.

정녕 나를 미워하시는가 싶다가도 사람 헷갈리게 가끔은 저녁 식사 시간에 혜숙이 언니를 시켜 나를 저녁상 머리에 불러 주셨다. 나는 그 당시에 내가 뭘 먹고 다녔는지 기억이 없을 정도였으니 국과 반찬이 제대로 갖추어진 할머니네 밥상은 감지덕지할 뿐, 불편함을 감소하고도 남았다. 식사가 끝나면 할아버지께선 건넌방으로 가시고 할머니와 나 그리고 혜숙이 언니 이렇게 셋이서 연속극을 봤다.

할머니의 방은 담배 연기에 찌들어 벽지가 약간 노래져 있기는 했지만 방이 항상 따듯했고 벽장 문을 열어 가끔씩 맛있는 간식거리들, 귤이나 곶감이나 구운 오징어에 호두 따위도 꺼내 주셨다.

탤런트 김혜자가 나오는 TV 드라마 '후회 합니다'를 같이 본다. 할머니는 아랫목에 이불을 두르시고 앉아 계시고 나는 방문 옆 기둥에 기대어 앉고 혜숙이 언니는 윗목에 앉아 텔레비전을 봤다. 드라마 속 주인공을 따라 눈물을 훔치기도 하고 흥분하기도 하면서…. 그런데 할머니는 항상 '후회하지 않겠어요'를 보자고 했다. 심지어 '전설의 고향'을 '고향의 전설'이라고도 하셨다. 맨날 보는 드라마 제목을 매번 다른 이름으로 부르시는 걸 난 정말 이해할 수가 없었다. 몇 번이나 정정을 해 드려도 다음 번엔 또 '후회하지 않겠어요'를 보자고 하시니….

세월이 흐르고 내가 그때 할머니 연세에 근접도 못한 지금에 벌써, 그때의 할머니 찜쪄먹을 발군의 실력을 뽐내고 있으니 역시 '너도 내 나이 되어봐라.'던 어른들 말씀이 한 치 틀림없는 진리란 생각을 다시금 하게 된다.

추석을 하루 앞둔 어느 날, 식구는 없는데 손이 크고 통이 크신 할머니가 송편을 만들 요량으로 쌀가루를 두 말이나 준비하셨다. 그날따라 혜숙이 언니는 고향으로 내려가고 없고 전날 할머니로부터 한바탕 야단을 듣고 얼굴이 벌게져서 집으로 돌아갔던 며느님이 오지 않고 있었다. 텅 빈 마당을 내려다보며 대청마루에 산

같이 쌓인 쌀가루 담은 스테인리스 함지박을 사이에 두고 할머니와 나 둘이서 송편을 빚기 시작했다.

익반죽한 것을 조금 떠내서 손바닥 사이에 넣고 두 손으로 굴려 동그랗게 만든 후에 중간에 홈을 파고 송편 속을 넣은 다음 다시 잘 봉하고 반달 모양을 만든다. 모양이 만들어지면 검지 중지 약지 세 손가락을 송편에 찍어 세로무늬를 만들면 되는 것이다.

그런데 이 두 말의 반죽이 문제였다. 아무리 만들고 만들어도 반죽이 줄지를 않았다. 허리도 아프고 손목도 아파오던 차에 문득 할머니의 송편을 보니 어라! 할머니의 송편이 점점 커지고 있었다. 모른 척하고 한참을 더 열심히 만들었다. 그러다 고개를 들어보니 이제 할머니는 거의 주먹만 한 송편을 빚고 계셨다. 에라 모르겠다, 내 송편도 점점 커지기 시작했다. 웬일인지 송편 크기에 대한 태클이 들어오지 않는다.

할머니와 나는 서로의 송편 크기를 모른 척 해주며 빚고 또 빚었다.

마당에 해가 방향을 바꾸다가 급기야 기울고 있었다.

혜숙이 언니

　할머니의 한약방은 낮에는 온갖 증세로 한의사를 찾아오는 손님들과 한약재를 팔러 오시는 분들과 소일하러 들르는 어른들과 근처에 살면서 출퇴근을 하는 할아버지의 장남부부와 그 부부의 10살 먹은 외동아들 등으로 온종일 왁자지껄 했지만 밤이 되면 모두 집으로 돌아가고 그 큰 한옥에는 할아버지 할머니 나 그리고 혜숙이 언니 달랑 넷만 남았다.

　달이 휘영청 뜨는 밤, 99평짜리 널찍한 한옥은 고즈넉한 시간을 맞는다. 안방에서는 가끔 할머니의 숨이 넘어갈 듯한 기침 소리에 이어 가래를 뱉는 소리가 들릴 뿐, 할아버지가 장독대 위에서 중얼대며 기도를 마치시고 내려오시고 나면 집안은 정적에 빠져들었다.
　아래채의 작은 구석방, 혜숙이 언니의 방에는 오랫동안 불이 꺼지지 않고 켜져 있었는데 어릴 때 시골에서 상경하여 8년째 할머니네 집안일을 도우며 살고 있던 혜숙이 언니는 23살쯤 된 미모의 처자였으나 사지가 비정상적으로 짧고 굵은데다 머리는 크고 키는 내 어깨에도 닿지 않았다.
　혜숙이 언니는 그 짧은 다리로 집안을 이리 뛰고 저리 뛰며 온 갓 살림을 도맡아 하고 있었다. 밥도 짓고 반찬도 만들고 빨래도 하고 청소도 하고 바느질도 하고 손님방의 재떨이도 비우고 커피를 타 내기도 하고 날마다 시장을 봐오기도 했다. 불어난 몸집 때문에 발목이 약해져서 걸음걸이가 시원치 않으신데다가 호흡이 고르지 못해 조금만 걸어도 숨이 목에 차올라 헉헉거리는 할머니는 어쩔 수 없는 경우가 아니면 잘 다니시지 않는 편이었고 따라서 매일 장을 봐 오는 것도 혜숙이 언니 몫이었다.

집은 경동시장과 청량리시장 중간쯤에 있었는데 혜숙이 언니는 주로 청량리시장으로 장을 보러 다녔다. 나도 혜숙이 언니를 따라 몇 번 시장엘 간 적이 있다. 시장바닥은 언제나 질척질척했다. 운동화에 진흙이 묻을까봐 조심조심 걷느라 이마에 내 천 자를 그리고 가는 나와는 달리 언니는 씩씩하게 사람들 사이를 잘도 비집고 다녔다. 길 가던 사람들은 혜숙이 언니를 다시 한번 쳐다보고 또 뒤돌아보곤 했다. 언니는 그런 시선들을 오랜 세월 겪어 왔으면서도 두 뺨이 발갛게 상기되어서는 걸음을 빨리했다. 거리로 나서면 언니의 얼굴빛이 다소 긴장되곤 했다.

그러나 시장에 들어서면 언니의 얼굴이 좀 편안해진다. 시장 상인들은 언니를 모르는 사람이 없는 것 같았다. 생선좌판을 벌이고 있는 아줌마들이나 푸성귀를 파는 사람이나 어묵가게 아저씨와 서로 인사를 나누고 농을 던지고 언니는 깔깔대며 그 농을 받아치고 웃어 넘기면서도 날카로운 눈으로 좌판을 훑고 그 와중에도 싱싱하고 물 좋은 것들을 척척 잘도 골라내었다.

언니가 장바구니 하나 가득 먹거리를 사오면 할머니가 부엌으로 내려오신다. "어디 보자" 하시며 검사를 하시지만 한 번도 물건을 잘 못 샀다고 야단치는 것을 본 적이 없다. 수년간 할머니를 따라다니면서 싱싱한 야채나 물 좋은 생선 고르는 법을 그대로 배우고 익힌 이유였다. 그래도 가끔씩은 다른 잡다한 집안일로 할머니의 언성이 높아지고 부엌에서 소란이 일어나기도 했다.

할머니의 까다로운 성미를 맞추어온 세월 탓인지 혜숙이 언니는 할머니의 명령이 아니면 절대로 다른 일을 벌이지 않았다. 그래서 어느 날엔가는 할머니가 결정해 주지 않으시면 혼자 아무것도 결정하지 못하는 자신이 바보 같다고 느껴질 때도 있다고 했다. 언니는 항상 "저녁 반찬을 뭐로 할까요? 점심은 뭐로 할까요? 이것은 어떻게 할까요? 저것은 어떻게 할까요?" 하고 물으러 안방을 드나들었다.

중간고사 기간이던 어느 날, 밤늦게까지 공부를 하다가 화장실을 다녀오는 길에 언니의 방에 아직도 불이 켜져 있는 것을 보았다. "언니 아직 안 자?" 방문을 똑똑 두드려 보았다. 언니는 바느질 통을 꺼내놓고 낮에 시장에서 사 온 바지를 장판 위에 펼쳐놓고 있었다. 검정과 감색 두 개를 사 왔는데 바지 다리 길이가 너무 길어서 가위로 반쯤 잘라놓고 있었다.

잘라놓은 바지를 바닥에 펼쳐놓고 혼자서 물끄러미 내려다보던 중이었다. 잘려나간 두 개의 팔 토씨 길이만 한 천 쪼가리도 멀뚱거리며 언니를 쳐다보고 있었다.

언니는 나더러 들어오란 말도 하지 않고 묵묵히 바지만 내려다보고 있었다. 천장에 매달린 동그란 백열전구는 무심히 방 안 가득 노란 빛을 뿌리고 있을 뿐이었다.

머쓱해진 내가 조용히 방문을 닫고 마당으로 나선다. 하늘엔 별이 총총한데 쓸쓸한 달빛은 텅 빈 마당 가득 고여 천천히 배회하고 있었다.

호랑이 할머니의 손자

할머니의 10살 먹은 손주 녀석은 세상에 무서운 것이 없었다. 집안의 호랑이이자 돈줄인 할머니의 전폭적인 지지와 사랑을 한 몸에 받고 있었기 때문이었다. 녀석은 이삼일에 한 번씩은 꼭 할머니네로 와서는 조립식 장난감 살 돈을 뜯어 갔다.

할머니는 처음 몇 번은 안 사준다고 버티시지만 손주 녀석이 찡찡거리며 조르고 달려들어 할머니의 젖가슴을 주물러대며 칭얼거리고 울먹거리면 결국은 치마를 걷어 올리고 속바지에 달린 주머니에서 지폐를 꺼내 주실 수밖에 없었다.

커다란 나무 대문을 온몸으로 부딪혀 열어젖히고 그 녀석이 '할머니~' 하고 부르며 마당으로 뛰어들면 할머니의 얼굴에는 벙긋하고 웃음이 떠오른다. 할머니가 미처 두 손을 내밀기도 전에 녀석은 다시 한번 온몸을 던져 할머니의 품으로 뛰어든다.

"아이구구 이 녀석! 징그럽다 이 놈아, 저리 가거라!"

질색을 하시는 듯 보이지만 얼굴엔 화색이 만연한 채 못 이기는 척 벌써 녀석의 손에 이끌려 안방으로 들어가신다.

"할머니 조립, 조립 사줘~."

녀석은 목적을 이룰 때까지 할머니를 가만 놓아두지 않고 부엌이든 장독간이든 화장실까지 따라다니기 시작한다. 집안의 모든 어른 사이에 내가 학교에서 공부를 좀 하는 학생이라는 것이 알려지면서 모두가 나에게 호감을 표했을 뿐만 아니라 할머니를 제외하고는 나에게 뭐라고 태클을 거는 사람이 없었다.

하지만 이 쪼그만 녀석은 나에게 어떤 일종의 라이벌 의식 같은 것을 느끼고 있는 것 같았다. 나만 보면 나를 테스트하고 싶어했다.

"의자가 영어로 뭔지 알아?"

이 꼴통 같은 자식이 나에게 물었다. 내가 명색이 중학교 2학년이고 공부 좀 한다는 학생인데 기가 막혀서 대꾸를 하지 않는다.

"모르나 부지? 체어야 체어. 그럼 책상은 영어로 뭔지 알아?"

내가 기가 막힌 표정으로 그 녀석을 내려다본다.

그 녀석도 나를 빤히 올려다본다.

"그것도 몰라? 데스크잖아 데스크. 뭐 아는 게 없네 없어."

기가 차서 저걸 어떻게 해 버릴까 생각하다가 정신을 차려보니 마당에서 일하던 어른들이 모두 하던 일을 멈춘 채 우리를 주목하고 귀를 기울이고 있다. 녀석은 의기양양해서 가슴이 한껏 부풀려지고 어른들은 '저 녀석이 신동이네 신동, 중학교 이 학년도 모르는 미국말을 다 아네 다 알아.' 하는 표정이 역력했다.

나는 살짝 난감해졌다.

"아이구 이 녀석아. 누나가 아무리 중학생이어도 어떻게 모든

다정한 기억 ___ 185

미국말을 다 알겠느냐. 배운 거만 알지…"

　나를 도와주려던 묵 팔러 온 할머니가 나를 두 번 죽인다. 나는 졸지에 의자도 책상도 영어로 뭐라고 말하는지 모르는, 열 살짜리보다 아는 게 없는 중학생이 되어 버렸다. 나는 뭐라고 해명도 못 한 채 머리를 쥐어뜯고 서 있어야만 했다.

　녀석의 뺀질뺀질한 눈에는 승리의 기쁨이 도도히 흐르고 있었다.

한약방 할머니는 줄담배를 태우셨다

한약방 이모할머니는 줄담배를 태우셨다. 할머니의 안방 벽지는 담배연기로 누렇게 찌들어 있고 담배 쩐 냄새가 배어 있었는데 그런 안방 분위기는 묘하게도 할머니와 어울렸다. 방 안에는 항상 커다란 유리 재떨이가 놓여 있었는데 재떨이를 비우는 일은 혜숙이 언니 일이었지만 할머니가 직접 들고 마당에 나가실 때도 있었다. 할머니는 대단히 뚱뚱했기 때문에 수돗가에 쭈그려 앉으실 때 몹시 숨이 차올라 힘들어하셨다.

할머니가 나에게 담배 심부름을 시킨 적은 한 번도 없었다. 담배를 사러 가는 것도 늘 혜숙이 언니의 일이었다. 야심한 밤, 담배가게가 문을 닫아버린 시간에 할머니의 담배가 떨어지면 할머니는 무거운 엉덩이를 밀어 안방 문까지 가신 후 미닫이문을 열고 마루 건너 할아버지의 방을 향해 소리 치셨다. "이봐요! 담배 한 갑 없우?" 탁하고 걸쭉한 목소리다.

"있어요." 건넌방 창호지 문을 뚫고 할아버지의 메마른 목소리가 넘어온다. 그리고 잠시 후면 한복을 입으신 키가 훌쩍 크신 할아버지께서 마루를 건너 오셔서는 할머니 앞에 담뱃갑을 툭 던지시며 "웬 담배를 그리 많이 피워요?" 하고는 다시 성큼성큼 마루

다정한 기억 ___ 187

를 건너가셨다.

나는 식사 때를 제외하고는 할아버지가 할머니 방에 함께 계신 것을 본 적이 없었다. 그러고 보니 약간 이상하다는 생각이 들었다. 할아버지의 약국 일을 돕고 있는 큰 아드님의 나이가 너무 많았다. 그리고 할머니를 대할 때 지나치게 깍듯했다. 안방에 들어가는 일도 거의 없었다. 매일 들르다시피 부엌일을 돕는 며느님도 그저 할머니에게 깍듯할 뿐이었다. 할머니에게 진짜 핏줄처럼 칭칭 감기거나 떼를 쓰는 사람은 이삼일에 한 번씩 들러 할머니에게서 조립 장난감 살 돈을 뜯어가는 손주 녀석과 할머니의 막내아들인 형준이 아저씨뿐이었다.

한약방집에는 삼사 개월에 한 번 정도 형준이 아저씨가 다녀갔다. 형준이 아저씨는 20대 후반의 백수건달이었다. 지방의 전문학교를 다니듯 말듯하다가 겨우 졸업을 하고 뚜렷한 직업 없이 지내는데 주위에서 보다 못한 친척들이 어렵게 직장을 구해줘도 몇 달 견디지 못하고 뛰쳐나온다고 했다. 몇 달에 한 번씩 집에 들르는 이유는 순전히 부모에게서 돈을 뜯어가기 위해서라고 혜숙이 언니가 넌지시 말해줬다. 그리고는 어디론가 사라졌다가 돈이 떨어지면 또 나타난다고 했다. 사람이 나빠 보이지는 않았는데 워낙 악착같은 데가 없고 놀기를 좋아하는 것 같았다. 며칠에 한 번씩 집에 들러 부엌일을 돕고 가는 할머니의 며느님이 어느 날 형준이 삼촌은 얼굴값을 한다며 소곤 소곤 흉을 봤던 적도 있었다.

형준이 아저씨는 집에 오면 한동안 하는 일 없이 지내다가 또다시 사라지곤 했다. 한 번은 할머니를 뒤에서 끌어안고 "엄마, 돈 좀 주. 돈 좀 달라고~. 나 진짜 돈 필요해. 조금만 줘요. 아 왜 그렇게 팍팍하게 구우?" 하며 알랑방귀를 뀌다가 아저씨의 팔을 풀고 방 빗자루를 찾아든 할머니를 피해 마당으로 달아나기도 했다. 이 아저씨도 담배를 피웠는데 용돈이 궁한지 담배도 맘대로 못 사 피우는 것 같았다. 어느 날 밤에는 쪽마루에서 손님들이 남기고 간 재떨이의 꽁초들을 털어내다가 나에게 들킨 적도 있었다.

"아저씨 뭐해요?"

"담뱃가게가 문을 닫았잖아."

"그래서요?"

"보면 모르냐? 이런 기똥찬 방법이 있거든. 이거 다 모으면 한 개는 만들 수 있어. 훌륭하지?"

"낼 아침이면 살 수 있을텐데…."

"야 인마, 낼 아침까지 어떻게 참냐."

멀쑥한 외모에 키까지 늘씬한 형준이 아저씨가 학교 다니면서 참으로 다양하게도 부모님 속을 썩인 일은 집안의 공공연한 비밀이었다.

그러던 어느 날, 마침 일요일이었고 학교에 가지 않아도 되는 나는 점심 후에 내 방에서 라디오를 들으며 휴일의 달콤한 휴식을

다정한 기억 ___ 189

마음껏 즐기고 있었다. 누군가 내 방문을 똑똑 두드렸다.

문을 열어보니 형준이 아저씨였다. 아저씨 옆에는 처음 보는 참한 아가씨가 서 있었다. 말끔히 빗어내린 생머리가 어깨까지 찰랑거리고 있었다. 얌전한 스커트에 단정한 블라우스가 왠지 형준이 아저씨와는 겉돌아 보였다.

"이 언니랑 잠깐만 네 방에 같이 좀 있어라. 난 엄마 방에 들어갔다 나올 테니까."

젊고 예쁜 언니는 조심스럽게 스커트를 여미며 내 방 앞 쪽마루에 올라서서 방으로 들어왔다. 방문 옆 구석에 조아리고 앉은 젊은 언니는 잠시 내 소박한 자취방을 훑어 보나 싶더니 바로 방바닥으로 시선을 내리깔고 마주 잡은 손을 풀었다 잡았다 하고 있었다. "이름이 뭐에요?" 하고 나에게 물었지만 그냥 해 본 소리 같았다. 그녀는 몹시 긴장하고 있었다.

안방에 들어갔던 형준이 아저씨가 언니를 데리러 왔다. 무릎을 모으고 앉아 방바닥만 내려다보고 있던 젊은 언니가 얼굴을 들었다. 낯빛이 핼쑥해 있었다. 드디어 올 것이 왔다는 표정이었다.

언니는 형준이 아저씨와 함께 안방으로 들어갔다. 마당에서는 혜숙이 언니가 빨래를 하고 있었다.

"누구야?" 내가 속삭이듯 물었다.

"애인인가 봐." 혜숙이 언니가 안방 쪽을 흘깃거리며 손으로 입을 가리며 입술만 벙긋댔다.

그때 갑자기 안방에서 할머니의 격앙된 목소리가 터져 나왔다. 빨래하던 혜숙이 언니와 나는 동시에 안방으로 눈을 돌렸다. 무슨 말인지는 모르겠으나 할머니의 갈라진 고성이 마당에서 듣고 있는 나의 가슴까지 졸아붙게 하였다. 곧 누군가 흐느끼며 떠듬떠듬 말을 잇는 소리가 나더니 흐느낌은 아주 목 놓아 우는 소리로 바뀌었다.

한참 뒤에 안방에서의 소란함이 가라앉은 뒤 형준이 아저씨와 그 젊은 언니가 내 방으로 돌아왔다. 그 언니는 눈이 빨갛게 충혈되어 있었고 그 사이에 벌써 눈두덩이도 약간 부어 있었다. 그때까지도 흐느끼고 있는 언니 앞에서 어쩔 줄을 모르던 형준이 아저씨는 "바보 같이 울긴 왜 울어." 하며 언니의 눈물 젖은 얼굴을 닦아 주었다. 그리고 그날부터 그 언니는 이 집에서 형준이 아저씨와 함께 살게 되었다. 자기 집으로는 돌아갈 수 없게 되었다고 했다. 언니는 이미 임신 중이었다.

고등학교 시절 시골 학교에서 상위권 성적이었던 언니는 일찍 돌아가신 어머니를 대신한 새어머니에게 등록금을 마련해 달라는 말을 꺼내보지도 못하고 진학을 접었다. 친구들 대부분이 대학에 가지 못했기 때문에 별다른 속앓이도 없이 친척이 소개해준 읍내 농협에 취직해서 다니다가 친구 소개로 아저씨를 만났는데 난생처음 따뜻하게 보살핌을 받는다는 느낌과 시원시원한 성품과 시골에서는 보기 드문 훤칠한 외모에 반해서 급속히 빠져들었다. 그러나 형준이 아저씨가 여러 명의 여자들을 한꺼번에 사귀고 있으리라고는 상상도 못했다.

어느 날 아저씨와 데이트를 즐기던 중 길에서 형준이 아저씨의 다른 애인과 맞닥뜨렸다. 아저씨를 만나려고 불시에 지방 대학이 있는 곳으로 찾아왔던 이 서울 아가씨는 언니를 붙들고 시비를 걸기 시작했다. 길거리에서 옥신각신 말싸움이 벌어졌는데 이 서울 아가씨, 갑자기 스커트를 두 손으로 걷어 올려 쥐더니 옆차기를 날렸다. 언니는 가격을 피하지도 못하고 그 자리에서 쓰러졌는데 충격으로 거의 정신을 잃을 지경이었다. 아저씨는 중간에서 둘을 떼어놓느라 애를 쓰다가 언니가 길바닥에 맥없이 쓰러지자 서울 아가씨를 밀어내고 울고만 있는 언니를 들쳐업고 뛰는 것으로 상황이 종료됐다. 그 서울 아가씨는 싸움에서는 이겼는데 아저씨를 얻는 데는 실패했다.

형준이 아저씨는 길거리에서 시비가 벌어졌을 때 말 한마디 제대로 해보지도 못하고 바들바들 떨고 있다가 제대로 한 방에 나가떨어지는 언니가 한심하더라고 말하면서도 이 약한 사람에게 맘이 가더라고 했다. 그 이후로 발차기를 날린 여인은 정리되고 두 사람의 연애가 무르익었는데 언니가 덜컥 임신을 하게 되는 바람에 엄한 아버지와 새어머니에게 이 사실이 알려져 옷가지 하나 챙기지 못하고 쫓겨 나오던 날이었다.

다음날 학교에 갔다 왔더니 새언니가 마당에서 시금치를 씻어 건지고 있었다. 문득 언니가 입고 있는 바지가 몸뻬라는 걸 알아챘다. 허리에 고무줄이 들어가 있는 알록달록한 꽃무늬의 7부 바지였다. 바지 다리 하나에 언니의 온 몸통이 다 들어갈 듯 펄렁거렸다. 아마도 혜숙이 언니 단골집인 시장 노점에서 급히 사 온 것 같았다. 옷가지 하나 챙겨나오지 못하고 집에서 쫓겨났다는 게 사실인가 보다. 왠지 나는 예쁘고 젊은 그 언니가 몸뻬를 입고 있는 것이 살짝 슬펐다.

새언니는 싹싹하고 바지런했다. 할머니에게도 조곤조곤 말도 잘 걸고 부엌에도 자주 들락거리며 무슨 일이든 해보려고 애를 쓰는 듯했다. 그러나 집안일은 혜숙이 언니와 할머니가 맡아 하는 일이 뚜렷이 정해져 있어서 새언니가 어설픈 살림 실력으로 끼어들 틈은 없었다. 뭐든지 해보려고 손을 대다가도 밀려나기 일쑤였다. 게다가 언니는 돈도 없었다. 장을 보러 갈 때마다 필요한 물건들을 사기 위해서 이모할머니한테 조금씩 돈을 타서 써야 했는데 돈을 타내기 맘이 편하지 않아 한꺼번에 사지도 못하고 하루는 양말 한 켤레, 다음 날은 머리빗 하나, 이런 식이었다.

형준이 아저씨는 여전히 직장을 구하지 못하고 이리저리 떠돌고 집에 남은 언니는 매일매일 얼굴에 그늘이 내려앉았다. 어느 날은 잠시 내 방에 들어와 방문을 닫고 벽에 기대어 앉았는데 등이 동그랗게 말려 있었다. 그리고 처음 이 집에 오던 날 그랬던 것처럼 손가락으로 내 방바닥을 긁으며 혼잣말처럼 중얼거렸다.

"난 말이야. 제대로 한번 놀아 보지도 못하고 학교 다닐 때 공부만 했었는데 맨날 놀기만 하고 주먹질만 하고 다니는 형준씨에게 왜 빠져들었는지 아무래도 모르겠어. 가끔은 말이야. 내가 생활비도 못 벌어오는 남자와 살고 있다는 게 기가 막힐 때가 있어. 그냥 된장찌개, 콩나물국 끓여 먹고 단칸방이라도 난 좋은데…. 형준씨가 벌어오는 돈으로 살고 싶은 것 뿐인데…."

형준이 아저씨는 사람은 좋지만 매달 생활비를 착실히 벌어올지는 나도 장담을 못하겠던 터였다. 이제 아이도 태어나고 방도 얻어 나가야 할 텐데 내가 생각해도 좀 걱정스러울 지경이었다.

그런데도 신기한 것은 형준이 아저씨만 옆에 있으면 언니는 얼굴에 화색이 돌고 생글거리며 웃는 것이었다. 형준이 아저씨는 언니 어깨에 팔을 두르고 마루 끝에 걸터앉아 먼 하늘을 쳐다보면서 말하곤 했다.

"이 담에 말이야. 어떤 집을 살까 생각해봤어? 이런 한옥 말고 말이야. 마당에 잔디 파란 양옥집 짓고 정원에 하얀 테이블이랑 의자 놓고…. 개도 한 마리 키울까? 너는 이따만하게 큰 반지 끼고 홈드레스 찰찰 끌면서 마당에 물이나 줘라."

택도 없는 소리 하고 있네 하는 표정으로 혜숙이 언니랑 내가 힐금거리고 있는데도 언니는 형준이 아저씨의 시선을 따라 먼 하늘 어딘가를 꿈처럼 떠다니는 표정이었다. 그리고 행복해 보였다. 그리고 아마도 곧 형준이 아저씨가 그럴듯한 직장을 잡고 매달 월

급봉투를 꼬박꼬박 가져오는 날이 올 것이며 그 돈으로 알뜰살뜰 살아 종국에는 멋진 집을 짓고 잔디 파란 정원에서 아이들이 뛰어놀 때 노란색 오렌지 주스 찰랑거리는 유리잔과 케이크를 잘라 담은 접시를 쟁반에 담아 들고 햇살 같은 미소를 날릴 것이라는 다소 현실성 없어 보이는 희망도 되살아나 형준이 아저씨가 흔드는 대로 둘이 같이 어깨를 나란히 한 채 흔들흔들 흔들리며 한옥 지붕이 만들어 낸 네모난 하늘 어딘가를 떠다니고 있었다.

꿈이 있는 동안은 언니도 형준이 아저씨도 행복할 것이다. 그들이 그 꿈을 이루었는지 나는 모른다. 그러나 그랬기를 바란다. 그때 그 꿈꾸는 듯이 아련했던 언니의 눈빛은 어느 날엔가 생활에 지치고 바래 변해 갔겠지만, 왠지 난 지금도 형준이 아저씨가 언니의 어깨에 손을 두르고 흔들면서 "이번에 말이야. 이 일만 성사가 되면…" 하면서 언니를 꿈꾸게 해 주고 있지 않을까 생각해 볼 때가 있다.

동포여

"우리나라에서 민족을 제일 사랑하는 애국자가 누군지 아나?"
국어 선생님이 물어 보셨다.

아무도 대답하지 않는다. 국어선생님의 질문은 어디로 튈지 모르는 탁구공 같다. 농담과 진담을 자유자재로 종횡무진하며 그 묻는 진의를 알 수 없으니 일찍 나서서 십자가를 질 바보는 없다.

잠잠~.

"너희가 자주 골목길에서 만날 수 있는 분이시다. 매일 아침 창밖에서 '동포여! 동포여!'를 외치고 다니신다."

그렇다면 혹시 그것은 "똥퍼요, 똥퍼요?"

그제서야 교실 여기저기에서 큭큭 웃음이 터졌다.

푸세식 화장실. 제기동 한약국 집도 당시의 다른 한옥들과 다를 수가 없다. 화장실은 나무판자로 덮여 있었는데 중간에 길고 좁은 구멍이 나 있었고 그 밑으로 보이는 변통은 엄청나게 깊었다. 한쪽에 놓여있는 플라스틱 통에는 잘게 자른 신문지가 가득 담겨 있었다. 화장실에 쭈그려 앉아 조각난 신문의 기사들을 읽어보는 재미가 있었다.

생각처럼 냄새가 많이 나지는 않았다. 워낙 깔끔한 할머니의 성격을 반영하듯 낡은 나무 바닥이었지만 항상 깔끔하게 비질이 되어 있어 깨끗한 상태를 유지한 편이었고 가끔 구석에 막걸리 뿌려진 고사 떡 접시가 놓여 있기도 했다.

문제는 동포여를 부르짖고 다니시던 분이 다녀간 직후이다. 잠잠히 얌전하게 고여있던 내용물들이 긴 손잡이가 달린 똥 바가지에 실려 골목길로 난 작은 구멍으로 수차례 실려 나가는 동안 잠잠히 고여있던 냄새까지 휘돌아 쳐 올라와 가히 숨을 쉬지 못할 지경이 된다. 성냥이라도 그으면 화장실이 통째로 폭발하고 공중 분해 될 것 같았다.

그분은 양쪽에 큰 통이 달린 지게를 지고 들어와서는 기다란 손잡이 달린 똥바가지로 퍼낸 내용물을 통에 가득 담는다. 두 통이 찰랑찰랑 넘치도록 가득 차면 그 지게를 지고 골목길을 걸어 나가서 수레에 붓는다. 그러면 아저씨가 왔다갔다하는 골목에는 점점이 방울방울 흔적이 남는데 거기서도 숙성된 악취가 풍겨 나왔다. 사람들은 골목을 지나다가 이분을 만나면 냄새가 옷에 배지나 않을까, 어디 한 점 튀지는 않을까 몸을 사리며 코를 막고 뛰어갔다. 그러나 자세히 본 사람은 알리라. 지나가는 사람들에게 스치게 될까봐 그분이 훨씬 더 경직되고 긴장해 있다는 것을. 얼굴은 비장하기까지 했다. 혹시라도 천방지축 앞도 안 보고 골목길로 뛰어드는 동네 꼬마라도 만나면 큰일이었다. 지게에 양쪽으로 매달린 통을 균형을 잡아가면서 내용물을 흘리지 않도록 조심하며 재빨리 수레로 발길을 옮기는 모습이 긴장으로 팽팽해 있었다. 나는 화장실을 다 퍼낼 때까지 넘어지는 사고가 있을까 봐 내내 가슴을 졸였다.

그분이 화장실을 퍼내는 동안 내 방 앞 쪽마루에 걸터앉아 있던 혜숙이 언니가 시골에서 들은 얘기라며 목소리를 낮춘다.
"너 혹시 장래의 니 남편 얼굴이 궁금하지 않아?"
'미래의 남편 얼굴?'
구미가 확 당겼다.
"궁금하지 왜 안 궁금해."
혜숙이 언니는 자기네 고향에서 전해 내려오는 비방이 있다고 가르쳐줄까 물었다.
"밤 12시에 소복을 입고 머리를 풀어헤친 다음 입에 칼을 물고 캄캄한 변소에 가서 거울을 들여다보면 그 거울에 미래의 남편 얼굴이 뜬대."
기가 차서 말이 안 나왔다.
"언니는 해 봤어?"
자기 친구 중 하나가 비방대로 했다가 그 자리에서 기절해서 실려 나왔다는 얘기를 해줬다.
"근데 거울에 남편 얼굴이 뜨긴 떴대? 봤대?"
"아니~ 본 거 같았는데 기절하느라 잊어버렸대."

나는 혜숙이 언니의 저의를 의심하는 눈초리를 쏘아 보냈지만 상당히 솔깃한 이야기가 아닐 수 없었다.

내가 말했다.

"언니가 먼저 해봐. 성공하면 나도 한번 해보게…."

혜숙이 언니가 나를 잠깐 흘겨봤다.

볕 좋은 날, 화장실 다 쳐 내면 지불할 지폐 몇 장을 손에 든 채로, 툇마루에 앉아 쳐다보는 기와지붕 위로 하늘이 파랬다.

자취생

나는 중고등학교 서울 유학 내내 이모할머니네 아래채에서 자취를 했다. 쌀은 쌀집에서 소두 한 말씩을 샀다. 쌀집 아저씨는 나무로 만든 소두에 쌀을 수북이 쌓은 다음 몽둥이 같은 걸로 쓱 쌀을 깎는다. 그리고는 누런색 두꺼운 봉투에 쌀을 담아주시는데 그것을 안고 돌아오면 팔이 다 얼얼했다. 일단 쌀을 사다 놓으면 맘이 넉넉해지면서 부자가 된 것 같았다.

집에서 한 달에 8천 원씩을 송금해 주셨는데 나는 그 돈으로 학비를 포함해서 온갖 부교재와 실습비를 지불하고 장을 보고 문방구와 참고서를 사고 교통비로 썼으며 심지어 2년에 십만 원짜리 정기적금도 들었다.

절대 낭비를 할 수 있는 돈이 아니었다. 나는 돈을 쪼개서 쓰는 데 달인이 되어갔다. 3년 뒤에는 인플레이션이 되어 12,000원을 송금 받았는데 중학교 졸업 때 적금 만기로 십만 원을 만들어 보여드렸더니 부모님께서 그 적은 돈으로 생활하고 어떻게 이런 큰돈을 모았느냐고 혀를 내두르셨다. 그 십만 원은 엄마가 돼지를 사서 몇 배로 불려 주겠다고 가지고 가셨는데 지금까지도 감감 무소식이다. 세상에 믿을 사람이 없다는 산교육을 시켜주신 셈이다.

각설하고, 집에 가서 밥을 먹으려면 시장에 들러 뭐라도 사서 가야 한다. 장을 봐야 하는 날에는 학교를 마치고 오다가 한 정거장 미리 내려 청량리시장을 훑어 올라가며 어묵이라든지 두부나 콩나물, 감자볶음에 필요한 야채 몇 가지들을 샀다. 반찬가게도 있었지만 내 주머니 사정을 생각하면 그럴 수 없었다. 그리고 왠지 반칙 같다는 생각이 든 것 같았다. 나는 철저히 혼자의 힘으로 숙식을 해결하는 자취생으로 살기로 작정했다. 이 무슨 때 아닌 비장함이란 말인가.

시장바닥은 항상 물기와 야채찌꺼기와 생선을 진열해 둔 나무판 등에서 흘러내린 오물 등으로 질척이고 있었다. 그리고 시장은 항상 활기와 생기로 가득 차 있었다. 사람들이 북적이고 여기저기서 호객을 하며 깎고 깎이는 실랑이가 일어나고 콩나물 한 주먹을 더 받아가려고 언쟁이 일어나기도 하는 곳이었다. 가끔은 거래를 하던 상인과 손님 사이에 말싸움이 일어나서 고성이 오가고 욕설이 난무하기도 했다.

집에서 엄마가 해주는 밥을 먹을 때는 내 손으로 요리할 기회도 없었고 할 맘도 없었다. 나는 부엌에 들어가 있는 것보다는 책을 끼고 있는 것을 더 좋아하는 아이였다. 밥하는 법을 엄마가 가르쳐준 적이 있긴 했다. 쌀을 씻고 조리질을 해서 돌을 골라내고 냄비에 담은 다음 손을 넣어 물을 재는 방법까지 잘 배웠다. 나는 쌀도 아주 정성스레 잘 씻었고 조리질은 환상이었다. 그런데 손을 넣어 물을 재는 것부터 일이 꼬이기 시작한다. 그래서 엄마에게 정확히 쌀 얼마에 물 얼마를 넣어야 하느냐고 물었다가 이상한 물건 취급을 받았다. 쌀과 물을 담아 석유풍로에 올리고 끓기 시작하면 뜸을 들이다가 불을 끄면 된다고 하셨다.

나는 물었다. 어느 지점을 끓는다고 말하느냐? 냄비에서 수증기가 처음 삐져나오는 그 순간을 끓는다고 하느냐, 뚜껑이 펄떡이도록 김이 솟구칠 때를 기점으로 하느냐, 그리고 뜸을 들인다는 것은 불을 줄이고 정확히 몇 분을 두어야 하는 것이냐를 진지하게 물었다.

엄마는 머리를 흔들면서 너는 앞으로 밥할 생각하지 말고 공부나 하라고 하셨다. 이 다음에 결혼은 하지 말거나 해도 아주 나이 들어 늦게 하는 게 좋겠다고 하셨다. 엄마는 사실 나를 별로 인정하지 않으셨다. 학교에서는 어떤 일이든 자신이 있었다. 그 어떤 임무를 주던지 선생님들이 두 번 다시 말을 할 필요가 없도록 깔끔하게 처리를 해 내는 아이가 집에만 오면 덜떨어진 바보 취급을 당한다. 특히 엄마는 내게 물건을 찾아오라고 시켜서 성공한 적이 별로 없다고 불평하셨다. 나는 물건을 찾는 데도 젬병이었다. 어떤 때는 바로 눈 앞에 두고도 다른 데만 뒤적이고 있어서 엄마의 복장을 터뜨렸다. 도대체 저런 머리로 공부는 어떻게 하는 것인지 정말 이상하다며 답답해하셨다. 나도 답답하긴 마찬가지였다.

내게 집안일은 정말 이해할 수 없는 난제였다. 반찬을 만들 때도 마늘 약간, 간장 약간, 참기름 약간을 넣거나 알맞게 넣거나 적당히 넣으라고 했다. 도대체 몇 숟가락, 몇 국자 그렇게라도 가르쳐주는 법이 없었다. 뭐든지 적당히 알맞게 하라고 하시는데 그때부터 내 머릿속은 온통 헝클어지기 시작하고 온갖 재료 따로 양념 따로 둥둥 떠다니다가 자폭했다.

그러던 아이가 서울 가서 자취를 하며 공부를 하겠다고 했을 때 엄마는 기가 막혀서 '니가 제정신이가?' 하셨다. 그러나 워낙 낙천적이고 긍정적인 성격의 소유자였던 엄마는 오래 고민하지 않고 내 결정을 믿어주셨다. 이모할머니 댁이었으니 설마 애를 굶기기야 하겠느냐는 믿음이 있기 때문이기도 했을 것이다. 그런데 이모할머니는 냉정하셨다. 나 역시도 한번 정해진 룰 이상은 절대 기대하지 않는 성격이었다.

궁하면 통한다고 했던가, 어려운 할머니에게 묻는 것은 언감생심 생각도 못할 노릇이고 할머니 눈치를 보느라 내게 한 뼘의 거리를 두고 있는 혜숙이 언니한테도 편안하게 물어볼 분위기는 아니었다. 그러나 내가 누군가. 안 되면 방법을 찾아야 하지 않겠는가.

나는 시장에서 재료들을 사면서 시장 아주머니들에게 조리방법을 묻기 시작했다. 두부를 사면서는 두부 조림하는 방법을, 콩나물을 파는 아줌마에게서는 콩나물국 끓이는 법을, 어묵 파는 아저씨에게서는 어묵 조리는 법을 배웠다. 그들 역시도 '간장 조금 마늘 약간 참기름 적당히'라고 가르쳐 주었지만 몇 번의 실패를 거치는 사이에 이상하게도 조금씩 그 말들이 편안히 이해되기 시작했다. 마치 이전에 알지 못하던 어떤 경지에 자연스럽게 도달하여 어느 날 갑자기 도통하듯 모든 것이 쉬워지고 이해되기 시작하는 느낌이라고 해도 무리가 없겠다.

방문 앞 쪽마루 한쪽을 들어내면 방 구들장을 덥히는 구공탄 불 아궁이가 나온다. 불 조절을 위해서 불구멍을 막아둔 헝겊 뭉치를 빼내고 화기를 돋군 다음 그 위에 냄비와 프라이팬을 올려 김도 굽고 콩나물국도 끓이고 된장찌개도 끓였다. 밥은 방 안에 있는 전기밥솥에서 끓고 있다.

나는 불과 한두 달 만에 두부조림도 할 수 있는 경지에 오른다. 하지만 친구들이 도시락 반찬으로 싸오는 두부조림과는 색깔이 달랐다. 발그스름한 고추기름이 윤기나게 반짝이는 두부조림이 소원이었으나 내가 만드는 두부조림은 거무칙칙한 간장색깔로 영 그 색깔이 나지를 않았다. 맛은 그럭저럭 따라잡고 있었다.

일 년에 두 번 여름방학과 겨울방학 때에만 집에 내려갔다. 엄마는 내가 집을 다녀올 때면 몇 가지 밑반찬을 만들어 주셨는데 소고기를 다져넣어 볶은 고추장을 한 병 가득 담아 주시는 것을 잊지 않으셨다. 나는 그 고추장에 밥을 비벼 먹는 걸로 한 끼를 대신 할 때도 있긴 했었지만 그래도 꼭 식사 때마다 밥을 하고 반찬을 만들어 먹으려고 노력했다. 아주 가끔 도저히 밥을 하기가 귀찮은 날에는 전기밥솥에 달걀 하나를 풀어 라면을 끓였다.

음식솜씨는 일취월장해졌다. 드디어 나는 학교 소풍 가는 날 김밥 재료를 사다가 직접 김밥을 말아 가는 실력에 도달하게 된다. 내가 내 손으로 김밥을 싸서 소풍 가는 날, 아이들은 귀퉁이 하나 터지지 않은 깔끔한 김밥이 내가 만든 거라고 믿어주지 않았다. 김밥을 썰 때는 칼에 힘을 주는 방향과 힘 조절에 비법이 있다는 것을 설명해봐야 이 득도한 아이의 말을 이해하는 아이는 없었다.

빈방에 불을 켤 때

늦은 저녁 시간, 학교에서 돌아오면 제일 먼저 연탄불이 꺼지지 않고 붙어 있는지를 확인한다. 아침에 헝겊 뭉치로 공기 한 점 들어가지 못하도록 불구멍을 꽁꽁 막아 두지 않으면 연탄은 12시간을 견디지 못하고 허옇게 꺼져 버렸다. 그렇게 되면 일이 복잡해진다. 꺼진 연탄불을 다시 붙이려면 가게로 달려가서 번개탄을 사 와야 했다.

연탄은 두 장을 겹쳐 놓는 것이 원칙인데 밑에 다 타버린 연탄재를 하나 깔고 위에 신문지를 구겨 넣은 뒤 그 위에 번개탄을 놓고 불을 붙이고 새 연탄을 그 위에 올려놓는다. 그리고 불이 붙을 때까지 마구 피어오르는 매콤한 연기를 들이마시며 불이 제대로 붙고 있는지 체크해야 했다.

거기다가 할머니가 이 광경을 보시기라도 한다면 연탄불도 제대로 간수 못하냐고 호통이 날아올 것이 분명하고 이래저래 이중삼중 나만 힘들어진다. 그러므로 이런 생고생을 하지 않으려면 학교 가기 전, 아침에 싱싱한 새 연탄으로 갈아 넣은 후 불구멍을 있는 대로 틀어막아 두는 것을 잊어버리면 안 됐다.

하루 종일 사건 사고가 끊이지 않는 학교에서 부산스럽게 지낼 때는 모른다. 학교에서 돌아오는 버스에서 내려 어느덧 멀리 지붕선이 날아올라 갈 듯한 한옥들이 늘어선 동네가 보이기 시작하고 보도블록 울퉁불퉁한 막다른 골목길을 접어들어 마침내 집 대문을 밀고 들어설 때까지도 모른다. 아침에 닫고 나간 뒤 그 누구의 손도 닿지 않았을 창호지 발린 미닫이문을 스르르 연다. 하루 종일 방 안에 고여 가라앉아 있던 공기들이 후루룩 밀리며 흔들린다. 문과 마주한 벽엔 골목으로 난 제법 큰 창이 천장에 닿을 듯 높이 달려있고 비키니 옷장이 벽면을 막고 서 있다. 그 오른쪽 옆으로 책상, 책상 위의 이 층짜리 책꽂이에는 온갖 교과서와 공책들 잡다한 참고서들이 줄줄이 꽂혀있다.

책상 위에는 트랜지스터 라디오와 누런 시험지를 묶은 연습장. 한 구석에 친구를 따라 백화점에 갔다가 외국 영화배우들 사진에 열광하는 친구들 사이에서 뻘쭘이 서 있기가 뭐해서 아무거나 대충 훑어보다가 사들고 온 폴 뉴먼의 사진이 투명한 플라스틱 액자에 끼워져있다. 분명히 흑백사진이었는데 왜 나는 폴 뉴먼의 신비하도록 파란 눈을 보고 사진을 선택했다고 기억하고 있을까. 어쨌든 엉겁결에 들고 들어온 이 외국 아저씨의 사진은 그저 장식품일 뿐, 아무리 들여다보며 정을 들여보려고 해도 투명한 플라스틱 액자의 질감만큼이나 늘 낯설고 차가웠다.

책상 옆에는 낮은 접이식 상이 펼쳐있고 그 위에 작은 찬장이 있다. 그 찬장 안에는 작은 병들이 양념들을 담고 얌전히 들어앉아 무료한 날들을 보내고 있었다. 엄마가 소고기를 넣고 볶아준 고추장볶음 병은 찬장 제일 중앙 고급한 자리에 떡하니 자리를 잡고 있었다. 찬장이 놓이고 남은 자리에 작은 전기밥솥이 있다. 불 꺼진 내 자취방 방문을 열고 들어서서 벽에 붙은 전기 스위치를 올릴 때, 하루 종일 텅 비어있던 방 안 아침에 내가 두었던 그 자리에 그대로 머물러 있는 사물들이 전등 불빛에 비로소 드러날 때, 가슴 한구석이 살짝 무너져 내리면서 야릇한 슬픔이 전신에 스민다.

바쁜 아침 시간에 팽개쳐놓고 갔던 양말과 옷가지가 의자 위에 아무렇게나 걸쳐져 있다. 책상 위 볼펜과 연필도 아침과 정확히 같은 포즈로 같은 자리에 있다. 폴 뉴먼도 어제와 똑같은 정도의 차가움으로 나를 흘겨보고 있다. 모두가 나의 손길만을 기다리며 지루한 하루를 보냈다고 내가 방문을 열고 들어서는 순간 무언의 항의를 시작한다.

누군가의 흔적이 보이지 않는 방 안, 나 아니면 그 어떤 미동도 일어나지 않는 부동의 방 안, 그 정적이 싫어서 서둘러 밖으로 나가 연탄불 구멍을 틀어막았던 헝겊 뭉치를 힘껏 잡아 빼내어 숨통을 연다.

택시의 추억

그날은 토요일이었고 수업이 일찍 끝난 날이었다. 고향 집에는 방학 때만 가는 것이 보통이었지만 어느 봄바람 불던 연휴에 나는 갑자기 충동적으로 안동행 중앙선 기차를 잡아타고 말았다.

예정에 없던 일이었고 급히 출발하느라 집에 전화 한 통도 넣지 못하고 출발해 버린 길이었다. 도무지 겁이 없던 시절이었다. 기차는 자정이 다 돼서야 고향에 도착했다.

아버지는 안동 시내를 벗어나 낙동강이 훤히 내려다보이는 산 중턱에다가 860평의 땅을 사고 당시에는 보기 어려웠던 하얀 양옥을 짓고 이사를 하셨다. 안동 시내로 들어오는 입구, 낙동강 다리에 들어서면 반대편 산 중턱에 하얀 성 같은 집이 보인다. 두루마기를 입고 갓을 쓴 시골 어르신들이 버스를 타고 낙동강 다리를 건너 시내로 들어오시다가 전에 없던 그 집을 발견하고 손으로 가리키면서 "보소 보소! 저 건물은 없던 건데 억수로 멋있네. 저게 뭔지 아니껴?" 그 중 타지 물 좀 먹었다 싶은 할배가 한참 보다가 대답한다. "미국 대사관인가?"

그러나 그곳은 산 밑 마을에서부터는 가로등도 없고 차 한 대가 겨우 지나다닐만한 좁을 산길로 올라가야 하는 산 중턱에 지어진

외딴 집이었다. 한밤중에 그곳까지 가려면 택시를 잡아타야 했다. 아무튼, 안동역 광장을 벗어나 이미 상점들이 셔터를 다 내려버린 길거리에서 한참을 기다리다 마침 지나가던 택시를 잡아탔다. 태화동 끝까지 가자고 하자 택시는 호기롭게 출발했다.

내가 갑자기 나타나면 식구들이 얼마나 놀랄까? 내일은 엄마가 해주시는 뜨거운 밥에 국, 입에 짝짝 붙는 맛난 반찬으로 포식을 해야겠다는 생각으로 살짝 들떠 있기도 했지만, 택시 운전사가 요금을 얼마나 달라고 할지 걱정도 되었다. 물어보고 타는 걸 깜빡 까먹었으니 불안했다.

택시가 이미 인적이 끊어진 거리로 한참을 달려 시내를 벗어나고 가로등이 드문드문한 외곽지대로 접어들자 택시기사는 자꾸만 백미러로 나를 흘깃흘깃 쳐다보았다. 나는 택시 뒷좌석에 한 마디 말 없이 앉아있던 중이었다. 낯선 택시기사에게까지 말을 붙이고 너스레를 떨 수 있는 나이가 아니었다. 나는 허리를 꼿꼿이 세우고 앉아 눈을 동그랗게 뜨고 창 밖을 내다보다가 기사가 백미러로 힐금힐금 볼 때마다 반격하듯이 거울에다 날카로운 시선을 쏘았다.

똑똑해 보인다는 것은 좀 쌀쌀맞아 보인다는 것하고도 일맥상통하는 것일지 모른다고 생각하던 때이다. 밤이었고 택시기사가 나를 어린 학생이라고 바가지요금을 씌울지도 모른다는 생각을 했다. 내가 바가지요금을 쓰지 않는 길은 똑똑한 중학생으로 보여 기사가 아예 만만히 볼 엄두도 내지 못하도록 하는 것이라고 생각했다. 나는 눈에 더 힘을 주고 꼿꼿이 자세를 세웠다. 한마디 대화도 없이 정적이 감도는 가운데 택시는 어느덧 산 아래 마을까지 도착했다. 길이 거의 끝나는 지점에 다다랐을 때까지 내가 아무 말이 없자 기사가 속도를 줄이더니 약간 떨리는 목소리로 "어디로…." 하고 물었다. 나는 최대한 어른처럼 침착한 목소리로 예를 다해 말했다.

"저 산길로 올라가 주세요."

난 그 사이에 이미 서울 말씨를 구사하고 있었다.

달은 휘영청 떴고 택시 뒷좌석에는 가늘고 얼굴이 하얀 교복 입은 여자아이가 탔는데 한 마디 말도 없고 미동도 없다. 가끔 백미러를 통해 보면 날카로운 눈빛을 번득이며 쏘아본다. 주위엔 아무도 없고 거리는 텅 비어 있다. 시내를 다 벗어나고 태화동 끝자락 논밭을 지나 마지막 동네 막다른 길에 도달하는데도 이 여자아이는 말이 없다. 등골이 오싹한다. 시간은 이미 12시를 넘기고 있다. 달빛에 하얗게 드러난 시골길엔 가로수 그림자가 어룽어룽했다.

"어디로…." 하고 물었다.

"저 산길로 올라가 주세요." 한다. 다시 한번 한기가 등골을 타고 흐른다.

여기서는 들을 수 없는 서울 말씨다. 이 시간에 서울 말씨를 쓰는 학생이 택시를 타고 산으로 가자고 한다. 달빛에 아이의 얼굴이 파르스름하다.

택시기사가 갑자기 당황한 목소리로 "여기서 내리소. 빨리 내리소. 이제 나는 더 못 가요." 하는 게 아닌가. 아니 여기서 내리라 하면 난 어쩌라구? 저 산길을 이 무거운 가방을 들고 올라가야 하는데? 내가 어이도 없고 황당해서 기사 아저씨를 쳐다보니 이제는 마구 손을 휘젓는다.

"빨리 내리소. 나는 저 길로 못 가요."

내가 요금을 지불하고 택시 문을 닫자마자 택시는 걸음아 나 살려라 하고 내빼버렸다. 무거운 가방을 들고 낑낑거리며 산길을 오르자니 도망가버린 택시가 원망스럽기도 하고 산길은 괴괴했다. 그래도 씩씩하게 걸어 올라갔다. 산에서 들개라도 나오면 어쩌나 하는 생각은 아예 하지 않고 가기로 했다. 다행히도 길이 멀진 않다.

오밤중에 집에 도착한 나 때문에 집에서는 한바탕 난리가 났다. 주무시다 말고 뛰어나오신 부모님은 기가 막히고 코가 막혀 기절 직전이셨다. 평상시에 내가 간이 크다는 건 아셨지만, 이 오밤중에 연락도 없이 산길을 걸어 도착한 나를 보고 말을 잇지 못하셨다. 그날 나를 산 밑에다 내려놓고 줄행랑을 놓은 그 택시기사는 다음 날 동료들에게 이렇게 말했을지도 모른다.

어제 일 다 마치고 집에 가려고 하다가 딱 한 손님만 더 태우고 가자고 동역 근처로 간기라. 근데 밤 12시가 다 돼가는 오밤중에 하얀 소복을 입은 여자아이가 텅 빈 거리에서 차를 세우는데 안동 끝 태화동까지 가자는 기야. 아가 밤중에 혼자 말이야. 가는 내내 기분이 이상해서 백미러로 봤더니 얼굴이 파란 게 눈에서 묘한 차가운 냉기가 흐르는 게 소름이 오싹하더니 등줄기에 식은땀이 흐르는 기야. 시내를 다 빠져나가도록 한 마디 말도 없이 앉아 있는데 뒷좌석에 아무도 안 타고 있는 거 같은 느낌 때문에 죽겠기라. 그래서 자꾸 거울로 힐금힐금 보면서 가는데 거울에 뜬 얼굴이 똑바로 내 눈을 노려보고 있는 기야.

겨우 산 밑에 도착해서 이제 다 왔겠지, 얼른 내려주고 튀자고 생각하고 있는데 "저 산으로 올라가 주세요." 하는 거야. 근데 그 목소리가 아 목소리 같지 않은 기 착 가라앉은 게 서울 말씬기라. 그 산 위에 마을이 어딨노.

그 고개 넘어가면 몇 십 리나 인가도 하나 없는 야산이 계속되다가 낙동강 하류 모래펄밖에 더 나오나? 거기 강물이 돌아치는 지점에 여름마다 학생들이 한둘씩은 꼭 물에 빠져 죽는다아이가.

내 어제 내 명줄 다한 줄 알았다. 내가 싫다고 거부하고 미친듯이 도망 나오지 않았으믄 내 오늘 여기 없을지도 모린다. 아이고~ 지금 생각해도 오금이 다 저리다.

가정시간

　중고등학교 수업 중에 배운 여러 가지 지식 중에서 지금까지 살아오며 가장 유용하게 써먹고 있는 것은 단연코 가정수업에서 배운 것들이다.

　시금치를 삶을 때 약간의 소금을 넣어야 시금치가 파릇한 색을 잃어버리지 않는다는 것과 콩나물을 삶을 때는 냄비뚜껑을 꼭 닫고 끓여야 콩 비린내가 나지 않는다는 것, 시금칫국에 멸치를 넣으면 멸치의 칼슘과 시금치의 수산이 만나 몸 안에 결석을 만듦으로 두 가지를 함께 넣고 끓여서는 안 된다는 것도 그때 배웠으며 균형 잡힌 식탁을 만들기 위해서 반드시 알아야 할 5군 식품은 지금도 매일 반찬을 만들 때마다 머릿속에 자동으로 떠오른다.

　밥과 감자 고구마 등은 탄수화물이며 육류와 각종 생선들 특히 내가 좋아하는 고등어구이는 단백질, 콩나물 무침과 김치와 각종 싱싱한 야채요리에는 비타민, 두부와 콩에는 몸에 좋은 식물성 단백질이 가득, 멸치볶음에 칼슘, 미역국과 김에 무기질, 요리 시에 들어간 식용유와 고등어 기름과 땅콩과 호두에는 지질…. 반찬은 서너 가지로 한정하되 5군 식품이 적절히 배합되도록 식단을 짜는 것에 내 머리는 아주 익숙해 있다. 그 외에도 가정 실습시간에 바느질과 동양자수, 레이스 뜨기, 털실로 양말 뜨기를 배웠고 기본형 블라우스와 스커트를 만들었다. 그때 배운 바느질법은 결혼해서 남편의 바짓단을 줄인다든지 떨어진 단추를 단다든지 부산스러운 아이들의 터진 옷을 꿰매는데 적절히 써먹었다.

그러나 우리의 생애에 30대가 과연 있을까에 대해 의심했던 17살 천방지축의 여자아이들에게 가정수업은 지겹고 지루했다. 창밖에 햇살은 쏟아지고 창문으로 들어오는 봄바람에는 꽃향기가 실려있었으며 어제 버스에서 보았던 여드름쟁이 남학생의 희고 가늘던 손가락 길이에 대해서 친구들에게 말하고 싶어 입이 근질근질한데 한자리에 틀어박혀 기한 날까지 마무리해야 했던 레이스 식탁보와 피아노 덮개, 감나무 가지에 주렁주렁 달린 노란색 감 그림을 수실로 메꾸는 동양자수 작업이 그리 달갑진 않았던 것이다.

털실 대바늘 뜨기로 두툼한 양말 만드는 법을 배울 때 마무리하는 어려운 부분에서 애를 먹으면서 짝꿍이던 경희랑 나는 이다음에 우리가 크면 양말은 시장 가서 싸고 이쁜 것들로 마음껏 골라 사 쓰자고, 뜨게질 하겠다고 신지도 못할 양말을 돈들여 시간들여 뜨고 앉은 이런 궁상은 절대 떨지 말자고 맹세를 했다. 인생은 굵고 짧게 살아야 한다는 국사 선생님의 말씀이 끝나기도 전에 "난 싫어. 난 실처럼 가늘고 길게 아~주 길게 살 거야." 라고 속삭였던 앞자리 맹미숙도 같은 맹세를 했다. 미숙이는 자기가 다니던 국민학교 전체에서 맹 씨가 자기 빼고 딱 한 명 더 있었는데

다정한 기억 ___ 215

그게 바로 자기 동생이었다고 말해서 우리를 웃긴 적도 있었다.

블라우스와 스커트를 만들 때가 최악이었다. 양말 짜는 일은 일도 아니었다. 치수를 가지고 본을 만드는 것부터 일일이 배웠는데 겨드랑이 선을 그리는 부분은 정말 어려웠다. 선생님의 칠판은 수많은 공식으로 빼곡하고 긴 자, 삼각자, 컴퍼스와 두 가지 크기의 각도기까지 동원해야 하는 복잡한 작업이었다. 수업을 잘 따라가며 만들기는 했으나 그 과정에서 옷은 절대로 사서 입어야지 맘을 굳히게 된다.

만일 자신의 치수에 맞는 적당한 옷본을 가게에서 사게 하고 천을 재단하는 것부터 시작해서 단추나 액세서리로 변형을 주거나 각자의 취향대로 마음껏 옷을 장식하게 했다면 오히려 옷 만드는 일에 재미를 붙였을지도 모르겠다는 생각이 든다. 우리는 평생 다시는 만들지 않을 옷본 만드는 일에 진을 빼다가 정작 천을 잘라 옷을 만들 때는 빨리 이 시간이 지나가 옷으로부터 해방되는 날을 학수고대하며 다시는 옷 따위는 만들어 입지 않으리라 또 한번 맹세했다.

가정선생님은 젊고 발랄했다. 우리는 가정선생님이 탤런트나 영화배우가 되면 좋았을 것을 인물이 아깝다고 안타까워했다. 선생님은 웃으면 볼에 예쁘게 볼우물까지 파여 부러움의 대상이 되었다.

"너희가 이 다음에 결혼해서 주부가 되고 어머니가 되거든 하지 말아야 할 일이 있다. 제 밥 다 먹고도 식구들 먹다 남은 음식이 아깝다고 니네 뱃속에 쓸어 넣어 청소를 한다거나 상하기 직전의 반찬이 아깝다고 물에 씻어 먹는다거나 식구들 다 먹이고 남는 음식으로 식사를 한다거나 해서는 절대 안 된다. 어머니가 건강해야 집안이 산다. 식구들보다 더 잘 먹고 건강관리에 철저해야 한다. 즉 부엌에서 요리를 하다가 식구들 몰래 날계란이라도 하나 더 깨 먹어야 한단 말이다. 알겠니? 그리고 혼자 밥을 먹게 되더라도 찬물에 밥 말아 김칫국물 떠먹으며 대충 해치우지 말고 제발 예쁜 그릇에 음식을 담고 격식을 차려 먹도록 해라. 만일 그렇지 않고 맨날 먹다 남은 것 처리나 하며 살면 식구들도 엄마는 그런 거 먹고 사는 사람인 줄 안다."

"저런 말씀은 좀 적어라 적어."

나와 짝꿍 경희는 가정선생님 말씀을 새겨들었다. 왜냐하면 엄마가 건강해야 가정이 산다는 말씀에 절대 공감하기 때문이고 엄마나 아내의 역할 이전에 나는 나 자체로 소중하다고 생각했기 때문이다.

기차 타고 집으로

기말시험도 끝나고 여름방학이 다가오면 마음은 급속도로 싱숭생숭해진다. 하교길에 버스가 청량리역이 바라보이는 지점에서 제기동 쪽으로 좌회전해서 꺾어들 때마다 기차역 쪽을 자꾸만 힐끔거렸다. 방학이 다가온다고 느끼는 순간부터 시간은 정지하고 날짜가 도통 넘어가지를 않는다.

국방부 시계뿐만 아니라 학교 시계도 어김없이 성실히 제 갈 길 간다. 하루하루 넘기기가 지겹고 힘들지만 참고 기다리다 보면 날짜는 가고 방학이 시작되는 종업식 날도 어김없이 찾아왔다.

방학을 하는 날, 학교에서 돌아오자마자 간단히 가방을 꾸려 총알같이 청량리역으로 달려간다. 청량리역 출발 안동 도착 특급 열차를 타야 한다.

표를 끊고 출구를 벗어나 지정된 열차가 정차해 있는 곳까지 계단을 오르내리며 찾아간 다음 열차 번호를 확인하고 기차에 올라탄다. 그 다음에는 좌석번호를 확인하며 내 자리를 찾아 가는 것이다.

가끔씩 자리 번호를 잘못 읽은 사람이 내 자리에 앉아 있기도 했고 표를 들고 자리를 못 찾는 어르신들은 도와드려야 할 때도 있었다. 짐이나 가방은 선반에 올리고 자리를 잡는다.

옆자리에 잘생긴 남학생이 앉았으면 좋겠다고 항상 기도를 했지만 단 한 번도 기도의 응답은 없었다. 뭔가를 뽑는데 운 없기로는 단연 나를 따를 자가 없었다. 심지어 국민학교 가을 운동회에서도 프로그램의 하이라이트인 사람찾기 달리기에서 육성회장님이라고 적힌 쪽지 따위를 주워 들었다. 육성회장님은 운동회 시작할 즈음에나 얼굴을 내밀고 잠시 잠깐 차양 밑에 앉아 계시지만 점심시간 이후로는 찾기 힘들지 않은가. 다른 애들은 당장 달려올 기세로 대기 중인 자기 아버지, 어머니, 동생, 친구들을 찾을 때 나는 눈물을 뿌리며 어디로 사라진지도 모르는 육성회장을 찾아 관중 속을 헤집고 다녀야 했다.

기차를 탄다. 막 자리를 잡고 앉으려는데 훤칠한 남학생이 표를 들고 두리번거리다 내 옆자리에 다가와 선다. "여기가 제 자리군요." 막 변성기를 벗어난 멋진 목소리에 이끌려 그를 쳐다봤을 때 아스라이 번져오르는 햇살무리 같은 것 사이에서 나는 한눈에 운명적 사랑을 알아 본다. 우리는 대학도 같이 가고 결혼도 하고 검은 머리 파뿌리 되도록 행복하게… 쿨럭….

그러나, 역시 그런 일은 한번도 일어나지 않았다. 늘 내 옆자리에 와서 앉는 분들은 노인들이거나 찌든 담배 냄새 풀풀 나는 중년의 아저씨거나 표를 한 장만 끊어서는 자신의 아이를 내 옆에다 끼워 앉히는 아줌마들이었다.

드디어 기차가 쉐엑~ 하고 한 차례 몸부림을 한 다음 천천히 움직이기 시작한다. 복잡한 철로와 전봇대와 전깃줄들이 마구 엉켜있는 역사를 빠져나가 기차에 속력이 붙기 시작하면 내 마음도 살랑살랑 설레기 시작한다.

철걱 철걱 철걱 철걱… 창가에 앉게 되면 운이 좋은 날이다. 창턱이 제법 넓어서 팔을 올려놓을 수가 있었다. 턱을 괴고 창 밖을 보며 간다. 창틀에는 새카만 석탄 가루 같은 먼지가 끼어 있다. 기차 창 밖으로 산이 지나가고 들이 지나가고 강이 흐른다. 도시의 건널목을 지나가고 정차한 차들과 사람들을 지나가고 빽빽이 들어선 도시의 건물들 곁도 철걱거리며 지나간다.

동네 아이들이 손을 흔들기도 하고 돌을 던지기도 한다. 밭에서 일하던 농부들이 허리를 펴고 기차를 하염없이 쳐다보기도 했다.

내가 기차 창가에 턱을 괴고 철길을 따라 철걱이며 지나가는 사이에도 어떤 사람은 사랑을 하고 어떤 사람은 파산을 하고 어떤 사람은 계를 타고 어떤 사람은 도망간 계주를 잡으러 간다. 어떤 사람은 추수를 하고 어떤 사람은 보따리를 싸며 어떤 사람은 병들어 누워있고 어떤 사람은 퇴원을 한다. 어떤 아줌마가 장독대에서 된장을 푸다가 지나가는 기차를 구경한다. 어떤 사람은 사립문을 밀고 마당으로 들어가고 있고 어떤 사람은 철대문을 밀고 길거리로 나서고 있다.

의자는 두 개씩 마주 보도록 되어있어서 네 사람이 한 팀처럼 마주 보며 간다. 앞자리에 앉은 사람들과 옆자리 사람들은 벌써 지나가던 홍익회 수레에서 삶은 계란, 사이다, 얇게 누른 오징어, 양갱을 집어 든다. 기차 안에서는 처음 보는 사람들끼리 어디까지 가느냐고 물어보는 것으로 통성명을 대신한다.

"학생 이것 좀 먹어."

새초롬히 앉아 학생잡지에 시선을 꽂고 있는 나에게도 귤 한 알, 삶은 계란이 건네진다. 뭔가를 나눠 먹는 사이에 서로 말을 트고 어디까지 무슨 일로 가는지 무슨 일을 하며 사는지 형제지간은 몇인지 부모님이 살아계신지 어느 학교에 다니는지 공부는 잘 하는지… 온갖 이야기가 오고 간다.

기차는 끊임없이 철걱이며 강원도의 전나무 숲을 지나고 철교 위를 지나고 지루하게 긴 굴을 몇 개씩이나 통과한다. 그러는 사이 주위의 사람들은 하나 둘 잠에 빠져들어 고개를 이리저리 끄덕이고 있다.

기차가 굴을 지나갈 때는 창밖이 깜깜해지는 대신 창유리에 기차의 내부가 뿌옇게 떠오른다. 창문에는 유리창에 코를 박은 채 창에 비친 기차 안 풍경을 살피고 있는 17살 계집아이의 호기심으로 반짝이는 눈동자가 떠 있다.

기차가 제천에 도착한다. 사람들은 도착 전부터 지갑과 윗옷을 챙기고 있다가 기차가 역에 정차함과 동시에 뛰어 내려 가락국수집을 향해 돌진한다. 이미 국수가 담겨 있던 넓적한 양은그릇에 순식간에 뜨거운 국물을 붓고 송송 썬 파와 고춧가루를 뿌려내는

가락국수 맛이 일품이기 때문이다. 3분만에 국수를 다 먹고 기차에 뛰어 올라야 하니 전쟁이다.

국수를 말아내는 사람이나 돈을 주고 국수그릇을 건네 받는 사람이나 혼이 다 나갈 지경이다. 마지막 국물까지 다 마시기 위해서 마지막까지 가락국수 그릇을 놓지 못하고 있다가 이미 달리기 시작한 기차에 뛰어 올라타는 건 다반사였다.

나는 마음이 조려서 제천 가락국수 먹을 엄두를 잘 내지 못했다. 동행한 사람들이 있을 때나 몇 번 시도해 봤는데 기차가 떠날까 봐 맘이 조려서 국수가 입으로 들어가는지 코로 들어가는지 모를 지경이었다.

다섯 시간이 넘게 의자에 앉아 있느라 허리도 아프고 슬슬 온몸이 비틀리기 시작할 무렵, 창 밖으로 안동댐의 거대한 모습이 드러난다. 댐에 고인 푸른 강물이 반짝이고 찰랑대며 햇볕을 반사하는 것이 보이면 가슴이 뛰고 설레기 시작한다. 꾸벅꾸벅 졸던 사람들도 기지개를 켜며 일어나고 선반에서 가방을 내리거나 옷매무새를 고치느라 기차 안은 일시에 분주해진다. 선반에서 가방을 끌어 내려 앉았던 자리에 올려놓고 복도에서 몸을 풀며 기차에서 제일 먼저 뛰어내릴 준비를 한다. 얼굴에는 이미 감출 수 없는 웃음이 번진다.

폐결핵 그리고 스트렙토마이신 주사

 중학교를 마쳐가던 어느 겨울날, 아침부터 몸이 좀 이상했다. 뭔가가 목에 걸려 그르렁 거리기 시작했는데 점점 심해지더니 참을 수 없는 기침이 시작되었다. 일생 동안 지각이나 조퇴, 결석을 해 본 일이 없는 나로서는 학교에서 죽어나가지 않는 이상 조퇴란 없었다. 참다 보면 나아지려니 생각했다. 그런데 오후가 되자 상태가 심각해졌다. 점점 호흡하기가 힘이 들고 그르렁 거리는 소리는 옆 사람이 다 들을 수 있는 지경이었다. 마치 해소 기침 같은 발작적 기침이 계속되어 호흡이 힘들어지니 얼굴은 붉게 열이 오르고 말을 하려고 해도 내가 하는 말을 남들이 잘 알아듣지를 못했다.
 아이들이 드디어 나를 걱정하기 시작했다. 그냥 집에 가는 게 좋겠다며 "선생님께 대신 말해줄까?" 하고 말하는 아이들의 표정이 어두웠다. 나는 내가 왜 이러는지 알 수가 없었다. 어제까지도 멀쩡했고, 가늘가늘한 외형과는 달리 감기조차 앓지 않는 강단 있는 사람이지 않은가. 사태는 위중해졌다.
 정말 중간에 집에 가야 하나 말아야 하나로 몇 번이나 선생님을 찾아갈 맘을 먹다 말다 했다. 결국 종례시간까지 참아내고 학교 교문을 나오는데 버스 정류장까지 걸어갈 수가 없을 것 같았다. 몸은 천근만근 늘어지고 숨은 가쁘고 천지에 나 혼자 팽개쳐진 것 같아서 눈물은 나고, 이러다가는 길에서 쓰러져 죽겠구나 하는 위기감이 들었다.

  친구들이 택시를 잡고 나를 밀어 넣었다. 평상시 같으면 버스비의 몇십 배를 내고 택시를 탄다는 것은 상상할 수 없는 일이었으나 그러지 않으면 정말 죽을 것 같았다. 아침에 토큰 두 개만 달랑 들고 집을 나온 내게 택시비가 있을 리 만무했다. 그러나 무작정 택시를 잡아타고 집으로 가자고 했다. 내 상태를 본 택시기사가 집에 가서 돈을 주겠다는 내 사정을 들어 주었다. 택시를 집 앞 골목길 입구에 세워두고 집 안으로 어떻게 들어갔는지 모르겠다. 500원을 들고 나왔다. 골목을 간신히 걸어나가 택시기사에게 돈을 지불하고 죽을 힘을 다해 내 방으로 돌아왔다. 이불을 깔고 누우니 그제서야 집에 왔다는 안도감으로 살았다는 기분이 들었다. 이유를 모르고 아픈 것은 참으로 불안하기 짝이 없는 일이었다. 잠시 누워서 안정을 취하려던 중에 갑자기 발작적인 기침이 시작되었다. 기침은 숨을 쉴 수 없을 만큼 격렬했다. 그리고 갑자기 뭔가가 치솟아 올라오는 느낌이 있었다.

  나는 방문을 열어젖히고 마당으로 튀어 나가 하수구 입구에 쪼그린 채 죽을 듯이 기침을 해대고 있었다. 할아버지가 내 기침 소리가 심상치 않다고 생각하셨는지 방문을 열고 나오시던 중이었는데 숨을 끊어 놓을 듯한 기침 끝에 뭔가가 내 목구멍에서 튀어나와 하수구 입구에 떨어졌다. 그것은 마치 펠리컨에게 잡아먹힌 새의 기다란 목을 넘어가기 직전, 목구멍 입구를 붙잡고 발버

둥치다가 새의 토악질로 입 밖으로 튀어나가 바닥에서 펄떡이는 생선 같았다.

나는 내 눈을 잠시 의심했다. 그것은 길다란 해삼같은 크기와 모양의 짙은 초록색 덩어리였다. 징그러운 것을 참지 못하는 나는 기절할 듯 놀라서 얼른 물 한 바가지를 쏟아부어 그것을 하수구로 떠내려 보내버렸다. 그런데 신기하게도 그 순간에 기침이 멈추고 무슨 일이 있었냐는 듯 말짱해졌다. 호흡이 편안해지자 몸이 나긋하게 늘어졌다. 나는 저녁도 먹지 않은 채 다음 날 아침까지 죽은 듯이 잤다.

다음 날 아침, 나는 평상시와 같은 편안한 아침을 맞았다. 어제의 일은 꿈만 같았다. 그리고 다시 같은 일은 벌어지지 않았다. 그리고 몇 달이 지났다. 고등학교에 입학하고 봄볕이 좋아지던 어느 날, 학교 운동장에 은색으로 빛나는 컨테이너같이 생긴 커다란 차가 와 있었다. 1학년 전원은 그 차 안에 한 명씩 들어가서 흉부 엑스레이 촬영을 했다.

그리고 새로 시작한 고등학교 생활을 익히고 새 친구들을 사귀느라 단체로 흉부 엑스레이를 찍은 사실조차 잊어버리고 있던 어느 봄날에, 담임선생님으로부터 양호실로 가 보라는 연락을 받았다. 양호실에는 나 말고도 열 명 정도의 아이들이 더 와 있었.

그날 양호실에 모여있던 열한 명의 아이들은 큰 병원으로 옮겨져 엑스레이를 다시 찍고 각종 검사를 받았다. 그리고 결론부터 말하자면 나는 폐결핵 초기 진단을 받았다. 의사는 사진을 찍지

앉았다면 결코 알지 못했을 만큼 일찍 발견되어 다행이라고 했다. 사실 아무런 자각증상이 없었다.

폐결핵이라…. 내게 폐결핵이란 소설 속에나 있는 줄 알았던 병이었다.

어느 날 산속 깊은 오지마을에 얼굴이 헬쑥한 청년이 찾아 들어온다. 청년은 서울에서 대학을 다니다 휴학을 했다고 했다. 하루 종일 농사를 짓느라 거무튀튀하고 거친 시골 총각들과는 달리 얼굴이 하얗고 손발이 야들야들한 청년이다. 방 안에는 앉은뱅이책상이 놓여지고 두툼하고 낡은 책들이 벽에 기대어 산더미같이 쌓여있다.

낯선 청년을 신기하게 흘깃거리던 옆집 사는 시골처녀가 어느덧 가슴앓이를 시작한다. 저녁마다 삶은 고구마나 감자 등을 가지고 자꾸만 찾아온다. 남자는 내내 책을 읽거나 시를 읊거나 도통 이해할 수 없는 복잡하고 어려운 이야기만 하지만 시골처녀는 알아듣지도 못하는 이야기까지 사랑하려 애쓰며 그의 양말을 빨고 방을 청소한다. 그러나 그녀를 아랑곳하지 않는 이 남자는 서울에 두고 온 애인에게 매일 밤 눈물 젖은 편지를 쓴다. 그러던 어느 날, 서울 애인에게서 매몰찬 이별의 편지가 도착한다. 남자는 배신감에 치를 떨며 방을 박차고 나가 밤길을 헤맨다. 꼭 이럴 때 비가 온다. 비에 쫄딱 젖어서 논둑을 헤매던 그가 기진하여 방으로 돌아와서는 결국, 죽을 듯이 기침을 쏟아내며 불같이 앓는다. 시골처녀가 밤을 새우며 옆에서 간호하고 남자는 시골처녀의 정성에 감동되어 마음을 내어주기 시작한다. 그렇게 둘의 사랑이 깊어갈 즈음에 남자의 병세도 깊어진다. 그러던 어느 바람이 모진 추운 겨울날, 이미 입술까지 허옇게 말라 들뜬 청년이 발작적인 기침을 하다가 손수건 가득 피를 토하며 죽어간다. 나를 빨리 잊으라는 말과 함께.

거기까지 상상하니 쪼끔 눈물이 났다. 그러고 보니 뭔가 낭만적인 병인 것 같기도 하다.

기침도 없고 아프지도 않고 열도 없고 심지어 피곤하지조차 않으니 내가 환자라고 생각하기 어려웠으나 이 병은 꾸준하고 성실하게 치료에 임해야 한다고 의사선생님이 강조하셨다. 초기 환자였지만 처음 3개월간은 스트렙토마이신 주사를 매일 맞아야 했고 한 움큼의 약들을 끼니 때마다 잊지 않고 삼켜야 했다.

문제는 스트렙토마이신 주사였다. 매일 맞아야 하는데 병원에 가기는 너무 비쌌다. 누군가가 주선하여 동네에서 불법으로 주사를 놔주는 아주머니를 소개 받았다. 우리 집에서 얼마 떨어지지 않은 약국집 3층 옥탑방에 사는 아주머니였다.

좁고 가파른 시멘트 계단을 조심조심 올라가면 옥상이 나오고 거기에 두 칸짜리 방이 있는 허름한 집이었다. 학교 가기 전이나 하교 후에 들러 엉덩이에 주사를 한 방씩 맞아야 했다. 아주머니는 선하게 생긴 분이었지만 얼굴엔 왠지 모를 근심이 서려 있었다. 그녀는 내가 주사 시간 맞춰 착실히 온다고 나를 무척 예뻐하셨다. 아주머니의 옥탑방에는 병원에 갈 수 없는 가난한 사람들이 온갖 종류의 병을 달고 드나들었다. 심한 결핵환자도 많아서 혹시 자신이나 어린 아들이 옮기나 않을까 걱정될 때도 있다고 했다.

  내가 무사히 3개월간의 주사를 다 맞고 여름이 다가오던 어느 날, 하굣길 시장 안에서 사람들이 우루루 몰려있는 것을 보았다. 어떤 젊은 처자가 얼굴을 두 손으로 감싸 안고 큰소리로 엉엉 울며 걷고 있었고 그 옆에 여자를 달래며 종종걸음을 치고 있는 아주머니를 보았다. 여자의 얼굴은 시뻘건 발진으로 엉망이 되어 있었다. 아마도 아주머니가 길 건너 병원으로 여자를 데려가고 있는 것 같았다. 주사 부작용일까, 키가 조그만 아주머니가 자기보다 머리 하나는 훨씬 더 큰 덩치 좋은 처자의 등을 안타깝게 두드리며 "괜찮아, 괜찮아." 하고 위로하며 걷고 있었지만 아주머니의 얼굴도 근심과 걱정으로 반 토막이 나도록 쪼그라져 있었다.

  아마도 그녀는 아줌마에게서 주사를 맞던 환자 중 한 명이었을 것이고 무언가 잘못된 것이다. 아주머니의 궁색한 방 안이 생각났다. 어쩌면 병원비로 몇 달 치의 생활비를 날려버릴 지도 모른다는 생각이 들었다. 아주머니에게 환자가 올 때마다 자신의 방안으로 몸을 숨기던 숫기 없던 그녀의 중학생 아들아이의 얼굴도 동시에 떠올랐다. 불법으로 주사를 놓아주고 생계를 이어가야 하던 아주머니의 자그마한 실루엣이 인파에 파묻혀 사라질 때까지 왠지 나는 발을 떼지 못하고 그저 바라만 보고 있었다.

정치경제 선생님

1.

고등학교 때 정치경제를 가르치던 선생님은 재미있는 수업으로 유명하셨다. 대부분의 여학생들이 관심 없어 하는 정치경제 과목을 뛰어난 입담으로 너무나 재미있게 가르치셔서 아이들이 그 수업을 기다리기조차 했다.

이 선생님은 어린 아들과 딸 남매를 두고 있었는데 하루는 선생님이 안방에서 낮잠을 자고 있던 중, 잠자는 머리맡에서 8살 난 아들과 7살 난 딸이 다투는 것을 우연히 듣게 되었다. 선생님을 빼다 박은 얼굴 하얀 8살 아들이 두 팔을 쫘악 펼치면서 호기롭게 말했다.

"아버지 죽으면 이 장롱은 내 꺼!"

듣고 있던 7살 난 딸이 갑자기 와앙~ 울음을 터트렸다. 딸은 통곡하며 오빠를 향해 소리를 질렀다.

"니 다 가지면 나는 뭐 가지노!"

딱히 장롱 외에는 더 가진 것도 없던 선생님은 자존심이 상해서 잠을 깨고도 깬 척도 못 하셨다.

2.

　아들이 말을 안 듣고 방 안에 숙제 하던 책과 공책, 이런저런 책들과 장난감과 물건들을 늘어놓고 치우지 않자 화가 나신 선생님. 가장의 힘이란 이런 것이다라는 걸 보여주려고 아이들 보는 앞에서 집안에 있는 책이란 책은 몽땅 쓸어다가 마당으로 집어 던졌다. 그리고 오후가 다 지나도록 몇 시간이 흘렀다. 책들은 마구 엉킨 채 마당에 널브러져 바람에 펄럭이고 있는데 아무도 집어 들이는 사람이 없다. 선생님은 이제나저제나 누군가 책을 주워 들이기만을 기다리며 방 안에서 핼곰핼곰 마당을 훔쳐보고 있었다.
　그러나 결국 날이 저물었다. 던져진 건 모두 선생님 책. 선생님은 직접 비적비적 마당으로 내려가서 책들을 다 주워들이느라 허리 아프고 힘들어 죽을 뻔 하셨다.
　아~ 마당을 뒹굴던 가장의 권위여!

3.

　오후의 여고 2학년 교실, 열린 창문으로 산들바람이 불어 들었다. 창가에 앉은 일련의 아이들의 단발머리가 바람에 흩날렸다. 아이들은 마치 영화의 주인공이 된 듯한 기분이 되어 얼굴에 흩날리는 머릿결의 감촉을 즐기며 바람을 만끽하고 있었는데 정치 경제 선생님께서 말씀하셨다.
　"창문 쫌 닫으세요. 귀신들 같아요."

4.

청소시간이었다. 복도에서 열심히 청소를 하고 있는데 지나가던 정치경제 선생님, 어떤 여학생 앞에서 가던 길 멈추시고 아이의 얼굴을 뚫어져라 들여다보셨다.

여학생은 무안해서 어쩔 줄 모른다. 얼굴을 구석구석 들여다보시던 선생님, 말씀하신다.

"요즘 잘 먹나 보네. 얼굴에 버짐이 없네."

당황한 여학생, "선생님요, 지는 버짐이 없었습니다."

선생님은 아이의 뺨 언저리에 시선 꼿꼿이 꽂은 채 또박또박 말씀하셨다.

"있었다. 있었다. 있었다!"

5.

피부가 유난히 하얘서 '백곰'이란 별명을 가지셨던 정치경제 선생님께서 수업 중에 이런 말씀을 하셨다.

> 선생은 말조심을 해야 해요. 내가 중학교 다닐 때, 어느 선생이 수업 들어와서 말씀하시길 "너희들 그거 아냐? 폐병에 걸리면 먼저 얼굴이 백지장같이 하얘진단다."

그 순간, 우리 반 60명 학생 중에 59명이 일제히 고개를 돌려 나를 쳐다본다.

지금도 생각난다. 그 꼬리한 눈빛들….

노래하는 아이들

나는 교실 제일 뒷자리에 앉게 되었는데 내 짝은 쉬는 시간만 되면 반 아이들을 상대로 팔씨름을 벌였다. 반에서 팔 힘깨나 쓴다는 아이들이 쉬는 시간마다 몰려와 내 짝과 경합을 벌이느라 내 책상까지 떠밀려 흔들리는 통에 나에게 쉬는 시간이란 없었다. 키는 훌쩍 크지만 바싹 마른 체구 어디에서 그런 힘이 나오나 궁금해했더니 어려서부터 밭일로 다져진 잔 근육으로 딱딱한 팔뚝을 들어 보이며 씩 웃었다. 가끔은 지게를 메고 산으로 땔감을 하러 가기도 한다고 했다. 내가 봐도 웬만한 장정 한몫을 해내지 싶은 친구였다. 물론 여자아이다.

그런데 짝꿍 때문에 정말 괴로운 순간은 따로 있었으니 그것은 바로 음악 시간이었다. 짝꿍은 쉬고 갈라진 목소리로 제멋대로 노래를 불렀다.

내 생애 처음 만나는 음치였다. 나는 이 아이 때문에 나까지 음이 헷갈려 음악 시간마다 곤혹을 치러야 했다. 특히 2부 합창을 하거나 돌림노래를 할 때는 고도의 정신 통일이 필요했다. 나는 머릿속에 이글루 같은 방음벽을 쌓고 옆에서 나는 소리를 무시하려고 도를 닦았지만, 번번이 그 방음벽은 어이없이 무너지고 어느새 나도 그 아이의 음정을 따라 구천을 헤매는 것이었다.

앞자리의 광숙이는 두 발을 책상 위에 올려놓고 쉬기를 좋아했다. 난 태어나서 그렇게 두껍고 큰 발을 본 적이 없었다. 광숙이는 학교에 오는 즉시 교복을 벗어버리고 체육복으로 갈아입었다.

점심시간이 되면 숟가락 하나를 빼들고 분단 사이를 어슬렁거리며 휘젓기 시작한다. 맛있는 반찬을 가져온 아이들의 도시락을 한 숟가락씩 뺏어먹기 위해서이다. 대부분의 아이는 그저 웃어넘기며 밥을 나눠 주었지만 간혹 안 뺏기려고 안간힘을 쓰는 아이들도 있었다. 그러면 광숙이는 바로 응징에 들어간다. 밥 잘 먹고 있는 아이의 귓가에다 속삭인다.

"가래 라이스!"

나는 될 수 있으면 광숙이와 말을 섞지 않을 작정이었다. 나를 쳐다보는 눈빛도 그리 살갑지 않았을 뿐만 아니라 사사건건 내 말꼬투리를 잡고 늘어지며 빈정거리기 일쑤였다. 그러던 어느 날, 갑자기 사정이 생겨 수업에 들어오지 못하는 선생님이 계셔서 자습을 할 때였다. 아이들은 자습하지 말고 오락시간을 갖자며 들떴고 바로 오락부장이 교단 앞으로 나갔다.

오락시간을 시작한다는 말이 떨어지기가 무섭게 중간쯤에 앉은 명은이가 손을 들고 통통 튄다. 자기가 노래를 하겠다는 것이다. 오락부장이 왠지 내키지 않은 얼굴로 명은이를 지명했다. 명은이는 기다렸다는 듯이 쪼르르 앞으로 달려나갔다. 그리고는 양희은의 '이루어질 수 없는 사랑'을 부르기 시작했다.

1.

너의 침묵에 메마른 나의 입술

차가운 네 눈길에 얼어붙은 내 발자국

돌아서는 나에게 사랑한단 말 대신에

안녕 안녕 목메인 그 한 마디

이루어질 수 없는 사랑이었기에…

2.

밤새워 하얀 길을 나 홀로 걸었었다

부드러운 네 모습은 지금은 어디에

가랑비야 내 얼굴을 거세게 때려다오

슬픈 내 눈물이 감춰질 수 있도록

이루어질 수 없는 사랑이었기에…

3.

미워하며 돌아선 너를 기다리며

쌓았다가 부수고 또 쌓은 너의 성

부서지는 파도가 삼켜버린 그 한 마디

정말 정말 너를 사랑했었다고

이루어질 수 없는 사랑이었기에…

1절까지는 들어줄 만했지만 2절부터는 지루해지기 시작했다.

우리는 저 노래가 언제 끝나나 교실 천장을 쳐다보며 기다렸다. 나중에 알고 보니 그게 명은이의 주 특기였다. 항상 3절이나 4절까지 있는 노래를 선택하고 3, 4절까지 다 부르고, 끝나갈 무렵에 갑자기 "나 이거 안 되겠다. 딴 거 할게 딴 거." 하며 또 다른 3, 4절짜리 노래를 시작하는 것이다. 그래도 반 아이들과 오락부장은 중간에 노래를 끊지 않고 참고 기다려주었다. 명은이의 길고 긴 노래가 끝나자 이번에는 반 아이들 모두가 광숙이를 외치기 시작했다. 그 요청의 박수소리가 간절하고 요란했다.

'광숙이가 노래를?'

"마, 안 한다. 됐다 마."

광숙이는 손을 내두르며 몇 번 빼는 듯하더니 못 이기는 척 그 두터운 발을 실내화에 구겨 넣고 교단 쪽으로 슬슬 걸어나갔다. 그리고는 백만 번도 더 무대에 서 본 듯한 능숙함으로 '너의 결혼식'을 부르기 시작했다. 윤종신의 '너의 결혼식'이 아니다. 40년 전에, 지금은 어디서도 찾아볼 수 없는 '너의 결혼식'이라는 같은 제목의 다른 노래가 있었다.

어쨌든, 나는 입을 다물지 못하고 광숙이의 노래를 다 들었다. 시원하게 터져 나오는 음량에다가 고등학생이라고 믿기 어려운 감정 처리와 맛깔나는 곡 해석까지. 저 아이는 지금, 바로, 당장, 가수가 되어도 손색이 없겠다 싶었다. 나는 흥분을 감추지 못하고 노래를 끝내고 열화와 같은 박수를 받으며 자리에 돌아온 광숙이 등을 톡톡 쳤다. 그리고 너는 정말 가수가 되어야만 하겠다고, 내 평생 이렇게 노래 잘하는 사람을 본 적이 없노라고 말해줬다. 광숙이는 못 들은 척 슬쩍 눈을 흘기며 다시 돌아앉았지만 등이 슬쩍슬쩍 웃고 있었다.

출석부

 선생님들이 수업에 들어오실 때 옆구리에 끼고 오시는 출석부는 길고 크고 단단했다. 가끔 선생님 중에는 이 출석부를 흉기로 사용하시는 분들이 있었다. 내가 태어나 처음으로 출석부로 머리를 강타당한 것은 고등학교 2학년 때였다.

 청소시간에는 아이들이 몇 그룹으로 나뉘어 청소 구역을 배정받았는데 나는 유리창 청소였다. 대여섯 명이 청소시간 내내 운동장이 내려다보이는 교실 유리창에 붙어 서서 손바닥만 한 걸레로 유리를 닦았다. 가끔은 호호 입김을 불어 정성껏 닦기도 하지만 대부분은 건성건성 손은 손대로 다리는 다리대로 머릿속에 떠오르는 리듬에 따라 건들거리고 눈은 운동장을 훑는다. 유리라는 것이 매일 닦으니 별로 눈에 띄는 얼룩이 없기도 했고 이젠 습관처럼 걸레를 리드미컬하게 움직이면서 낙서도 해보고, 보고 싶은 첫사랑의 이름도 적어보는 사이 청소시간이 끝난다.

 그날은 담임선생님이 무슨 이유에선지 기분이 좋지 않아 보인 날이었다. 청소가 끝나고 종례를 하러 들어오신 담임선생님께서 갑자기 "이쪽 유리창 청소한 놈들 다 나와!" 하시는 것이었다.
 여기저기서 비적비적 몇 명이 일어서 나가길래 나도 따라서 교

다정한 기억 ___ 237

탁 앞으로 나갔다. 가면서 유리창을 흘깃 봤는데 내 눈에는 별 이상 없어 보였다.

 단체로 야단을 맞고 방과 후에 남아서 다시 유리창을 닦으라는 엄명을 받을 거라고 생각하고 있었는데 선생님이 출석부로 애들 머리를 후려치기 시작하시는 것이었다. 당황한 내가 '이게 뭐야?' 하고 생각하는 순간, 갑자기 뭔가 둔탁한 것이 내 머리를 강타했다. 세상이 거꾸로 뒤집혀 천지가 개벽하는 충격과 함께 실제로 눈앞에 하얀 것들이 반짝반짝 떠돌기 시작했다. 만화영화를 보면 뭔가에 머리를 때려 맞으면 눈앞에 별이 번쩍이며 빙빙 도는 것이 사실적 묘사라는 것을 그때 알았다.

 대단히 기분이 나쁨과 동시에 무지하게 아팠다. 어렸을 때 집에서 가끔 단체 벌을 받기도 했었지만 매를 맞은 적은 별로 없었다. 아버지는 네 남매 중에 누군가 잘못을 하면 꼭 넷을 같이 불러 세우고 단체 벌을 주셨었다. 단체 벌이라는 것이 내 잘못이 아닌 경우가 대부분이어서 벌 받을 때마다 상당히 억울하기는 했지만 넷이서 같이 손을 들고 무릎을 꿇고 앉아 있다 보면 서로 쳐다보다가 키득키득 웃게 되는 시점에서 원망이나 억울함이 다 씻은 듯 사라지고 형제애는 더욱더 끈끈해졌다.

 몇 번은 아주 심하게 혼이 나서 아버지가 종아리를 치시려고 파리채를 찾아 든 적도 있었다. 동생들은 그 순간에 뒤도 안 돌아보고 마루를 뛰어내려 신발을 양손에 쥐고 도망을 쳤다. 그러나 맏이인 나까지 도망을 갈 수는 없었다. 아버지는 열 대를 때리시면서 하나 둘 하고 세라고 하셨다. 내 잘못이 아니므로 반성은 할 게 없었고 동생들이 저지른 일이라도 맏이인 내 잘못이라면 어차피 감당해야 하는 벌이라는 생각으로 이를 악물고 참았다. 종아리에 줄이 생기는데도 아얏 소리 한 번 하지 않고 부들부들 참고 서 있는 것이 내 도리라고 생각했다. 그러나 나중에 세월이 흐르고 우리가 성인이 되었을 때 아버지가 그때를 기억하시며 종아리를 치면서 이 녀석도 다른 아이들처럼 신발을 찾아 들고 튀어 달아났으면 얼마나 좋을까, 하셨단다.

눈물만 똑똑 떨어뜨리며 꼿꼿이 서서 열 대의 매를 고스란히 맞고 있는 것이 오히려 부모님 맘을 아프게 하는 불효였다는 것을 나중에서야 알았다.

아 물론, 내가 단독으로 매를 버는 일을 벌인 적도 있긴 했다. 국민학교 5학년 때였다. 막 첼로를 배우기 시작했는데 교회의 젊은 부목사님이 집으로 찾아오셔서 이번 크리스마스 예배에 나더러 첼로 독주를 하는 게 어떠냐고 하셨다. 내가 두려움에 떨면서 (내 실력을 누구보다 내가 잘 알고 있으므로) 못 한다고 몇 번이나 완곡히 사양했는데도 불구하고 부목사님이 절대 양보를 하지 않고 해야 한다고 주장하셨다.

내가 큰일 났다는 낭패감에 울먹울먹하며 죽어도 못 한다고 반항했다가 함께 있던 할아버지가 목사님에게 반항한다고 괘씸해

하셨고 효자였던 아버지는 마음이 상한 할아버지 맘을 풀어주시려고 나를 마루로 나오라시더니 세워놓고 파리채로 종아리를 치셨었다. 딱 2대였지만 그때의 억울함은 말로 다 못한다.

그 이후로 나는 그 부목사님을 교회에서 마주쳐도 절대 인사를 하지 않는 것으로 복수를 했다. 그때도 아버지는 파리채로 내 종아리를 치셨었을 뿐 단 한 번도 머리를 때린 적은 없었던 고로 나는 일평생 누구에게 머리를 맞아 본 적이 없었던 참이라 출석부의 충격은 더 컸을지도 모른다.

그때 그 출석부로 머리를 맞지만 않았더라도 멘사에도 가입하고 아인슈타인 찜쪄먹는 세계적인 두뇌가 되어 스티븐 호킹이랑 차 한잔 마시며 우주의 생성에 대해서 가볍게 토론을 벌이고 있었을 것인데 안타까운 일이다. 혹시 아는가? 점심 먹고 휴식시간에 심심풀이로 타임머신을 만들어 냈을지…

아무튼 전 일류역사에 길이 남을 크나큰 별이 될 뻔한 작은 별 하나가 휘리릭 떨어져 내리는 순간이었다.(믿거나 말거나)

총각 선생님

역사와 전통을 자랑하던 여고였던 만큼 교칙도 엄격하고 학교 분위기도 보수적이었다. 그래서인지 이 학교에는 총각 선생님이 한 분도 안 계셨다. 이것이 또 하나의 전통이었다. 그러던 어느 날 그 막강한 전통을 깨고 총각 선생님 한 분이 부임해오셨다. 어찌 된 건고 하니 이 선생님이 취업면접을 하려고 교장실을 찾아갔단다.

교장 선생님께서는 아무 말씀 없이 한동안 선생님의 얼굴을 찬찬히 들여다보시더니 딱 한 말씀 하셨단다.

"내, 자네라면 안심하겠네…."

겨울

　학교도 열심히 다니고 결핵 약도 제시간에 챙겨 먹으면서 폐결핵 치료에 성실하게 임했지만 부모님은 밤낮으로 내 걱정을 하셨고 결국은 다시 고향 집으로 데려오자고 결정을 하셨다. 나도 오랜 자취생활에 지쳐 있었을 뿐만 아니라 병이 들었다는 사실이 몸과 마음을 약하게 했다. 학교 선생님들은 내가 다시 지방학교로 가는 것을 몹시 반대하셨지만, 나는 엄마가 차려주시는 따뜻한 밥이 몹시 간절했다.
　고등학교 2학년을 시작한 지 얼마 되지 않아서 나는 자취방을 정리하고 다시 고향으로 돌아가는 기차에 올랐다.

　3년 만에 돌아간 고향은 내겐 낯설었다. 내가 전학 간 학교는 경상북도에서는 명문이라고 이름난 곳으로 추첨제가 된 도시와는 달리 아직도 입학시험을 치르고 들어가야 하는 학교였다. 이 학교는 산꼭대기에 있었는데 등하교 때마다 오르내려야 하는 가파른 비탈길 때문에 종아리가 가라앉을 날이 없어 무다리가 됐다고 아이들의 원성이 자자했다. 그러나 이 학교에 다닌 적이 없는 자기 엄마도 똑같은 종아리를 가지고 있는 것에 대해서는 깔끔하게 함구했다.

눈 내린 추운 겨울날, 학교와 아랫동네를 잇는 이 가파른 비탈길이 얼면 하굣길이 왁자지껄해진다. 책가방을 먼저 아래로 밀어 떠나 보내고 그 뒤를 따라 교복 치마를 두 손으로 움켜쥔 채 썰매를 타듯 미끄러져 내려가는 아이도 있었다. 물론 나중엔 엉덩방아를 찧기도 하고 한두 바퀴 뒹굴기도 한다.

이 학교의 또 다른 특징은 교실에 커튼이 일절 없다는 것이었다. 오후가 되고 해가 넘어가면서 창으로 햇살이 쏟아져 들어와도 눈부심을 참아야 했다. 처음 이 학교가 교사를 신축하고 이 산꼭대기에 올라앉을 때만 해도 창마다 깨끗한 커튼들이 예쁘게 묶여 있었다는 전설이 있었다. 그런데 짧은 기간 동안 두 번이나 이유를 알 수 없는 화재가 발생했고 애꿎은 커튼은 그 죄를 뒤집어쓰고 교실에서 사라져야 했으며 아무리 추운 겨울에도 난로를 피운 지 2시간이 되면 주전자 물을 부어 꺼야 하는 규칙이 생겼다.

도시락 밥까지 얼어붙는 추위에 스커트 밑으로 스타킹 하나 신은 발을 비벼가며 수업을 받던 아이들은 막 달아오르기 시작한 난로의 조개탄이 주번이 들이부은 물 때문에 수증기를 일으키며 지익지익 꺼지는 것을 안타까운 마음으로 지켜보아야만 했다.

추위에 떠는 아이들을 보고 마음이 아프셨던 정치경제 선생님은 스타킹 밑에 내복을 입으라고 조언하셨다. 그냥 입으면 내복의 빨간색 때문에 표가 날 터이니 내복에 검정물을 들여서 입으면 좋을 거라는 자세한 설명과 함께.

기온이 영하 20도쯤을 기록하던 어느 추운 날, 조회에 들어오셨던 담임선생님께서 잠시 시간이 나셨는지 난로를 돌아보셨다. 아침에 주번이 수고한 덕분에 난로의 불은 안정적으로 타오르고 있었다. 그러나 담임선생님은 난로의 불이 너무 심하게 일어난다고 판단하셨는지 공기 문을 닫아 불기운을 조절하시고자 공기창 입구에 닫게용 작은 철판을 끼워 넣으셨다.

그런데 웬일인지 손바닥만 한 철판이 홈에 잘 들어가지를 않았다. 선생님은 포기하지 않으시고 손으로 툭툭 치기도 하고 발로 차보기도 하며 철판을 뺏다 넣었다 애를 쓰셨다. 결국 한참 동안 난로와 실랑이를 한 끝에 우리의 장한 담임선생님은 공기 창을 막는 데 성공하셨다. 난로의 열기로 선생님의 두 뺨이 발갛게 상기되어 있었지만, 자랑스러운 미소가 번져 오르고 있었고 우리는 담임선생님의 자상함에 감동하고 있었다. 그때, 교실 앞문이 드르륵 열리며 담임선생님의 아버지뻘이나 되어 보이는 학교 관리인 아저씨가 조개탄과 각종 연장이 담긴 양동이를 들고 들어오셨다. 담임선생님은 난로 옆에서 한 발짝 떨어진 곳에서 아직 자랑스러운 미소가 걷히지 않은 얼굴로 아저씨가 난로를 관리하는 것을 지켜보시려 했다.

여차하면 근사한 목소리로 "아! 아저씨, 그 난로는 조금 전에 제가 다 손 본 것이니 다시 손 델 데가 없을 겁니다." 라고 하실 판이었다.

난로의 공기 창을 확인하던 관리인 아저씨, 공기 창이 막혀 있는 것을 발견하고 막고 있는 철판을 빼내려 하신다. 그런데 이게 이번에는 빠지지를 않았다. 손으로 애를 써보다가 안 되자 온갖 연장을 동원해서 한참을 끙끙거리시는데 얼굴이 벌겋게 상기된 것은 단지 난로의 열기 때문만은 아닌 것 같았다. 마침내 아저씨의 얼굴이 알 수 없는 분기로 터져나가기 직전, 그 작은 철판이 휘익 빠져 나왔다.

순간, 목장갑 낀 손으로 철판을 들고 흔들며 관리인 아저씨가 성질을 이기지 못하고 소리를 지르셨다.

"어떤 미친놈이 이걸 거꾸로 끼워 넣은 거야?"

관리인 아저씨가 분을 못 이겨 씩씩대며 교실 문을 쾅 닫고 나가버렸다.

그 후에도 한참 동안 얼굴이 타오르는 조개탄처럼 시뻘겋게 달아오른 채 아무 말씀이 없으신 선생님. 이 광경을 지켜보고 있던 우리는 서로의 시선을 피한 채 갑자기 가방을 뒤지기도 하고 실내화를 벗어 털기도 하며 어서 조례 끝 종이 치기만을 안타깝게 기다렸다.

다정한 기억

채변봉투

담임선생님께서 종례 시간에 채변봉투를 하나씩 나누어 주었다. 몇 월 며칟날 아침까지 한 사람도 빠짐없이 가져오되 채변 시변의 처음과 끝은 제외하고 중간 부분에서 밤알 크기만하게 취하여 채변봉투 안에 들어있는 비닐봉지에 넣고 밀봉한 후, 빈 성냥갑 등에 넣어 가져오라는 말씀이셨다. 정부 차원에서 아이들의 기생충 박멸을 위해서 일괄적으로 검사를 하고 결과에 따라서 약을 처방하는 것이었다. 이제 아이들은 그날을 겨냥해서 화장실 가는 것을 계획하고 준비했다. 뭐든지 시키는 대로 정확히 해가야 하는 줄 알았던 아이들은 성의를 다해서 규정에 일치하는 표본을 마련해가려고 고심했던 것이다.

드디어 채변을 가져가야 하는 그날, 등교를 하니 아이들이 가져온 채변 샘플 때문에 교실 전체에 곰곰하고 콤콤한 냄새가 은은히 고여 있었다.
그런데 앞자리에 앉은 미숙이는 빈손으로 등교했다. 이유는 더러워서 가져오기가 싫었다고 했다. 그럼 선생님께 무척 혼날 텐데 간도 크다고 생각하고 있었는데, 미숙이는 잠시 어디 좀 갔다 온다고 하더니 곧 정체 불명의 뭔가를 만들어왔다. 학교 뒷산에 뛰어 올라가서 나뭇잎이랑 꽃잎을 따서 돌로 대충 짓이겨 온 것이다. 옆 분단의 경희는 비스킷 몇 개를 마구 씹어 뱉어 반죽을 한 뒤 봉투에 넣었다. 이도 저도 못한 병희는 짝꿍에게 조금만 나눠 달라고 애원을 하다가 짝꿍이 양이 충분치 않다고 거절하자 점심시간 매점에서 빵을 사주기로 하고 짝꿍의 밤알만 한 그것에서 조금 얻어 가졌다.

성의를 다해서 샘플을 만들어 온 나는 약간 뻘쭘해졌다. 몸이 아파 서울 유학을 포기하고 다시 고향으로 돌아가 전학한 여학교는 이제껏 내가 다니던 서울 학교의 친구들과는 사뭇 색깔이 달랐다. 좀 더 자유분방하고 장난기와 똘기(?)로 뭉쳐진 잔머리의 고수들도 사방에 넘쳐났다. 고지식하고 융통성 없는 내가 뭔가 잘못하고 있는 것 같았다. 저 아이들은 어떻게 저런 생각을 할 수 있을까… 나는 진심으로 그들의 정신세계가 경이로웠다.

그러나 인과응보가 있기 마련이고 뿌린 대로 거둔다고 했던가. 몇 주일이 지난 뒤 담임선생님께서 기다란 명단을 가지고 들어오셨다. 얼굴에 노기가 등등하다.
"채변봉투에 이물질 넣은 놈들은 지금 모두 의자에서 내려와 복도에 무릎 꿇고 앉는다. 만일 이물질을 넣고도 의자에 앉아 있다가 발각되면 사망인 줄 알아라."
아이들은 그때서야 사태의 심각성을 느끼고 하나 둘 의자에서 내려와 복도에 꿇어 앉았다. 미숙이도 경희도 복도로 내려앉았다. 아이들이 생각보다 많았다. 선생님은 한숨을 한번 쉬시더니 이물질 넣은 아이들의 명단을 불러 나가셨다. 그런데 어랏! 채변 대신 꽃잎과 나무이파리를 다져 넣은 미숙이 이름은 안 부르고 넘어간다. 나는 미숙이가 선생님이 다른 쪽을 보는 틈을 타 구렁이 담 타 넘듯이 스리슬쩍 제자리로 올라앉는 것을 보았다. 어떤 순간에도 무표정할 수 있는 것이 미숙이의 큰 장기였다. 고로 선생님은 알아차리지 못 하셨다.

  복도에 내려앉았던 아이들은 불려 나가서 30센티 자로 손바닥을 맞고 들어왔다. 다시 모든 아이들이 제 자리에 앉자 선생님께서 모두 눈을 감으라고 하셨다. 회충이 있는 아이들은 선생님이 지나가다가 툭 칠 테니 앞으로 나와서 약을 받아먹으라고 하셨다. 예민한 사춘기 여학생들의 자존심을 지켜주고 싶으셨던 선생님의 배려였다.
  조마조마한 맘으로 눈을 감고 있는데 선생님이 내 어깨를 툭 치셨다. 당첨이다. 눈을 뜨고 마지못해 일어나 앞으로 나간다. 열 명 정도가 나와 있다. 그런데 변을 빌려줬던 병희 짝꿍은 약을 타러 나와 있는데 빌려 갔던 병희는 기생충이 없다고 나왔나 보다. 하필이면 청정지역에서 떼 준 것이다. 병희 짝꿍은 상당히 억울한 표정이었다.
  그런데 꽃잎을 짓이겨 넣었던 미숙이도 나와 있었다. 미숙이는 제출한 샘플이 이물질이라고 밝혀지는 대신 회충이 있다는 판정을 받은 것이다.

'도대체 검사를 얼마나 엉터리로 한 거야?'

미숙이는 결과를 받아들일 수 없어 분한 표정이었지만 억지로 참고 있어 얼굴이 벌겋게 달아올라 있었다. 우리는 한 번에 삼키기도 어려운 커다란 알약을 무려 8개씩이나 선생님이 보는 앞에서 다 삼켜야 했다. 약을 다 먹고는 입을 벌려 선생님께 보여줌으로써 약을 안 먹고 혀 밑에 숨기는 얄팍한 수를 쓰지 않았음을 증명해야 했다. 반 아이들 대부분이 실눈을 뜨고 이 광경을 훔쳐보고 있었다.

ㅋㅋ

고등학교 2학년 때였다. 우리 집 아래채에 안동고등학교 영어 선생님 가족이 세 들어 사셨다. 키가 훤칠하고 잘 생긴 선생님은 재미있는 수업으로 학교에서도 인기가 최고였다. 선생님은 영어 시험지를 채점하시고는 가위로 쓱쓱 잘라 공동으로 쓰는 화장실에 비치하셨다.

나는 화장실에서 국민학교 동창놈, 동창놈의 친구놈, 그 친구의 친구놈… 들의 영어점수를 본의 아니게 체크했다. 그 선생님은 새벽 시간에 집에서 과외 팀 수업도 하셨는데 안동고등학교 학생들이 대부분이었다. 한 팀에 7~10명 정도의 학생들이 왔으니, 방문 앞은 학생들이 벗어놓은 검정 운동화로 한가득이었다.

어느 날, 장난기가 가득했던 내 동생들은 새벽잠도 안 자고 기다렸다가 방문 앞 신발짝을 다 바꿔놓고는 장독대에 올라가 숨어 기다렸다.

수업이 끝나고 우르르 몰려나온 학생들이 신발짝을 찾느라 한바탕 소란이 일었다.

장독대 위에서 두 꼬마는 좋아라 배를 잡고 굴렀다.

다음날도 똑같은 장난을 쳤다. 이번에도 학생들은 뒤죽박죽

뒤섞인 신발 중에서 자기 짝을 찾느라 방문 앞은 일대 혼란이 빚어졌다.

삼 일째 되던 날, 그날도 변함없이 배꼽 잡을 장난을 치려고 새벽에 눈 비비고 일어나 나간 동생들, 선생님의 방문 앞에서 망연자실. 어깨를 축 늘어뜨리고 방으로 돌아왔다.

방문 앞엔…

검은 운동화, 흰 운동화, 흰 고무신, 검은 고무신, 슬리퍼, 아버지 구두….

선생님의 방문 앞은 그날로부터 평화가 찾아왔다.

산동네 꼬마

　매일 아침, 도시락과 가방을 챙겨 들고 집 골목길을 바삐 빠져나오는 시간이 비교적 일정하긴 했지만 가끔씩 지각을 할지도 모르는 애매한 시간에 집을 나설 때가 있었다. 교문을 지키고 선 학생주임 선생님이 무서워서가 아니었다. 결석과 지각이 용납되지 않는 집안 가풍 때문이었을 것이다. 우리 조부님은 기차 시간 2시간 전에 역에 도착해 있어야 직성이 풀리시는 분이었고 우리 아버지는 1시간이었다. 그리하야 우리 사전에 지각이란 있을 수 없었으므로 시간이 빠듯하다 싶으면 우리는 평상시에 다니는 대로를 벗어나 화성동 골짜기를 넘어 산을 타는 지름길을 이용하곤 했다.
　이 산길을 오르자면 산자락에 다닥다닥 납작하게 붙어있는 집들 사이로 난 꼬불꼬불하고 좁은 골목길을 지나가야만 했다. 이 동네 집들은 대부분 담벼락이 낮고 부실했으며 판자때기를 아무렇게나 얼기설기 엮어놓은 대문이 달려 있었다.

　그날도 지각을 면하고자 산동네로 접어들었던 길이었다. 숨을 헐떡이며 가파른 골목길을 오르고 있었는데 문득 어느 집에선가 아이의 칭얼거림이 낮은 담벼락을 넘어왔다.
　누군가 소리를 질렀다.

"니 얼릉 학교 안 가나! 빨리 안 가나!"

아이는 울음 섞인 목소리로 뭐라고 웅얼거리는데 잘 알아들을 수가 없다.

"알았다 안 카나. 담에 준다고. 오늘은 없는데 우짜노. 오늘은 그냥 가란 말이다."

여자의 무거운 목소리가 다시 담을 넘는다.

이번엔 아이의 목소리도 제법 선명하다.

"선샘이 오늘까지 안 가지고 오면 안된다 캤다. 훌쩍."

"그럼 없는데 우야노. 내 팔아서 주까. 담에 준다 안카나 그래서. 아! 빨리 가라고. 빨리 가라 이 문디 자슥아!"

약간의 뜸을 두고 대문이 배시시 열렸다. 머리를 박박 깎았는데 여기저기 기계충으로 얼룩덜룩한 꼬마가 대문을 열고 나오다 말고 문을 잡은 채 서 있었다. 나랑 잠시 눈이 마주쳤다. 눈에는 눈물이 그렁그렁하고 코밑도 지저분하다.

아이는 아직도 집 안마당을 흘깃거리며 선뜻 길로 나서지 못한다. 애꿎은 대문을 붙들고 서서는 판자쪼가리에서 가시만 뜯고 서 있다. 아이는 잠시 뭐라고 입 속으로 웅얼거리고 칭얼거리나 싶더니 결심이 선 듯 안마당을 향해 냅다 소리를 지른다.

"오늘까지 내야 된다. 돈 좀 주지… 돈 줘야 간다!"

그 순간 집안에선 쨍그랑 하고 뭔가 날아가 부딪히는 소리와 함께 악다구니가 터져 나온다.

"니 진짜 안 갈래. 당장 안 가나! 확 마! 니 내한테 잡히면 디졌다!"

아이는 자지러지듯 울음을 터트리며 대문을 내팽개치고 골목길을 내달렸다. 간발의 차이로 대문이 부서질 듯이 열리더니 파마머리가 부스스한 한 아줌마가 한 손으로 몸빼 바지를 추스르고 한 손으로는 부지깽이를 휘두르며 달려나왔다. 급히 달려오느라 한쪽 슬리퍼가 벗겨져 튕겨져 나갔다. 아줌마가 고무 슬리퍼를 다시 꿰 차느라 잠시 휘청이는 사이, 발 빠른 아이는 벌써 눈물 콧물을 휘날리며 가파른 골목길을 저만치 굴러 내려가고 있다.

"자 좀 잡아주소~ 동네 사람들~ 자 좀 잡아주소!"

여인이 부지깽이를 휘두르며 아이를 따라 사라진 골목길엔 잠시 나폴나폴 흙먼지가 일었다. 집집마다 부산한 소리가 담장을 넘나드는 시간, 아이의 울음소리는 아줌마의 숨 가쁜 고함소리와 뒤섞인 채 멀리 골목길을 달려 내려가고 있었다.

영빈이

영빈이는 반 아이들 중에 기타를 칠 줄 아는 유일한 아이였다. 희고 가느다란 손가락으로 기타를 뜯어가며 송창식의 '비와 나'를 고즈넉이 부르는 모습을 보고 있자면 저 아이는 아마도 전생에 가야금을 뜯으며 선비들을 혼절케 하던 조선 제일의 기생이 아니었을까 싶을 정도로 매력적이었다.

영빈이는 희고 갸름한 얼굴에 붓으로 그려 놓은 듯 얌전한 이목구비가 천상 여자 중에 여자였지만 위로 오빠만 넷을 둔 막내로 자란 탓인지 덜렁대기 일쑤요 엉뚱한 짓은 혼자 도맡아 하는 장난꾸러기였다. 한번은 교문 밖 빙판이 얼어붙은 내리막길에서 책가방을 밀어 떠나보내고 교복 치마를 부여잡고 미끄러져 내려가는 모습을 본 적도 있었다.

위로 오빠들이 줄줄이 있다 보니 어느 결에 오빠들 등 너머로 기타를 배웠다. 오락시간에 영빈이가 기타를 치며 노래를 부르면 온 반 아이들이 그 노래를 종이에 적어가며 배웠다.

영빈이네 집에서 아무도 영빈이에게 공부하라고 종용하는 사람이 없었고 부모님은 줄줄이 오빠들 수발에만 정신이 없으셨는지 영빈이는 그저 별다른 병고 없이 건강하게 잘 자라 주기만을 바라셨다. 오빠들도 그저 심부름이나 시키면서 별다른 간섭을 하지 않았다.

그러던 어느 날, 시험기간이 닥쳐왔다. 시험기간이 평상시와 뭐가 달라야 하는 건지 상관없이 살아오던 영빈이는 문득 이렇게 살다가는 대학도 못 가보고 말겠구나 하는 생각이 들었다. 대학을 못 간다고 생각하니 갑자기 슬퍼졌다. 대학 캠퍼스 잔디밭에서 기타를 치며 노래하는 자신의 모습을 떠올려보니 이제는 공부를 열심히 해서 성적을 올려보리라는 결심이 섰다.

그날 밤 오랜만에 책상 앞에 앉았다. 책상의자를 바짝 당겨 앉은 영빈이는 제일 먼저 책상 위에 성경책을 꺼내놓고 그 위에 두 손을 모아 올렸다. 새로운 마음으로 공부에 몰입하게 해 주시고 성적이 기적적으로 올라 서울에 있는 명문대학에 철커덕 합격하게 해 달라는 기도를 간절히 올렸다.

그리고 공책 한 장을 뜯어 '하면 된다' '필승'이라고 써서 책상 앞 벽에 붙였다. 그리고 이제 이전과는 다른 모습으로 살자고 결심한 후 영빈이는 먼저 책상정리를 시작했다. 책꽂이의 책들을 크기별로 나란히 정리하고 책상 위의 잡다한 물건들은 제자리에 집어넣었다.

오빠들이 쓰다 물려준 책상에는 서랍이 세 개나 달려 있었는데 하나하나 다 열어보았다. 각종 볼펜, 사인펜, 잉크병들과 가위와 펜촉, 연필들과 고무줄, 지우개 토막들이 어지럽게 헝클어져 있었다. 다른 서랍들도 사정은 비슷해서 언제 넣어둔지도 모를 각종 종이 쪼가리들과 수첩과 오래되어 노래진 메모들이 뒤죽

박죽되어 있기도 했다. 영빈이는 서랍을 하나씩 털어내어 말끔히 정리를 마쳤다.

이제 책상 위는 깔끔하게 정리가 되어 스탠드 불빛 아래 반짝반짝 빛나고 있었다. 이번에는 영빈이의 시선이 필통에 꽂혔다. 영빈이는 필통을 쏟아내어 있는대로 연필을 다 꺼내놓고 하나씩 하나씩 사각사각 깎기 시작했다. 오빠들이 물려준 미제 연필깎이가 있었지만 왠지 연필 깎는 칼로 정성을 들여야 될 것만 같아서 그리했다.

연습장을 펴 놓고 날렵하게 깎아낸 연필을 가지런히 정리하고 이제 공부를 시작하려고 보니 밤 12시가 훌쩍 넘어 있었다. 내일 아침까지는 시간이 별로 없었다. 그러나 연습장 첫 페이지에 시간별로 해야 할 공부를 배당하고 밤을 새워서라도 한번 원 없이 공부에 몰두해보자고 결심했다.

드디어 영빈이가 교과서를 펴고 읽는다. 그런데 피곤이 밀려왔다. 눈꺼풀이 천근만근 내려앉았다. 몇 번이나 다시 눈을 힘주어 떠 봤지만 어느새 고개를 흔들어가며 졸고있는 것이었다. 마당에 나가 달빛 쏟아지는 수돗가에서 찬물을 받아 세수를 했다. 때는 바야흐로 초겨울에 진입한 11월 말, 밤바람이 어찌나 차가운지 코끝이 새빨개졌다. 그러나 따뜻한 방으로 들어와 의자에 궁둥이를 붙이고 앉으면 또 교과서의 글자가 춤을 추기 시작했다. 귓가에서는 오늘은 그냥 자고 내일부터 열심히 하자는 악마의 속삭임이 끊임없이 들리기 시작했다.

　의지가 굳은 영빈이는 고개를 털었다. 그러나 주인의 굳은 의지를 이해하지 못한 영빈이의 눈꺼풀은 다시금 한없이 내려앉고 있었다. 결국 졸다 말다 하며 한 시간을 더 보내게 되자 이래서 안 되겠다고 생각한 영빈이는 잠시 생각에 잠겼다가 두리번거리며 방 안을 훑었다. 교련복 허리띠와 원피스에 붙어있는 리본 끈과 방안에서 찾아낸 온갖 끈들을 길게 연결한 다음 자신의 몸과 의자 등받이를 칭칭 감아 함께 묶었다. 혹여 깜빡 잠이 든 와중에 자신도 모르게 의자를 박차고 내려가 이부자리로 파고들 것을 방지하기 위한 비책이었다. 끈으로 꽁꽁 묶어 의자와 자신이 일심동체가 된 것을 확인한 영빈이는 그제야 안심하고 책을 펴고 공부를 시작했다. 밤새 열심히 공부를 하고 또 했다. 아니… 한 것 같았다.

　얼른 일어나서 학교 갈 준비 하지 못하느냐는 엄마의 아우성에 눈을 떴는데 따듯한 이부자리에 파묻혀 늘어지게 잔 후였다. 이럴 수가…. 어젯밤의 기억이 떠오르자마자 후다닥 이부자리를 걷어 젖히고 일어난 영빈이의 눈앞에는 믿을 수 없는 광경이 펼쳐져 있었다. 온 방 안에는 가위로 마구 잘린 끈들이 흩어져있고 책상 서랍에 고이 정리해 두었던 가위가 아직도 한두 가닥 헝겊 끈을 매단 채 방바닥에 내팽개쳐져 있었다.

　영빈이는 흩어진 끈 쪼가리들을 쓸어 잡고 장판을 치며 울었다.

선생님의 첫사랑

겨울이 끝나가고 꽃샘추위가 시작되는 2월은 학교에서는 성적 처리가 다 끝나고 봄방학을 기다리는 기간이다. 이때가 되면 학생들이나 선생님들이 한 학년을 무사히 끝낸 안도감으로 나른해져 수업도 한풀 풀어지는데, 우리는 이때를 놓치지 않고 선생님들을 꾀여서 18번 노래자락을 들어 보거나 숨겨두신 첫사랑 이야기를 들려달라고 졸라댔다.

중고등학교를 통틀어서 여러 선생님의 첫사랑 이야기를 들었으나 유독 잊혀지지 않는 선생님이 계시다. 고3 때 영어 선생님. 다른 학교 학생들 사이에서까지 실력 있는 교사로 명성이 높았던 선생님은 당시 40대였음에도 젊고 단아한 외모가 남아있던 분이셨다.

수업 중에 농담도 잘 안 하시고 늘 진지하셨던 선생님이, 그날은 교실 창으로 비춰들던 따뜻한 겨울 햇살에 맘이 흔들리신 걸까. 이제 고등학교를 마치고 대학으로, 사회로 나갈 소녀들의 달뜬 요청을 거절치 못하시고 멈칫멈칫 잠시 망설이시다가 먼 창 밖에다 시선을 고정하신 채 나직한 목소리로 이야기를 시작하셨다.

찢어지게 가난한 집안의 장남으로 태어나 어렵게 고등학교를 마치고 우수한 성적으로 대학에 진학하셨는데, 법대 의대 다 놔두고 졸업 후 전망이 제일 좋다는 이유만으로 당시 최고로 인기였던 사범대학을 지원하셨다. 줄줄이 학교를 다니고 있는 동생들 학비를 마련해야 했기 때문이었다.

가난한 집에서 학비 지원을 받을 수 없는 형편이었으므로 대학을 다니면서 낮에는 공부하고 밤에는 전화국 직원으로 전화선을 수리하는 아르바이트를 하셨다. 전화선 수백 개가 꼬여있는 좁은 홈 속에 들어가서 일을 하면서도 외워야 할 영어단어장을 매달아 놓고 열심히 공부했다. 학교 장학금을 놓칠 수 없었기 때문이었기도 하고 지긋지긋한 가난을 벗어나고픈 앞날에 대한 간절함이 있었기 때문이기도 했다.

그때 학교에서 그녀를 만났다. 학교 교실에서, 운동장 나무그늘에서, 학교 교문을 들어서다가 우연처럼 자주 마주치게 되는 사이에 그녀는 운명처럼 어느새 선생님의 마음속까지 들어와 있었다.

한동안 그녀를 바라만 보고 세월을 보냈지만 언제나 학교 캠퍼스에 들어서면 사방을 두리번거리며 그녀를 찾는 자신을 발견하신다. 어느 바람결에라도 그녀를 보게 된 날은 온종일 가슴에 바람이 일었다.

정작 그녀의 시선은 선생님께 잠깐잠깐 머물다 갈 뿐이었다. 그러던 어느 날 수업 중에 선생님이 그녀를 몰래 바라보다 눈이 마주쳤다. 그녀는 길게 늘어뜨린 생머리를 쓸어올리며 상큼하게 웃었다.

그날 이후 그런 그녀와 손 한번 제대로 잡아보지 못하는 애절한 사랑을 시작하게 되었지만 한 학기가 다 가기 전에 선생님은 입대영장을 받는다.

그 어떤 약속이든 하고 싶었지만 기다려달라는 말을 할 수가 없었다. 그녀의 생일에 잉크 한 병을 선물하기도 힘이 들 만큼 찢어지게 가난한 자신의 형편을 설명할 수 없었다. 기다려달라는 말을 얼마나 간절히 기다렸을까…. 그녀는 그 약속 한마디가 얼마나 간절했을까.

군대 가기 전날 밤, 비가 쏟아지는데 무작정 그녀의 집 앞까지 찾아갔다. 비를 맞고 떨면서 그녀에게 할 말을 수도 없이 되뇌며 밤늦도록 골목길을 떠나지 못했다. 혹시라도 그녀가 대문 밖을 나와보지 않을까, 대문 벨에 수도 없이 손을 가져가 보기도 했지만 결국 누를 수가 없었다. 군대에 가 있는 동안 단 하루도 그녀를 잊어본 적이 없었다. 세월이 흘렀고 제대를 했다. 그리고 그녀가 결혼을 하고 학교를 그만둔 것을 알게 되었다. 가슴으로 비수가 꽂히는 통증이 스치고 지나갔다.

선생님은 마침 여름방학 중이라 텅 비어있던 캠퍼스를 찾아갔다. 그녀와 함께 공부하던 빈 강의실 유리창을 옷소매로 닦고 두 손을 눈 옆에 대고 안을 들여다보았다. 책걸상이 아무렇게나 흐트러져 있는 빈 강의실에 한 줄기 빛이 스며들고 있었는데 그 빛줄기에는 잔잔한 먼지들이 추억처럼 떠다니고 있었다.

　어렵게 수소문하여 그녀가 결혼하여 살고 있는 집을 알아냈다. 가지 말아야 한다고 몇 번을 맹세했지만, 발길은 어느덧 그 동네를 향하고 있었다. 그녀가 살고 있는 집을 찾아갔다.

　높은 축대 위에 그녀의 집이 있었다. 선생님은 그 집 담장이 바라다 보이는 나무 밑에서 오래오래 서 있었다.

　혹시라도 그녀가 대문을 나서지는 않을까…. 혹시라도 마당에 빨래를 널다가 담장 밖을 한 번쯤 내려다보지는 않을까….

　선생님의 마음을 아는지 모르는지 무심한 하늘에는 구름만 한가로이 흐르고 있었다. 선생님의 목소리가 촉촉해지시더니 눈가에 눈물이 맺히셨다. 듣고 있던 말괄량이들도 덩달아 숙연해졌다.

　선생님은 자신의 첫사랑 이야기를 원고지 3백 매로 써서 공모전에 내고 싶어 하셨지만 키스 한 번 한 적 없고 포옹 한 번 한 적 없는 사랑이야기는 사람들이 흥미 없어 한다고 했다. 사람들은 뭔가 자극적인 이야기를 원했고 선생님의 아름다운 이야기는 외면을 당했다.

　공모전에 떨어진 후, 장롱에 보관되어 있던 두툼한 원고는 드디어 선생님의 부인 눈에 띄어 모두 불살라졌다. 원고를 한 장 한 장 태우시면서 이제는 정말 그녀를 마음속에서 떠나보내는 것 같아 마음이 너무 아프셨다. 어느덧 선생님은 다시 한번 눈가가 붉어지시며 말을 못 이으시다가 칠판을 향해 잠시 돌아서 계셨다.

그때, 어렴풋이 사랑의 기억은 저렇게 나이가 들어서라도(이런 표현이 죄송하지만 18살 소녀인 나에게 30이 과연 있을까 하던 시절의 40대는 상상할 수 없는 연배였다는 것을 감안할 때) 막 베인 상처처럼 피를 뚝뚝 떨어뜨릴 수 있을 만큼 생생할 수도 있구나 하는 생각에 마음이 아팠다.

세월은 거침없이 흘러서 나는 이제 당시의 선생님보다 나이를 더 먹었다. 지금도 눈가가 붉어지시던 선생님의 마음이 느껴지면서, 나는 어떤 세월을 살았던가 뒤돌아본다. 나도 누군가에게 저런 잊지 못할 기억으로 남아있을까. 나도 누군가에게 향수병 같은 존재인 적이 있었을까 하고.

봉숙이 조부님

수업 중이었는데 갑자기 교실 앞문이 드르륵 열린다. 갓 쓰고 하얀 도포를 차려입은 노인이 교실로 한 발 들어서시며 교실이 떠나가라고 봉숙이를 부른다.

"봉숙아~."

수업 중이시던 선생님이 "어이쿠 어르신." 하며 구십 도로 인사를 한다.

어르신도 "선상니임~." 하며 고개를 깊이 숙여 맞절을 하신다. 고개를 든 선생님이 우리를 둘러보시며 "이 반에 봉숙이 있나?" 하고 물으신다.

아마 옆 반에 있는 오봉숙의 조부님이신가 보다. 근처 읍이나 면에서 중학교를 졸업하고 안동여고로 진학해서 자취하며 학교를 다니는 아이들이 꽤 많이 있었는데 봉숙이도 그런 학생이었다.

"봉숙이는 옆 반에 있습니더."

우리는 모두 일시에 손을 들어 뒷 반을 가리키며 소리를 질렀다.

"아 어르신, 봉숙이는 이 반에 없고요. 저 뒷 반에 있다니더. 요 바로 다음 반입니더."

선생님이 친절히 가르쳐드리자 다시 한번 고개숙여 인사를 한 어르신, 교실 문을 드르륵 닫고 가셨다.

선생님은 다시 칠판에 판서를 시작하셨고 우리도 다시 필기를 막 시작하는데 이번엔 뒷문이 드르륵 쾅 열린다.

"봉숙아아~."

교실은 웃음보가 터진 아이들로 뒤집어졌다.

우여곡절 끝에 그 어르신이 봉숙이네 반을 결국 잘 찾아가셨고 교무실에서 봉숙이 담임선생님을 만나셨다. 어르신은 30분이 넘어가도록 봉숙이가 그 면에서 어릴 때부터 얼마나 총명하고 학교에서 공부도 잘하고 마을에서 똑똑하기로 소문난 인재인지에 대해서 침 튀겨가며 말씀을 하시는 중이시다. 그런데 선생님의 시선은 자꾸만 불안하게 창틀을 따라가다가 교무실 현황판을 흘러내리다가 어르신의 수염에 방울방울 맺혀가는 침방울에도 잠시 매달리다 떨어진다.

봉숙이 담임선생님 책상 위에는 짚을 꼬아 만든 달걀꾸러미 안에 달걀 한 줄이 곱게 들어앉아 있다. 선생님께 드리려고 어르신께서 시간 반 넘게 시외버스에 흔들려 오시는 동안 내내 깨질까 무릎에 얹고 오신 것이다.

한참을 말씀에 열을 올리시던 어르신, 담임선생님의 얼굴을 빼꼼 들여다 보시며 물으신다.

"우리 봉숙이… 공부 억수로 잘하지요?"

순간 당황한 빛이 선생님 얼굴을 스쳐간다. 어르신은 선생님의 얼굴을 들여다보고 대답을 기다리고 계시고 선생님은 난처하다. 그렇다고 거짓말을 할 수도 없다. 선생님이 결국 쭈뼛 거리며 대답하신다.

"아… 아닐걸요…."

갑자기 두 분 사이에 끼어드는 어색한 침묵…. 교무실 문 뒤에는 봉숙이가 쪼그리고 앉아 머리를 쥐어뜯고 있다.

창 밖은 화사한 봄이다.

4부

신입생 환영회

대학에 갓 입학한 3월의 어느 날, 첫 안동향우회 주최 신입생 환영회가 학교 앞 중국집 '청원' 2층에서 열렸다. 안동향우회라고는 하지만 재학생이나 신입생 대부분이 안동고등학교 출신들이어서 안동고등학교 동문회와 다름없는 분위기였는데, 실제로 개밥에 도토리처럼 남학생들 사이에 머쓱하게 끼여 앉아있던 나는 81년도에 연세대학교 재경 안동향우회의 유일한 여자 신입생으로서 안동여고 출신이었다.

신입생 환영회 시작을 알리는 순서로 안동고등학교 교가를 전원 열창하기 시작했다.

"마고! 마고! 마고!"

안동고등학교는 마뜰이라는 동네에 자리를 잡고 있었기 때문에 '안고'라고도 하고 '마고'라고도 불렸다. 따라서 '안고'를 '마고'로 고쳐 부르는 전통이 있었다.

"마고! 마고! 마고!"

재학생과 신입생들이 한 명씩 자리에서 일어나 자기소개를 하고 그 사이 중국집 물 컵에 찰랑찰랑하게 부어진 소주를 원샷 해야 했다. 내 옆자리에 앉았던 신입생 명규는 자기 앞에 놓인 소주로 찰랑대는 커다란 물 컵을 겁먹은 표정으로 노려보다가 눈을 질끈 감고 들이키듯 비우고는 곧 기절했다. 나는 겁도 없이 술은 못 마시겠다며 까마득한 선배들의 소주 권유를 단칼에 잘랐다. 보수적이기도 하고 동시에 맘이 약했던 선배들은 오랜만에 만난 여자 입학생이라고 나를 특별히 봐주고 넘어갔다.

그동안 유일하게 향우회의 홍일점이었던 3학년의 혜정이 언니는 예쁜 색 도화지를 잘라 참가자 전원의 이름을 적어 넣은 명찰을 만들어와서 모두의 박수를 받았다. 선배들은 나더러 저 언니를 본받으라고 했으나 나는 한 번도 명찰을 만들어 가지 않았.

어쨌든, 짜장면과 짬뽕이 돌고 분위기가 마구 무르익어 가던 중, 조금 늦게 합석하여 자기 소개시간을 놓쳤던 신입생 한 명이 시간이 갈수록 눈동자가 불안하게 흔들리며 안색이 좋지 않더니 마침내 쭈뼛쭈뼛 손을 들며 물었다.

"저~ 여기가 마산고등학교 동문회 아니라예?"

그 친구는 그 시각 같은 중국집 3층에서 열리고 있던 마산고등학교 동문회 모임에 가야 할 신입생이었으나 중국집 계단을 뛰어 올라오다가 "마고! 마고!" 하는 구호를 듣는 순간, 여기가 마산고등학교 동문회라고 믿어버린 것이다. 그리고 그는 이미 우리 모임에서 2시간 넘게 어울리던 중이었다.

그 순간 얼굴이 벌개져서 자리를 박차고 뛰쳐나간 그 친구, 어디선가 잘 살고 있겠지? ㅎㅎㅎ

다정한 기억 ____ 269

도서관 엘리베이터

도서관의 낡은 엘리베이터는 언제부턴가 적정 인원수에 관계없이 수시로 경고음을 남발하기 시작했다. 어떤 날은 네다섯 사람만 타도 '삐익~' 거렸고 어떤 날은 발 디딜 틈 없이 꽉 차도 경고음 없이 문이 닫히곤 하는 식이었다. 그날은 수업도 일찍 끝나고 한가했던 터라 학교 앞 분식집에서 느긋하게 라면으로 점심을 때운 뒤, 아침에 잡아놓은 도서관 3층 내 자리로 가서 다음 스케줄을 궁리해 볼 요량이었다.

도서관 1층에서 잡아 탄 엘리베이터에는 서로 안면이 없는 대여섯 명의 학생들이 띄엄띄엄 자리를 잡고 있었는데 중앙이 휑하게 비어 있었음에도 엘리베이터는 예의 '삐이익~' 하는 경고음을 울려대며 문을 닫으려 하지 않았다. 서로 눈치를 보는 사이, 입구 쪽에 서 있던 학생이 뒷머리를 긁으며 멈칫멈칫 마지못해 엘리베이터에서 내렸고 기다렸다는 듯이 문이 닫혔다.

그때였다. 살짝 늙수그레한 얼굴에 기지바지에 운동화를 받쳐 신은 모습이 복학생임에 틀림없을 한 남학생이 시선을 엘리베이터 천장에 고정한 채 중얼거렸다.

"무겁다 무거워. 머리에 짱돌만 잔뜩 든 돌대가리들."

졸지에 돌대가리가 된 우리들은 마주 선 다른 돌대가리들을 차마 쳐다보지 못하고 복학한 돌대가리가 쳐다보고 있는 같은 지점을 올려다보며 뻘쭘해하고 있을 뿐이었다.

가고파

시험 기간이었고 도서관은 밤이 깊도록 공부하는 학생들로 가득 차 있었다. 창밖엔 짙은 어둠이 내렸다. 밤 10시. 쥐죽은 듯 조용한 도서관 창밖으로부터 갑자기, 담담하나 깊은 슬픔과 그리움이 담긴 듯한 한 남자의 노랫소리가 들려오기 시작했다.

> 내 고향 남쪽 바다
> 그 파란 물 눈에 보이네
> 꿈엔들 잊으리오
> 그 잔잔한 고향바다
> 지금도 물새들 날으니
> 보고파라 보고파
> 어릴 때 같이 놀던
> 그 동무들 그리워라
> 어디 간들 잊으리오
> 그 뛰놀던 고향 동무
> 지금은 다 무얼 하는고
> 가고파라 가고파

노래는 어둠 속을 뚫고 퍼져 넓은 도서관 안을 공명하고 우리 모두는 숨죽여 그 노래를 듣고 있었다.

어둠 속 도서관 앞 돌기둥에 기대서서 가고파를 부르고 있던 그 남자의 실루엣이 아직도 내 망막에 남아있는 듯한데 궁금증을 참지 못한 내가 도서관 밖까지 한걸음에 내달려 갔던 것인지 보고 싶은 마음을 눌러 참으며 내 맘대로 상상한 것인지는 아직도 잘 모르겠다.

성악을 전공했을 그 남학생은 반도의 남쪽 바닷가 어딘가를 고향으로 두었을 것이며 그날 밤 간절히 고향에 돌아가고 싶은 심정이었나 보다. 차가운 자취방을 나와 가난한 호주머니에 손을 찔러 넣고 시험기간 중의 학교 도서관에 나와 앉았는데 달은 휘영청 밝고 어둠이 내려앉자 알 수 없는 그리움에 가슴이 아팠던 것인가. 어디에도 반가이 맞아주는 사람 하나 없는 타지에서 공부하랴 숙식을 해결하랴 동분서주 하다 보면 부모님께서 차려주신 따뜻한 밥상이 펼쳐져 있을 불 켜진 창문 속 풍경들이 절절히 부러울 때가 있는 것이다.

어쩌면 고향에 두고 온 첫사랑이 있었을지도 모른다. 좋아한다는 말 한마디 해보지 못하고 손 한번 잡아보지도 못한 채 고향에 남겨두고 온 단발머리 소녀가 불현듯 보고 싶었을지도 모른다. 어느덧 노래는 끝이 났고 우리들 모두 하던 공부에 다시 몰입했지만 삼십 년이 지난 지금까지도 그 어둠 속 실루엣과 그의 노랫소리가 선명한 것은 무슨 이유일까.

시험기간 중 도서관

　시험기간 중에 도서관 자리를 잡는 것은 거의 전쟁에 가까웠다. 새벽 5시에 도서관 문을 열었는데(내 기억이 정확하기를.) 4시 반부터 도서관 앞에는 기다리는 학생들로 끝도 없이 길다란 줄이 늘어서 있었다.
　정각 새벽 5시, 지루한 기다림 끝에 드디어 도서관 문이 열리면 옆구리에 책 네다섯 권을 낀 채로 폭풍처럼 달려 들어가 빈자리마다 책을 한 권씩 던져 골인 시켜야 했다. 친구들 자리를 맡아 줘야 하기 때문이다. 이 지경이다 보니 자리는 항상 모자랐고 궁여지책으로 4명이 앉는 테이블 귀퉁이에 의자 두 개를 더 가져다 여섯 명이 앉게 되는데 그러자니 다른 자리의 남의 의자를 가져와야 하는 것이었다. 멀쩡하게 자리를 잘 잡고 공부를 하다가 잠시 커피를 마시고 돌아와 보면 의자가 없다.
　기가 차고 코가 막히지만 서서 공부할 수는 없으므로 근처 빈자리 의자를 또 슬쩍 한다. 그 빈자리 주인도 외출에서 돌아와 자신의 의자가 사라진 것을 망연자실 내려다보다가는 또 근처의 남의 의자를 훔치러 나서는 것이었다. 그리하여 도서관 의자는 돌고 돌았다.
　비록 비어 있다고는 하나 남의 의자를 훔쳐 오는 것은 꺼림칙한 일이 아닐 수 없었으므로 너 나 할 것 없이 화장실도 맘 놓고 못 가는 상황이 벌어졌다. 의자를 고수해야겠다는 생각들을 한다.

어떤 이가 책과 가방과 온갖 소지품을 모두 의자에 올려놓고 가면 훔쳐가는 이는 이 모든 물건을 소중히 책상 위로 옮겨놓고 의자만 가져간다.

의자 등받이에 입던 스웨터 따위를 풀 수 없도록 꽁꽁 묶어두면 집에 갈 때 스웨터를 푸느라 본인 자신도 고생한다. 의자와 책상다리를 털실 따위로 꽁꽁 묶어두면 가위는 뭐 하라고 있는 것인가… 싹뚝 자르고 가져간다.

종이에 해골과 뼈다귀 그림을 그려서 의자에 붙이고 간다. 가져가면 죽는다 라는 메시지다.ㅎㅎ

그러던 어느 날 나는 보고야 말았다. 조용하던 도서관 귀퉁이가 잠시 소란해지는가 싶더니 조그만 여학생 하나가 보무도 당당히 앞서 가고 그녀의 뒤를 따라 복잡한 표정의 남학생이 자기가 앉았던 의자를 들쳐 메고 따라가고 있었다. 여학생이 자기 의자다리에 털실로 교묘히 표시해 놨더란다. 그리고 의자가 사라지자 온 도서관을 뒤지며 집요하게 찾으러 다닌거다. ㅋㅋㅋ

사랑스런 두 젊은이는 그 사건 이후로 어떤 의미 있는 사이가 되지는 않았을까. 그러거나 말거나 도서관 의자는 시험기간마다 돌고 또 돌았다.

교수님의 화학개론

대학 신입생이면 누구나 들어야 했던 교양필수 과목 중에 과학개론이 있었고 그 중에 이길상 교수님의 화학개론이 들어 있었다.

갓 대학에 입학하고 날마다 새로운 수업에 대한 기대로 부풀어 있던 때였다. 화학개론 첫 수업에 들어갔더니 머리가 희끗희끗한 노교수님께서 교실을 빼곡히 메우고 있는 학생들을 한번 쓱 훑어 보시더니 이렇게 말문을 여셨다.

"이렇게 햇볕이 화사하고 꽃 좋고 바람 좋은데 왜 여기 껌껌한 데 들어와 있어요? 좋은 데로 가요. 미팅도 하러 가고 꽃구경도 가고 놀러도 가고…. 돌아다니다가 정 갈 데가 없다거나 졸려 죽겠는데 어디 맘 편히 잘 데가 없다면 그땐 여기 들어와 자요. 내 수업은 안 들어와도 돼요. 내가 출석 안 불러요. 한 번도 안 와도 돼요. 단! 한 가지만 기억하시오. 산으로 들로 놀러 다니다가도 내 마지막 수업에는 꼭 들어오시오. 왜냐하면 그날 내가 시험문제를 다 가르쳐 줄 거거든요."

아이들은 이런 횡재가 다 있나 어리둥절한 표정이었지만 내심 즐겁지 않을 수 없었다. (그리고 학기가 끝나는 마지막 수업에서 실제로 그리 하셨는데, "범위!" 그러시더니 책을 펴고 목록을 죽죽 다 읽어 내려가셨다. 아… 그 목록을 하나하나 표시해가면

서 서서히 파리해져 가던 아이들의 얼굴을 어찌 잊으랴…. ㅠㅠ)
 "아, 그리고 교과서 몇 페이지 펴 보세요. 거기 그 유명한 화학자(이름이 생각 안 남) 사진 있지요. 동상 사진 말이오. 아, 그 동상 보지 말고 그 옆에 붙어있는 사람 보여요?(큰 동상 사진인데 자세히 보니 귀퉁이에 보일 듯 말 듯 작은 사람이 서 있다. 일단 교과서의 인쇄가 조잡하여 사진이 선명하지 않을 뿐만 아니라 동상에 비해 사람이 어찌나 작은지 잘 보이지도 않았다.) 그게 나에요. 나. 내가 이 사람 직계 제자예요. 그러니까 여러분, 지금 공책에 쓰시오. 이 화학자 이름 쓰고 그 밑에 내 이름 쓰고 그 밑에 여러분 이름을 쓰란 말이에요. 이게 바로 족보란 것이지요. 으하하하하….."

 이렇게 시작된 이길상 교수님의 화학개론은 그 수업이 어찌나 재미있었는지 그렇게 들어오지 말라고 당부를 하시는데도 불구하고 매번 교실은 터져나가 앉을 자리가 없었다.

  〈이길상 교수님이 가르쳐 주신 재래식 화장실 냄새 없애는 법〉
  재래식 화장실 냄새 많이 나죠. 한번 갔다 오면 그 꾸리 꾸리한 냄새가 온 몸에 배어 잘 없어지지도 않잖아요. 그거 싹 없앨 수 있는 방법이 있어요. 돈도 얼마 안 들어요. 뭣이냐 하면 구공탄을 두세 장 변소 구석에 놔두시오. 신기하게도 냄새가 싸악 없어집니다.
  그런데! 한 가지 주의할 것이 있어요.

이거 아주 중요해요. 별표 하시오.

한 두세 달 놔뒀다가 효과가 떨어진다 싶으면 그 구공탄을 아낌없이 갖다 버려야지, 만일 그걸 아깝다고 아궁이에 땠다가는….

으으음…

집이…

온 집안이….

유명 브랜드 신발

　80년대 초반에 유명 브랜드들이 생겨나기 시작하면서 캠퍼스에도 나이키니 프로스펙스 운동화를 신은 학생들이 눈에 띄기 시작한다. 당시는 죠다쉬 청바지에 나이키 운동화면 최고의 멋쟁이로 부각 되던 시절이었는데 이 나이키 운동화의 값이 보통 운동화의 대여섯 배인 3만 원대를 호가했다. 학교 앞 분식집 라면이 한 그릇에 350원, 수제비가 500원 하던 때이다. 우리 과 45명 중에 집안이 부유한 학생 한둘 정도가 나이키를 신기 시작했다. 깎아서 28,000원에 샀다고 했다.(값을 물어본 걸 보니 나도 신고는 싶었던 모양이다. ㅎㅎ)

　보통은 신발 옆 부분에 W 마크가 새겨진 '월드컵' 운동화를 신으면 무난하던 시절, '월드컵' 운동화가 사오천 원 정도 했다. 나는 월드컵도 부담스러워 W를 거꾸로 뒤집어 M이라고 새겨 넣은 '미란다'를 삼천 원에 사서 신었다. 빨리 걸으면 간혹 M이 W로 보이기도 했다. 그러던 어느 날 집에 가려고 학교 정문 앞에서 버스를 탔다. 운 좋게 빈자리가 있어 후다닥 뛰어가 앉았더니 뒤따라 탄 어떤 남학생이 내 옆에 와 섰다.
　그가 들고 있는 책가방이 묵직해 보여 받아 들면서 시선이 자연스럽게 그의 신발에 가 닿았는데, 청바지에 흰 고무신을 신고 있었다. 그런데… 고무신 옆면에 볼펜으로 정성껏 새겨 넣은 나이키 마크.

ㅋㅋㅋㅋㅋㅋ

난 문득 그 남학생이랑 연애를 하고 싶었다. 그러나 용기가 없었던 나는 그 남학생의 얼굴은 쳐다보지도 못한 채 집에 가는 내내 창밖을 내다보며 실실 웃었을 뿐이었다.

보건학 강의

김명호 교수님의 보건학 시간. 이백 명 이상이 들어가는 계단식 강의실을 빼곡히 메운 학생들을 한눈에 쓰윽 훑어보신 노교수님, 다짜고짜 이렇게 말씀하신다.

"내가 앞으로 30년 후에 일어날 일 두 가지를 예언하겠소. 그 첫째는 의사들의 미래요. 작금의 의과대학 학생 수가 너무 많아! 이렇게 의사가 많아지다가는 30년 후에는 발에 채는 게 의사일 거요. 그러면 자전거 뒤에다가 주사기랑 청진기 담은 흰 통 하나 끈으로 질끈 묶어 가지고 흰 가운 자락 휘날리며 이 골목 저 골목 다니면서 '감기나 몸살 고~ 어~ 쳐어! 감기나 몸살 고~ 어~ 쳐어' 해야 될 거야. 그리고 그 두 번째는 지금 수업 듣고 있는 여러분 중에 삼분의 일이 30년 안에 폐암으로 죽을 거란 사실이요." (허걱)

이제 갓 스무 살을 넘긴 학생들 앞에서 하실 말씀은 아니었지만 애들이 너무 생각 없이 담배를 많이 피우는 것을 아셨을 테고 그 위험에 대해서 경각심을 일으켜 주고자 하셨던 것 같다.

지금처럼 담배에 예민하지 않던 시절이라 남자아이들 대부분은 아무 데서나 담배를 피웠고 담배를 어느 손가락에 어떻게 끼우면 더 멋있게 보일 수 있나를 고민했다.

카페마다 제각기 독특하게 디자인된 성냥갑을 나눠주었고 그것만 모으러 다니는 학생들도 많았다. 납작한 성냥갑을 손가락 끝에서 휘리릭 돌리다가 엄지로 툭 밀어 여는 묘기를 연습하거나 담배 연기로 도넛을 만들어 허공에 날렸다. 도서관에는 흡연실이 따로 있었다. 그런데 하필 그 안에 커피 자판기가 있어서 담배를 전혀 피우지 않는 여학생들도 우르르 몰려 들어가 소파에 앉아 수다를 떨기도 했었는데 흡연실 가득히 뿌옇게 피어오르는 담배 연기를 손으로 휘휘 내저어 쫓으며 "너구리 잡는다, 잡아." 하면서도 그 담배 연기가 건강에 나쁠 거라는 생각은 전혀 하지 못하던 시절이었다.

가끔 학교 잔디밭에 남자애들이 여럿 둘러앉아 있다면 포커를 치고 있거나 인디언 게임을 하고 있는 것이 분명했다. 인디언 게임이란 담배 한 개피를 가지고 둘러앉은 애들이 돌아가며 한 모금씩 하는데 재가 떨어져서는 안 된다. 담뱃재를 떨어뜨린 사람이 벌칙으로 담배 한 갑을 사야 하는 것이었으므로 다들 사뭇 진지했다. 교수님은 학생들에게 담배를 끊으라는 말씀을 당연히 하셔야 했겠지만 들을 아이들이 아니라고 생각하셨는지 차선책을 제시해 주셨다.

"담배를 사거든 볼펜 꺼내서 담배 허리에 줄을 긋고 그 표시까지만 피우고 미련 없이 버리시오. 장초 버리는 걸 아까워 하지 말란 말이오. 그러면 그나마 좀 나을 거요."

그때 멋져 보여서 시작한 담배를 나중에 끊느라고 고생하신 분들 많으리라. 아무튼, 그로부터 30년의 세월이 흘렀다. 저 강의에 참석했던 학생 중 삼분의 일이 폐암으로 죽은 것 같지는 않으며, 자전거 타고 동네골목을 누비며 감기나 몸살 고치라고 소리 지르는 의사선생님들도 아직 본 적이 없으니 교수님의 두 가지 예언은 다 맞지 않았다는 것이 분명해졌으나 교수님께서도 자신의 예언이 그저 우스갯소리가 되기를 마음속으로 간절히 염원하셨으리라. 김명호 교수님의 재미있는 강의 덕분에 보건학 시간을 빼먹는 친구들은 거의 없었다.

〈보너스 – 건강하게 오래 사는 법〉
"데이트할 때, 남자친구를 꼭 길 쪽으로 세우시오. 그리고 위급한 순간에 지형지물로 사용하시오."

어느 여름날

어느 더운 여름날이었다. 언더우드상이 바라다 보이는 나무그늘에 혼자 서 있었다. 캠퍼스 가득 여름이 싱그러웠다. 방학 중이라 조용했고 무성한 나뭇잎들은 햇빛에 반짝이고 있었다. 광복관 쪽에서 같은 과 친구 A군이 숨을 헐떡이며 달려와 내 앞에 섰다.
"너 미인박명이라고 들어봤냐?"

순간, 당황. 이걸 어떻게 받아들여야 하나, 될 수 있으면 겸손하고 티 나지 않게 긍정도 아니고 부정도 아닌 절묘한 대답을 해야 할 텐데….
머릿속은 연기가 나게 돌아가기 시작했다. 찰나의 순간을 사이에 두고 '안 그래도 내가 그 말 때문에 고민이 많다.' 라고 하려는 순간 그 인간, 벌써 눈썹이 휘날리게 도망가며 소리를 지른다.
"넌 영생할꺼다아~."

동문회 선배

가끔 재경 안동 향우회 모임이 있었다. 안동을 고향으로 하는 연세대학교 재학생 모임이었다. 여학생은 일 년에 한두 명 정도 입학할까 말까 대부분은 남학생들이었다. 보수적이고 유교적인 분위기의 지방을 고향으로 둔 이 경상도 사나이들은 참으로 독특한 그들만의 분위기가 있었다.

당시 유행하던 디스코바지(허리 부분이 살짝 강조되고 점점 좁아지다가 정강이 부분에서 달랑하게 끝나는 바지)를 입고 나가면 삐뚜름 쳐다보다가 "니 요즘 가세가 기우나." 했다. 천이 모자라서 바지가 달랑하냐는 뜻이었다. 그러면 나는 그것을 "니 억수로 이쁜 바지 입었네."로 알아들었다.

모임 장소는 항상 학교 앞 중국집이었다. 중국집에서 술이 한 수배씩 돌고 나면 어김없이 앉은 순서대로 돌아가며 노래를 부르는데 그 레퍼토리라는 것이 참으로 고색창연했.

'불효자는 웁니다' '타향살이' 또는 그 제목은 잘 생각나지 않는데 '어머어님의 손을 자압고 돌아아 설 때에에에~'라고 시작하는 노래를 목이 메어 불렀다. 부르면서 우는 동기 놈도 있었다.

난 그런 선곡들이 영 맘에 들지 않았다. 이래 봬도 나는 '나의 애창곡 3000'을 국민학교 때 독학으로 뗀 몸이다. 우리 아버지 스무 살 때나 불렀음 직한 노래 듣기에 몸이 비비 꼬이기 시작하던 찰라 의대 다닌다는 어떤 선배 차례가 됐다. 브이넥 스웨터에 남방 깃을 꺼내 제법 멋을 낸 자태가 다른 형들과 다르다.

시크한 표정으로 내내 삐딱하게 앉아있던 자리에서 쓰윽 몸을 비틀며 일어나면서 "사람들이 노래라고 하는 것이 쯧쯧….(혼잣말. 그리고 바로 이어지는) 이제 밤도 깊어 고요한데 창문을 두드리는 소리~…."

오호홋? 나는 귀가 번쩍 트였다. 그리고 오랜만에 마음에 드는 선곡을 한 선배의 필 충만한 노래를 듣느라 기분이 좋아졌다. 봄이었다.

캠퍼스에 가을이 왔다. 백양로 양쪽으로 늘어선 은행나무에서는 노란 은행잎이 무수히도 떨어져 내렸다. 바람이 선선한 백양로를 걸어 내려오고 있는데 중간에서 딱 그 형을 만났다. 형은 은행잎 하나를 입에 물고 있다. 웬일로 어디 가느냐고 묻는다. 별일 없어요. 그랬더니 커피를 사 주겠단다. 학교 앞 분위기 좋은 카페의 커피는 500원이었다. 주머니가 얄팍한 학생에게는 그리 만만한 가격이 아니었다. 때문에 학교 앞에는 근사한 카페들이 줄 지어 있었지만 가고 싶어도 맘 놓고 자주 갈 수 있는 곳이 아니었다.

오케바뤼, 친절한 선배 덕에 오늘은 우아하게 커피를 마시며 음악을 듣겠구나, 나는 속으로 쾌재를 불렀다. 그런데 학교 앞 멋진 카페를 가려면 학교 정문 쪽으로 내려가야 하는데 형은 학생회관 쪽으로 발길을 돌려 올라간다. 초조해진 1학년 후배가 묻는다.

"형, 커피 마시러 어디로 가는 거에요?"

키가 멀뚱히 큰 형은 '야가 뭔 이런 질문을 하나…' 하는 표정으로 나를 잠시 내려다보다가 대답도 없이 학생회관으로 걸어 들어가더니 커피 자판기에서 커피 두 잔을 꺼낸다. 하나에 백 원씩이다. 마시라고 한 잔을 주더니 도서관 쪽으로 걸어 나간다. 슬프게도 자판기 커피는 엄청나게 맛있다.

한 모금 마시고 걸으며 봤더니 아까 형이 입에 물고 있던 은행잎이 없다. 버렸나 했더니 은행잎은 형이 들고 있는 커피 잔 안에 얌전히 빠져 있었다. 도서관 앞이 내려다보이는 경영관 옆 벤치에 앉아 선배는 다리를 꼬고 벤치 등받이에 한껏 기댄 채 먼 데 독수리상 쪽으로 시선을 둔다. 그리고 슬슬 이런저런 이야기들을 풀어냈다.

의대 다니는 학생들이 시체 해부하던 메스를 가운에 쓱쓱 닦고 수박을 잘라 먹는다느니 가지고 다니는 해골을 뒤집어 놓은 다음 그 안에 사루비아 과자를 꽂아놓고 먹는다는 이야기, 선배가 하는 이야기들이 모두 신기하기만 한 1학년 후배는 호기심으로 두 눈이 반짝인다.

그럴수록 선배는 신이 난다. 자기 아버지는 한약방을 하는데 담배를 입에 물고 담뱃재를 풀풀 날리면서 약을 싸도 그것 먹고 잘들 낫는다고도 했다. 이런저런 이야기들을 부풀리고 뻥을 쳐도 후배는 의심할 줄 모르고 점점 더 선배의 이야기에 빠져들고, 어찌 보니 후배의 눈빛이 자판기 커피처럼 달콤하고 촉촉해지는 것 같기도 하다. 첨엔 우쭐거리는 것도 나름대로 재미있던 선배는 시간이 갈수록 조금씩 그런 후배가 살짝 부담스러워졌을까?

"있잖아. 우리 이모가 정신 바짝 차리고 공부만 하라 캤다. 여자는 나중에도 많다꼬. 그래서 나는 공부 다 마칠 때까지는 연애질은 안 해야겠다고 생각한다. 니는 남자친구 있나?"

선배의 옆 얼굴이 꽤 샤프하다는 생각이 막 들고 있던 참이었다.

"허걱! 뭐라카노?"

1학년 후배도 화들짝 정신이 든다. 갑자기 둘 사이에 끼어드는 어색한 정적….

이제 더는 온기를 품지 않은 서늘한 바람이 불고 낙엽이 발밑으로 어지러이 굴러들었다. 할 말이 없어진 두 사람은 도서관 앞으로 수많은 사람들이 지나가고 지나오며 가을이 깊어가고 있는 것을 식어가는 자판기 커피를 홀짝거리며 망연히 바라보고 있을 뿐이었다.

학교 앞 식당들

1.

분식집에서 끓여주는 라면은 왜 그리 맛있는 것일까? 상아탑 건물 맞은편 분식집은 가게가 너무 협소한 관계루다가 테이블에 앉아 조금만 기웃대면 주방 안이 슬쩍 들여다보였다. 혹시 영업용 특수 라면이 있는 건 아닐까. 호기심을 누르지 못한 나는 어느 날, 분식집 아저씨가 끓는 물에 라면을 넣을 때 목을 빼고 주방 안을 들여다보았다. 아저씨가 뜯어 넣고 있는 것은 분명히 오렌지색 포장의 보통 삼양라면일 뿐이었다.

- 1981년 라면 350원, 떡라면 400원.

2.

신촌반점의 천장은 비만 오면 불룩하게 내려앉아, 만삭의 임산부를 연상케 했다. 어느 비 오던 날, 짜장면을 먹고 있던 내 머리 위로 천장은 다시금 배를 불리기 시작했다. 이미 점심시간이 지나 손님이 없는 시각, 텅 빈 홀에서 나는 혼자 짜장면을 먹고 있고 주인은 계산대에 앉아 곧 터질 듯한 천장을 물끄러미 쳐다보고 있었다. 나도 짜장면 한 젓가락 먹고 천장 한번 쳐다보고 짜장면 한 젓가락 먹고 천장 한번 쳐다보고….

다정한 기억 _____ 289

3.

상아탑 분식은 수제비 전문이었다. 거짓말 쪼끔 붙이자면 세숫대야만한 양은그릇에 얇게 썬 감자가 드문드문 섞여 있는 수제비가 한가득 담겨 나왔다. 라면에 싫증이 날쯤에 먹어주면 아주 뜨끈하고 뿌듯한 점심이었다. 특이하게도 이 집은 남자손님과 여자손님의 수제비 양이 달랐다. 홀의 아저씨가 주문을 받으면 주방에 대고 소리친다.

"수제비, 여자 둘 남자 셋이요~."

수제비 양이 워낙 많아서 실컷 먹고도 반은 남겨야 하는 여자애들이나 늘 배가 고픈 식욕 왕성한 남자 아이들을 모두 배려한 주인아저씨의 따뜻한 마음이었다.

가끔은 남자용으로 시켜먹는 여학생들도 있긴 했지만….

4.

연대 후문 쪽으로 나가 이대와 연대를 가르는 큰길을 만나는 지점에서 왼쪽으로 돌아서 조금만 걸어 올라가면 육교가 나오고 그 육교 바로 옆에 '할머니 칼국수'가 있었다.

식당은 오래된 한옥이었는데 집이 너무나 낡아 다 쓰러져가 기어 들어가야 할 지경이었다. 바닥도 거의 흙바닥이었고 식탁이나 의자의 몰골이 말이 아닌 곳이었으나 이대생들과 연대 여학생들로 점심시간마다 앉을 자리가 없었다.(왜 고객들이 주로 여학생들이었는지 지금도 잘 모르겠다.)

멸치로 제대로 국물을 낸 칼국수도 일품이었지만 라면보다 조금 비싼 가격이었는데도 불구하고 값이 싼 노란 무 대신, 주인 할머니가 집에서 담근 깍두기를 내 주셨다. 가끔 대낮에 쥐가 나오기도 했는데 그때는 다들 아아악~ 하고 소리 지르며 의자 위로 뛰어 올라갔다가 쥐가 사라지면 다시 내려와 계속해서 맛난 칼국수를 먹곤 했다.

- 칼국수 500원

5.

후문 쪽의 분식집 딸기골. 각종 싱싱한 채소를 곱게 채 썰어 얹고 새콤달콤한 초고추장을 휘리릭 뿌려주던 비빔국수가 최고였다.

6.

신촌시장 안으로 들어가면 좌판에서 파는 김밥을 사 먹을 수 있었다. 겉에 참기름이 자르르하게 발라져있어 고소한 냄새를 풍기는 김밥이 썰지 않은 채 쟁반 가득 쌓여있었다. 주문하면 그 자리에서 썰어 주는데 딱히 뭐라 이름 붙이기 애매하지만 뜨겁고 맛있는 국물이 보너스다. 오 마이 갓~ 그 김밥 맛을 어떻게 표현해야 할까? 우리는 주인을 흘금흘금 훔쳐보며 귓속말로 소곤거린다.

"어떻게 김밥이 이렇게 맛있을 수가 있니? 혹시 여기 마약 넣은 거 아닐까?"

- 전설의 마약김밥

교내식당

80년대 초 연세대학교 내에는 가격대가 다른 몇 개의 식당들이 있었다. 학생회관 지하에 있던 학생식당은 모든 메뉴가 300원에서 350원. 짜장밥, 카레라이스가 주 메뉴였고 여름엔 시원한 물냉면도 있었다.

달걀과 고기가 없는 물냉면. 면 색깔이 이상하게 노랗고 고무줄처럼 질기긴 했지만 그래도 식초와 겨자를 마음껏 넣을 수 있었던 제법 시원하고 맛있는 냉면이었다. 냅킨이 비싸선지 사람마다 한 장씩 주지 않아서 냅킨 한 장을 여러 토막으로 찢어 나눠 썼다.

라면이 350원인데 비빔밥이나 각종 덮밥을 같은 가격에 먹을 수 있었으므로 용돈이 넉넉지 않았던 대부분의 학생에게는 참으로 고마운 식당이 아닐 수 없었다.

이제 학생회관 계단을 올라 오른쪽으로 돌아가 보자. 그곳에도 식당 하나가 더 있었는데 이곳에서는 600원에서 900원대의 보다 고급한 음식들을 팔았다. 오징어 볶음, 설렁탕, 비빔밥 등이 주 메뉴였는데 이 식당은 가난했던 내가 자주 애용할 수 있는 곳은 아니었다.

그리고 또 하나는 한경관 교수식당. 여기는 주로 교수님들이

나 교직원, 대학원생들, 박사과정, 용돈 많이 타는 대학생들이 주로 오는 곳으로 1,600원에서 3,000원을 호가하는 고급 메뉴들을 만날 수 있는 곳이었다. 이곳 냉면에는 제대로 고기와 달걀 고명이 올라가고 냉면국수도 그곳에서 직접 반죽해서 기계로 뽑고 그 자리에서 삶았다.

방금 뽑은 냉면 사리에 차갑게 준비된 육수를 부을 때 고명이 쓰러지는 것을 막기 위하여 주방장 아저씨가 손으로 고명을 잡고 손등에 육수를 부었다. 육수는 얼음을 갈아 넣었는지 차갑고 서늘했다.

"아저씨 도대체 왜 그러세요!"

왜 자꾸만 손등에 육수를 붓느냐는 아르바이트 학생의 항의를 받고 주방장 아저씨는 계면쩍은 표정으로 한 말씀 하셨다.

"아이구, 시원~타."

나는 4학년 일 년 동안 이 한경관에서 점심시간 아르바이트를 했다. 학교 밖 롯데리아에서 한 시간에 500원을 쳐 주던 때였는데 교내식당에서는 시간당 2,000원을 계산해 주었다. 따라서 경쟁이 치열한 곳이었으나 식당위원이셨던 성규탁 교수님을 일 년 동안이나 조르고 따라다녀 간신히 얻어낸 자리였다. 어려운 제자 도와주시려고, 교수님께서 항상 빈자리가 나는지를 체크하고 주인에게 물어보시다가 일 년 만에 식당 아르바이트 자리를 얻어주셨던 것이다.(덕분에 졸업할 수 있었는데 교수님께 지금도 감사하다.)

점심시간, 물밀듯이 밀려들어오는 손님들의 전표를 받아 주방에 주문을 하고 그 손님이 어디에 앉았는지를 파악했다가 식사가 나오자마자 음식이 차려진 쟁반 두 개를 겹쳐 들고 뛰어야 한다.

홀이 대단히 넓고 사람이 많으므로 손님의 위치를 잘 봐 두지 않으면 낭패다. 긴장해야 하고 재빨라야 했다. 그렇게 두 시간 동안 일을 하고 나면 온몸이 파김치가 됐다.

봄가을은 견딜만했는데 가만히 있어도 땀이 저절로 흐르는 더운 여름이 문제였다. 이럴 때, 누군가 후식으로 아이스크림을 주문해 주면 아주 감사하다. 아이스크림은 아르바이트생이 직접 뜨기로 되어 있었기 때문에 아이스크림을 뜨는 동안 머리를 냉장고 안 깊숙이 집어넣고 찰나의 피서를 즐길 수 있었기 때문이다. 나중에 후배가 가르쳐주기를, 아이스크림 냉장고 안으로 머리를 들이밀고 아무도 모르게 한 숟가락 퍼먹어도 좋다고 했다.

한경관 식당 홀을 지나 복도 안으로 들어가면 열댓 명씩 앉을 수 있는 독립된 방들이 있었다. 이곳에서 단체손님들이 냉면 등속을 먹고 나가면 아르바이트생들이 들어가 상을 치우게 되는데 후배놈 하나가 종종 빈 그릇 속 손님이 남긴 달걀 반쪽을 날름 집어 먹곤 했다.

"야~ 먹지 마, 드럽게 남 먹던 걸!"

질색을 하는 나를 이상하다는 듯 쳐다보던 후배, 이런다.

"맛있어~ 누나도 먹어봐~."

"아 됐어~."

짐짓 짜증을 부려보지만 그 천연덕스러움에 결국 웃을 수밖에 없었다.

글을 쓰다 보니 같이 일했던 후배들의 얼굴이 하나하나 떠오른다. 식당의 모든 비리(설렁탕에 허연 가루를 탄다든지, 잔반을 한 군데 모으고 있다든지…)를 발견하는 즉시 식당주인 아줌마에게 달려가 항의를 해대서 "난 쟤가 젤로 무서워." 식당주인을 오금 저리게 했던 키 크고 예쁘장하던 후배.

"언니, 난 누군가 으뜸으로 좋다면 버금으로 좋은 사람도 있는 거 같아요."

사귀던 사람이 좋지만 그 외에 좋은 사람들도 있더라고 솔직하고 진지하게 말하던 눈빛 깊던 후배.

아무리 힘들어도 씩씩하기 이를 데 없고 얼굴에서 웃음이 떠나지 않아 일은 저렇게 하는 거구나, 본을 보여줬던 울산 출신 여자 후배.

두 시간 노동 후 아르바이트생들에게 제공되는 식사를 고를 때, 주로 싼 것으로 정하려는 내 옆구리를 팍팍 찌르면서 "좋은 거 먹어요 누나~." 해주던 후배.

"난 미국 가서 근사한 짜장면 집을 차릴 거야." 하던 중국집 아들….

이 아르바이트 덕분에 이극찬 교수님의 정치학개론을 신청해

놓고 한 번도 못 갔다. 꼭 듣고 싶었던 강의였으나 신청 후에 갑자기 아르바이트가 정해진 때문이었고 이 아르바이트를 놓치면 등록 자체를 못하게 되는 상황이었다. 시험은 쳤어도 출석미달로 F감인데 D 주신 거 지금도 감사하다.ㅎㅎ

참 옛날 일이다.

세브란스 치과를 가다

여름이 되자 백양로의 나뭇잎들도 무성해졌다. 수업이 일찍 끝났고 웬일인지 도서관에서 친구 하나 찾아내지 못한 날, 무료하게 백양로를 흔들흔들 걸어 내려오고 있던 중이었다. 저 멀리에 치대 졸업반인 동문회 선배가 두리번거리며 올라오는 게 보였다. 예의가 깍듯했던 나는 선배를 보는 즉시 한걸음에 달려가 꾸벅 인사를 했다.

"아니 형, 여기 본교에는 웬일이세요?"

"응. 환자 잡으러 왔어."

"뭔 환자?"

"이 아픈 사람 잡으러 왔지. 나 졸업하려면 이 몇 개 뽑아야 하고 몇 개 고쳐야 하거든. 거 혹시 아는 친구 중에 이 아픈 사람 없냐?"

"어, 친구들은 모르겠고, 저 어릴 때 썩어 없어지고 뿌리만 남은 거 네 개나 있는데?"

"뭐? 몇 개?"

"네 개."

선배의 눈이 갑자기 화악 밝아졌다. 그리고 덥석 내 손을 잡으며 하는 말,

"너 오늘 나 잘 만났다. 넌 이제 앞으로 절대 다른 치대 졸업생들 따라가면 안 된다. 알았지? 내가 너 치료 다해주고 그날 저녁도 사줄게. 먹고 싶은 거 다 말해."

"그래도 형은 아직 의사도 아닌데 내가 어떻게 믿고…"

"야, 걱정하지 마. 우리 교수님이 바로 옆에 앉아서 다 가르쳐 주실 거란 말이야. 진짜 걱정 마. 그리고 너 나 못 믿냐? 나 치료 엄청 잘해."

아무튼, 나는 선배와 몇 월 며칠 세브란스 치과에서 만나기로 약속을 하고 헤어졌다. 선배는 나에게 절대 다른 놈한테 가면 안 된다고 몇 번이나 다짐을 받았다. 그리고 아주 만족한 얼굴로 사라졌고 선배와 함께 환자를 잡으러 백양로를 어슬렁대던 선배의 친구는 부러운 나머지 돌아가실 것 같은 표정으로 뒤를 돌아보고 또 돌아보며 백양로를 걸어 올라갔다.

약속한 날짜의 정확한 시간에 세브란스 치과로 갔다. 선배가 죽은 아버지 돌아온 듯 반가워하며 나를 맞았다. 홀에는 치과 의자가 수도 없이 열을 지어 있었고 그 중 하나에 나를 앉힌 선배는 목에 턱받이 냅킨도 깔아주고 여러 가지 기구들을 준비하느라 바빴다. 나는 멀뚱히 의자에 누워 있었다. 선배가 내 입안에다 퍼런 비닐이 붙은 이상한 철사를 걸었다. 아마도 목으로 물이 넘어가지 않도록 하는 기구 같았다. 이런저런 준비를 하는 동안 나는 살짝 무료하고 심심해서 잠시 눈을 감았다. 얼마나 있었을까.

"준비는 다 되었나?"

중후한 교수님의 목소리에 눈을 번쩍 뜬 순간, 내 눈앞에는 믿을 수 없는 광경이 펼쳐져 있었다. 얼굴들! 수많은 모르는 얼굴들! 한 이십 여명으로 추정되는 한 무리의 얼굴들이 나를 한꺼번에 내려다보고 있었던 것이다. 그 자리에서 뛰쳐나가고 싶었으나 이미 입에는 시퍼런 비닐이 달린 철사가 재갈처럼 채워지고 치과 의자에 길게 눕혀져 좌에는 교수님, 우에는 하늘같은 선배가 나를 누지르고 있었다.

드디어 치료가 시작되었다. 교수님은 이건 이렇게 해라 저건 저렇게 하라고 자세히 지시해 주셨고 선배는 평소에 까불까불 하던 그답지 않게 매우 긴장된 표정과 자세로 교수님의 지시에 따라 진지하게 치료에 임하고 있었다. 이미 마취를 했으니 통증이 없었고, 내려다보는 수많은 얼굴에도 어느 정도 적응이 되고 나니 심심해졌다. 나는 가장 가까이 있는 선배의 얼굴을 말똥말똥 쳐다보며 무료한 시간을 견뎌냈다.

치료는 잘 끝났다. 나는 어려서 이미 다 썩어 없어지고 뿌리만 남아있던 치아를 공짜로 다 제거했고 선배는 그날 저녁, 약속대로 맛있는 함박스테이크를 사 주었다.

"오늘 이 뽑았는데 이런 거 막 먹어도 되나?" 했더니 "야, 괜찮아 괜찮아. 막 먹어." 했다.

　신나게 함박스테이크를 썰고 있는데 선배가 "아 참!" 하더니 한 가지 중요한 충고를 해야겠다고 했다. 중요한 충고? 함박스테이크를 썰어 막 입으로 가져가다 말고 나는 선배의 말에 집중했다.

　"너 말이야… 담부터 치과 가면 치료하는 동안 눈은 좀 감고 있어라."

　"왜?"

　"아까 말이야. 이 뿌리가 너무 잔잔해서 거의 스푼으로 퍼냈거등? 애가 얼굴은 핏기 하나 없이 하얗지, 입안에 피는 시뻘겋게 고여 있다가 심지어 입가로 흘러내리지, 눈은 뛰룩뛰룩 부라리고 있지… 지금 와서 하는 말이지만… 내가 치료하는 동안 얼마나 무서웠는지 아냐? 흑흑."

　우헤헤헤… 그날 함박스테이크는 정말로 맛있었다.

이름

인교.

독실한 크리스천이셨던 조부께서 한 시간 반 동안 기도하시고 지어주신 내 이름이다. 어질 인(仁)에 아리따울 교(嬌). 나는 살아오며 단 한 번도 나와 같은 이름을 가진 사람을 만나본 적이 없다.

한 반에 두세 명씩은 있던 영숙이 영자는 작은 영숙, 큰 영숙, 영자 1, 영자 2로 불려야 하는 것을 보면서 나는 유일무이 내 이름을 더욱더 사랑하게 되었다.

그러나 한 가지 이해하지 못할 일은 무슨 이유에선지 내 이름을 듣는 사람마다 내가 남자라고 확신해 버리는 것이었는데, 대학 입학식을 기다리고 있던 81년 2월, 한 의류회사로부터 대학 신입생들을 위한 새봄 신상품 의류 팸플릿이 배달되어 왔을 때도 그랬다. 내 앞으로 날아온 그 우편물은 남성복 팸플릿이었던 것이다.

나는 과외가 금지되었던 시절에 대학을 다녔다. 가장 벌이가 좋았던 과외 아르바이트는 불법이라 할 수가 없었고 가능한 아르바이트 중 최고는 학교에서 주선해 주는 일들이었다.

그러나 워낙 일자리는 정해져 있고 신청자는 많으니 일을 얻는 건 하늘의 별 따기였다. 학생처에 신청서를 내놓고 무작정 기다리는 수밖에 없었다. 그러던 어느 날, 학생처에서 오라는 기별이 왔다. 나는 만사를 제치고 바람같이 달려갔다. 숨을 헐떡이며 뛰어들어간 나를 본 담당자분의 얼굴이 순간 난감해졌다.

"너 여학생이었어?"

손을 획획 내저으시며 머리를 흔든다.

"안돼, 집에 가. 난 남잔 줄 알았지."

이 무슨 하늘이 무너지는 소리란 말인가. 내 이름만 보고 남잔 줄 알았다시는 거다.

"왜 그러시는데요? 무슨 일인데요?"

"뒷산 벌목이야. 안돼, 여자애는."

잠시 충격. 하지만 여기서 포기할 순 없다.

"저도 할 수 있어요. 저도 나무 잘 잘라요."

"안돼 인마. 집에 가."

"그럼 그냥 남자애들 감독할게요. 게으름 피우나 안 피우나 지키면 되잖아요. 나무 안 자르고."

"안된다니까!"

결국 학생처 선생님을 설득시키지 못한 나는 어깨를 축 늘어뜨린 모습으로 쓸쓸히 학생처 문을 밀고 나와야 했다. 그렇게 내 첫 번째 아르바이트는 물 건너갔다.

교통정리 아르바이트

뒷산 벌목이 없던 일이 되고 나서도 학생처에서는 아무런 소식이 없었다.

그러던 어느 날. 2학년을 마쳐가던 초겨울. 같은 과 경식이형이 들떠 있었다. 학생처에서 연락이 왔는데 교통정리 아르바이트생을 뽑는다고 내일까지 대강당으로 오랬다는 것이다.

'난 이번에도 제외 됐나보다.' 낙담이 되었지만 그때 나는 아르바이트가 절실했다. 다음날, 명단에도 없던 나는 무조건 그곳으로 갔다. 대강당 안에 의자 60개가 정렬되어 있었다. 오는 순서대로 아이들이 앉는다. 담당선생님이 명단을 들고 체크하고 계셨다.

"저~ 선생님. 저는 연락을 받지는 못 했는데요…."

힐금 쳐다보시더니 "저쪽에 가서 서 있어봐." 하셨다.

시계가 정확히 8시 반을 가리켰을 때, 담당선생님께서 대강당 문을 안으로 잠가 버렸다. 아직도 의자 여러 개가 비어있었다. 선생님이 귀퉁이에 뻘쯤이 서 있는 나를 부르셨다.

"어이~ 거기 학생, 여기 와서 앉아."

시간에 늦게 도착한 학생들이 바깥에서 문을 두드리고 난리가 났다. 어찌나 문을 때리고 부딪고 했던지 잠시 후 그 두꺼운 빗장이 부서지며 대강당 문이 벌컥 열렸다. 한 그룹의 성난 무리가 뛰어들었지만 담당선생님의 불호령을 듣고 물러갈 수밖에 없었다.
"시간도 못 맞추는 놈들이 무슨 일을 해!"
고향에서는 돈을 꾸던 빌려주던 평생 차용증 한번 써보지 않으셨고 말이 곧 법이라 믿었던 부모님이 서울로 이사 오셔서 이렇게 저렇게 코를 베이시고 돈을 떼이고 사기를 당해 집안이 급속도로 어려워져있던 때였다.

방학이 시작되고 본격적인 겨울이 왔다. 교통정리 아르바이트에 뽑힌 아이들은 몇 개의 그룹으로 나뉘어 각각 지정된 장소로 배정됐다.
내가 속한 그룹은 서강대 앞의 어느 건널목에서 오전과 오후에 각각 2시간씩 보행자를 보호하는 일이었다. 교통질서 완장에 미스코리아 같은 띠도 두르고 모자도 쓰고 마스크로 중무장했다. 오고 가던 버스에 탄 사람들이 차창으로 신기한 듯 우리를 구경하곤 했다.
겨울이었고 바람이 은근히 매서웠다. 길을 건너는 사람이 거의 없는 한적한 건널목이었다. 우리 팀은 여학생 셋에 남학생 셋으로 총 여섯 명이었는데 체육과 다니던 복학생 형이 조장이 됐다.
외형적으로는 중소기업 과장 정도로도 무리가 없을 조장 형이 군대도 갔다 온 사회적응력으로 건널목 옆 빌딩 경비 아저씨를 꼬셨다. 빌딩 경비실 안은 따듯했다. 비록 앉을 자리도 없는 곳이었지만 길거리에서 얼어붙은 손발을 녹이기에는 충분했다.

우리는 교대로 언 몸을 녹이러 빌딩 경비실 신세를 졌다. 경비실 안쪽 온돌방에는 항상 몇 명의 운전기사들이 사장이나 상사들의 호출을 기다리며 고스톱을 치고 있었다. 아무도 우리에게 관심을 두는 사람은 없었다. 그들의 삶이 지루해 보였다.

조장 형은 거리로 향한 유리의 코팅을 동전크기만큼 벗겨 냈고 누군가 한 명은 밖을 내다보고 있어야 했다. 순찰반이 우리를 감시하러 다니기 때문이었다. 어느 날 조장 형이 우리 모두에게 편지 한 장을 보여 주었다. 시골에 사는 조장 형의 어머니가 보낸 편지였는데 삐뚤빼뚤 연필로 눌러 쓴 편지 속에는 현금 2만 원이 동봉되어 있었다.

편지에는 '부쳐준 2만 원으로 어디 한번 돈을 물 쓰듯이 써 보아라.' 라고 쓰여 있었다. '돈 2만 원으론 물도 맘껏 못 쓰겠다.' 우리는 우습다고 낄낄거렸지만, 그 형의 눈가에 어리던 촉촉한 물기를 기억한다. 가진 것 없어 교제를 반대한다는 애인의 집으로 쳐들어가 기둥을 부수며 난동을 부리다 경찰에 끌려갔다는데 그 조장 형은 결국 그 연애에 성공 했을까?

의대 가려고 다시 공부해야겠다던 여자 후배, 순진한 웃음이 함박꽃 같았던 후배, 지금은 이름도 생각나지 않는 두 형들과 또 한 명의 남학생. 노란 띠를 두르고 기념사진도 찍었는데 사진의 배경이 된 서강대 하면 떠오르는 풍경이다.

꽁꽁 언 발을 동동거리며 나누었던 수많은 이야기와 함께 우리의 젊은 또 한 시절이 지나가고 있었다.

커닝

B군은 우리 과 과대표였다. 여러 가지 과대표가 해야 할 일들이 있었지만 특히 시험 때가 되면 또 한 가지가 늘어났다. 바로 교련시험 커닝 페이퍼를 만드는 일이었다. 전공과목이거나 학점 비중이 많은 다른 과목에 비하여 교련은 비교적 중요하지 않다는 판단 하에, 교련시험 준비에 친구들이 시간을 허비하지 않도록 하자는 깊은 뜻이 있어 남들이 다른 과목 시험 준비로 1분 1초를 다투는 와중에도 이 친구는 교련과목 내용을 요약하고 일목요연하게 정리하느라 피 같은 시간을 쓴다.

시험 당일, 교실로 들어가기 전 전날 밤 작성하고 카피한 커닝 페이퍼를 과 친구들에게 한 장씩 돌린다. 혹시 모자랄까 싶어 복사를 너무 많이 했던가, 다 나누고도 B군의 수중에는 아직 많이 남아있었다.

드디어 교련 시험시간, 조교는 학생들 사이를 돌아다니며 열심히 커닝 페이퍼를 거둬들이고 있다. 매 같은 조교의 눈을 피하기 위해 전전긍긍해 보지만 숙달된 조교의 눈을 속일 순 없다. 커닝 페이퍼는 시험 감독의 눈에 띄기가 무섭게 빼앗겼다.

그 와중에 느긋한 1인이 있었으니 그 이름도 찬란한 과대표 B

군. 뺏기면 또 내놓고 뺏기면 또 내놓고, 시험 끝날 때까지도 열댓 장이나 남았더라는…. ㅋㅋ

자고로 남을 위해 살다 보면 생각지 못한 복을 받기도 한다는 것. 얘기가 좀 이상하기는 하지만…ㅎㅎ

세월은 흘러 4학년 마지막 학기가 되었다. '인간행동의 심리적 이해'를 신청해 들었는데 책 살 돈이 없었다. 아르바이트와 학교 장학금으로 8학기 등록을 간신히 마친 형편이라 따로 쓸 수 있는 돈이 있을 리 만무했다. 할 수 없이 한 학기 동안 교과서 없이 공부했다. 그런데 학기말 시험 때가 되어 시험공부를 해야 하는데 책이 없으니 난감했다. 생각다 못해 같은 과 남학생 모 군에게 사정을 했다. 책을 3일간만 빌려주면 시험 칠 때 내 오른쪽 옆자리에 앉게 해 주겠다고 꾀었다. 시험은 객관식이라 네모 칸에 연필로 색칠하게 되어 있었으므로 주관식 시험에 비해 비교적 커닝은 쉬운 일이었다. 그러나 양심에도 걸리는 일이고 공부 안 해도 되는 건 좋지만 썩 기분 좋은 일은 아닌 것이다. 그 친구가 잠시 곤란해 했다. 그러나 내 사정이 딱했는지 그러자고 했다.

책을 빌린 나는 내용을 열심히 요약하고 외웠다. 시험을 치는 날, 복도에서 기다리고 있는데 처음 보는 웬 늙수그레(?)한 아저씨가 자꾸만 나를 힐금힐금 쳐다보는가 싶더니 어렵사리 다가와 말을 걸었다.

"저~ 복학해서 처음에 좀 듣다가 바로 취직이 됐거든요. 일 하느라 수업을 못 들어왔는데 좀 도와주시면 안 될까요?"

그 눈빛이 애절했다.

그리하야 좌청룡 우백호 책 빌려준 남학생은 내 오른쪽, 그 복학생은 내 왼쪽에 앉아 시험을 잘 치셨다.

멀쩡한 제 책을 남한테 빌려주고 본의 아니게 커닝을 해야 했던 그 친구에겐 지금도 미안하다. 그리고 그 복학생 형은 날 기억이나 하고 있을지, 그 과목 A 받으셨을 텐데.

Y군

그날은 오전 11시에 첫 수업이 있어 백양로를 급하게 걸어 올라가고 있던 중이었다.

"야! 니네들 어디 가니?" 학생회관 앞에서 Y를 만났다.

"11시 수업 있어. 그래서 나 급해. 나중에 보자."

"야~ 잠깐만. 지금 수업이 문제가 아니야. 너 지금 나 두고 그냥 가면 안 된단 말이야."

"아 뭐야~ 왜 그래? 이거 대출도 안 되는 수업인데…."

"지금 음대 바이올린이랑 헤어지고 오는 길이란 말이야."

"뭐? 음대랑은 또 왜 헤어졌어? 아 진짜~ 나 이 수업 들어가야 되는데…."

수업에 늦지 않으려고 바쁜 걸음을 옮기고 있던 친구와 나는 열이 나서 붉게 충혈된 Y의 눈동자를 차마 떨쳐버리지 못하고 학생회관 휴게실로 끌려 들어갔다.

"내 말 좀 들어봐. 내가 그 음대 바이올린이랑 사귀는 거 너희 다 알지? 알잖아. 근데 걔가 글쎄 오늘 만나자고 해서 룰루랄라 나갔더니 헤어지자는 거야. 이럴 수 있니? 엊그제까지도 문제없이 만났단 말이야."

뭐 사귀다가 싫어지면 헤어질 수도 있겠지. 그런데 Y의 상태를 보니 그런 말을 지금 꺼냈다가는 뼈도 못 추릴 거 같아서 목젖까지 올라온 말을 삼켰다.

"근데 말이야, 좋다 이거야. 여름방학 지난 지 한 달밖에 더 됐니? 내가 이번 여름에 미국 연수 가서 목걸이도 사다 줬거든. 그거 백 불이나 줬단 말이야. 지난주에 그 목걸이 받고 오늘 헤어지자는 게 인간적으로 말이 되냐? 그럼 최소한 그 목걸이는 돌려줘야 하는 거 아니니? 뭐 이런 개 같은 경우가 있냔 말이야. 으흐흑…."

나와 미경은 그날 슬퍼 보이기보다는 억울하고 어처구니가 없어 눈이 충혈되도록 분개하고 있는 Y의 얘기를 들어주느라 수업을 재껴야 했다.

Y는 비만 오면 선글라스를 끼고 나타났다. 저 아이는 아마도 달만 뜨면 체조를 할지도 모른다는 생각도 들었다. 아래위로 흰색 옷을 자주 입고 다녔는데 신촌로터리에 성업 중이던 디스코텍 '우산 속' 출근복이라 했다. 디스코텍의 명멸하는 싸이키 조명을 제대로 받으려면 흰옷은 기본으로 입어줘야 한다나. 머리카락은 언제나 뿌시시 하게 일어나 있었고 걸음은 휘적휘적, 눈동자는 항상 불안하게 흔들리고 있었다. 정서불안 같기도 하고 평소에 쓸데없는 이야기 많이 하기로 정평이 나 있었다. 수업엔 들어오기도 하고 안 들어오기도 하지만 미팅은 열심히 하고 다니는 것 같았다. 그날은 Y가 몇 달이나 사귀던 음대 여학생에게 차이고 분통을 터트리며 백양로를 걸어 올라오던 중이었고 운 없게도 나랑 미

경이가 걸려든 것이었다.

"쟤 좀 이상하지 않니?"

Y는 과에서 살짝 맛이 간 아이로 취급되고 있었다. 그런데 이해할 수 없는 일이 벌어지기도 했다.

"미경아, 니네 과에 목소리 아주 좋고 매너 좋기가 영국신사 같은 킹카 하나 있지? 이름은 잘 모르겠는데 우리 학교에 소문이 좌르르 해."

어느 날 이대 다니는 친구의 고등학교 동창으로부터 남학생 하나를 찾는 전화가 걸려온 것이다.

"우리 과에 킹카가 어딨어?" 미경이가 나에게 물었다.

미경이와 나는 고개를 갸웃거렸지만, 그것이 곧 Y군이라는 것이 밝혀졌다. 목소리가 좋다는 것은 정말 이해할 수가 없었다. Y군은 하이톤의 갈라지고 윤기 없는 쇳소리를 냈기 때문이었다. 그런데 이 아이가 미팅에만 나가면 목소리 자체가 듣기 좋은 저음으로 완전히 달라진다는 것이었다. 그리고 매너가 좋다니⋯ 우리 과 여학생들 모두가 이 사실을 도대체 믿을 수 없어 했지만, 여전히 우리 학교 옆 여자대학에서는 Y군이 명실공히 우리 과 킹카로 유명해져 있었던 것이다.

"너는 다른 학교 여자애들 만나면 목소리부터 완전 달라진다며? 근데 왜 우리에게는 쇳소리를 내는 건데?"

"내가 니들한테 뭘 볼 일이 있다고 정성을 들인다냐?" Y의 대답이었다.

그러던 어느 날, 외부강사로 수업을 맡아 주시던 우애령 교수님 과목의 시험이 있었다. Y군은 그 전날도 우산 속 분위기를 평정하시느라 시험공부를 제대로 하지 못했다. 그런데 시험 당일 아침에 잠에서 깨어나자 갑자기 불안감이 몰려왔다. 양심에 걸리긴 했지만, 학사경고를 당하지 않고 살아남으려면 어쩔 수 없다고 생각한 Y는 커닝을 결심하고 시험시간보다 훨씬 일찍 학교로 갔다. 미리 앞을 자리를 정하고 책상 윗면에 펜으로 새카맣게 시험 볼 내용을 적어 내려가기 시작했다. 시험지로 덮고 슬쩍슬쩍 참고할 생각이었다.

시험이 시작되고 Y의 작전은 성공을 거두어 앞면의 문제를 수월히 풀어내었다. 인생이 이리 쉬울 수도 있구나… 양심은 잠시만 접어두자고 마음 먹었다. 그런데 앞면을 다 풀고 뒷면 문제를 풀려고 시험지를 뒤집는 순간, Y군은 심장이 멈추는 줄 알았다.

수성 펜의 잉크가 채 마르지 않았던 모양이었다. 책상에 적어두었던 내용들이 시험지 뒷면에 선명하게 찍혀 있었다. 시험시간은 끝나가고 있었고 이미 어떻게 해 볼 방법이 없었다. 시험지를 제출하면서 Y는 '이제 학교는 끝났구나. 내 인생도 끝이구나…' 라고 생각하니 눈물이 났다. 후회해도 이미 엎질러진 물이었고 돌아올 수 없는 강이었다.

Y는 그날 이후 언제 호출이 되어 퇴학을 당할지 몰라 하루하루 피가 말랐다. 며칠이 지난 어느 날, 드디어 올 것이 오고야 말았다. 담당 교수님에게서 연락이 온 것이다. 그런데 우애령 교수님이 Y

에게 오라고 한 곳은 놀랍게도 교수님의 자택이었다. Y군이 불안한 마음을 안고 교수님 댁을 찾아가자 교수님은 질책 대신 시원한 맥주를 내 오셨다.

그리고 두세 시간 동안 Y군의 꿈, 미래에 대한 계획, 하고 싶은 일들에 대해 들으셨다. 교수님의 젊을 적 꿈도 말씀해 주시고 아름다운 피아노곡을 직접 연주해 주시기도 했다. 커닝 내용이 뒷면에 찍힌 시험지에 대해서는 일언반구 말씀이 없으셨다. 교수님으로부터 맥주 대접을 받고 그 집을 나오던 날 이후로 Y가 완전히 달라졌다.

사실 그동안의 방황에는 이유가 있었다. Y는 대학생활에 대한 기대와 환상이 있었다. 훌륭하고 자상한 교수님을 만나 학문을 전수받고 훌륭한 학자가 되고 싶었던 것인데 대학이라고 들어와 보니 신설학과라 교수님들도 정해지지 않았고 아이들은 각기 자기들끼리 무리를 만들고 Y에게는 관심도 없었다.

외롭고 쓸쓸하고 허망했다. 어디에다 목적을 두고 가야 할지 부표를 잃어버린 느낌이었다. 무엇이든 좋아하는 것에 마음이 꽂히면 끝을 보는 성격 덕에 학교수업에 열중하는 대신 종로에 있는 어학원에서 6개월 동안 불어공부에 몰두했을 뿐이었다.

그런데 이제 자신을 믿어준 사람을 만난 것이었다. 그 한 번의 만남으로 Y군은 자기 인생에 대한 스스로의 생각을 바꾸었다. 꿈을 가지게 되었고 그것을 이룰 과정을 계획하게 되었다.

그 이후 30년이 흘렀다. 그의 방황을 이해하지 못한 다른 교수님으로부터 정신과 치료를 받아야 하지 않겠느냐는 소리까지 들었던 Y는 미국대학에서 사회사업학계에 훌륭한 업적을 남기고 있는 유명 교수가 되었다. 수업 중에는 가끔 그 옛날 '우산 속'에서 갈고 닦았던 춤 솜씨와 팝송을 불러주어 학생들의 전폭적인 인기몰이를 하고 있기도 하다.

얼마 전 모교의 졸업 25년 기념 홈커밍 행사에 참석하기 위해 한국을 찾은 Y는 그 옛날 자신의 커닝 시험지를 보고도 질책하는 대신 학생의 꿈에 대해서 물어주셨던 우애령 교수님을 찾아가 뵈었다. 교수님은 그 사이 교수님의 꿈이던 소설가가 되어 〈트루먼 스버그로 가는 길〉 〈행방〉 〈당진 김씨〉 〈정례〉 〈숲으로 가는 사람들〉 〈오스모에 관하여〉 〈갇혀 있는 뜰〉 등의 좋은 작품들을 세상에 내어 놓고 계셨다.

양심을 속이고 커닝으로 위기나 넘기자 했던 찌질한 학생이 학계의 거목이 되어 나타나자 이제 70대에 들어선 노 교수님이 등 두드려 주며 기뻐하셨다. 그리고 이번에는 피아노 대신 단소 연주를 해 주시며 제자와의 만남을 즐거워하셨다는 아름다운 이야기이다.

5부

남미행 비행기를 타다

라디오에서 하루 종일 이용의 '잊혀진 계절'이 흘러나오던 1985년 10월의 마지막 날.

생애 처음 타보는 비행기. 로스앤젤레스행 보잉기는 빈자리 없이 만원이었다. 손바닥만한 창에 코를 박고 그토록 떠나고 싶지 않았던 정든 땅이 조그맣게 멀어져 가는 것을 눈물을 줄줄 흘리며 지켜 보았다. 이년 전 가족들이 모두 남미의 에콰도르로 이민을 떠나게 되자 내게 따로 방을 얻어 줄 돈이 없었던 아버지는 수소문 끝에 재수하는 아들이 있는 친척집에 나를 맡겼다. 나는 그 집 이층에 방 하나를 얻어 이사를 하고 그 아이의 공부를 돕는 조건으로 졸업 때까지 지내게 되었다. 학교에서 각종 아르바이트를 섭렵하고 장학금을 놓치지 않으며 졸업 때까지 발버둥을 치며 살아 무사히 졸업은 하게 되었지만 그 사이 나는 몹시 지쳤고 오로지 가족들과 다시 만나 살고 싶은 마음만 커져 갔다. 그리하여 결정하게 된 남미행.

비행기는 중간 경유지인 로스앤젤레스 공항에 도착했다. 한국을 출발하기 전날 밤, 내가 신세를 지고 있던 친척집 아저씨가 나를 불러 앉히고 몇 가지 조언을 해 주셨다. 그분은 해외출장 경

힘이 많았다.

"잘 들어래이. 비행기에서 주는 음식이 맛있다고 홀랑 홀랑 다 받아먹으면 안 된다 이 말이야. 왜냐고? 그 좁은 자리에 열 시간 넘게 앉아 있으면 소화도 안되고 속에 가스가 차올라 부글부글 끓는다. 그라면 배가 빵빵해지고 고생이 이만저만이 아니다. 그저 조금씩만 받아 먹거라. 그리고 화장실 가고 싶으면 일찌감치 가서 줄을 서야 된다. 밥 먹고 나면 사람들이 우루루 전부 몰려가기 때문에 급할 때 가서 줄 서 있다가는 낭패를 본다 말이야. 아 그러고 엘에이 공항은 얼마나 큰지 가도 가도 끝이 없데이. 길 잃어 버리면 큰일이니 정신 똑디이 차려야 된다. 굳 럭!"

기내식으로 나온 스테이크는 너무 맛이 있어서 아저씨의 조언은 잠시 잊기로 했다. 화장실은 일찌감치 가서 줄을 섰다. 옆자리에는 괌에 사는 교포 아이가 앉았다. 고등학교 졸업반인데 한국말을 아주 잘했다. 할아버지 댁에 다니러 왔다가 돌아가는 길이라고 했다. 나는 그 아이가 궁금해하는 대학 생활에 대한 온갖 썰을 풀어내며 앞으로 내 앞에 펼쳐질 일들에 대한 불안을 다스렸다. 두 뺨에 여드름이 오송송 나 있던 그 아이는 로스앤젤레스 공항에서 어떻게 할지를 몰라 우왕좌왕하고 있는 나를 도와 이민 가방 두 개를 찾아 옮겨 타야 할 에어라인의 짐 부치는 곳으로 옮겨주고 쿨하게 손을 흔들며 사라졌다.

이민국 직원인지 한 사람 붙더니 내 여권과 서류를 모두 자기가 챙기고 나를 벤에 싣고 어디론가 정처 없이 갔다. 바깥 풍경이 삭막했다. 이거 뭐 어디로 끌려가는 건 아닌가 슬슬 불안할 때 쯤 차는 어떤 회색의 컨테이너 사무실 앞에 도착했고 안으로 들어가보니 직원들이 일하고 있는 안쪽으로 쇠창살로 가려진 별도의 방이 있었다. 그들은 나더러 그 안에 들어가라고 하더니 밖에서 철커덕 문을 잠궜다. 안에는 길다란 소파와 일인용 의자 몇 개가 있고 화장실이 딸려 있었는데 남미사람들 네댓 명이 이미 들어와 있었다.

나중에 안 일이지만 당시에는 미국을 경유하던 사람들이 공항에서 탈출해서 사라지는 일이 빈번했고(대개는 미국 안에 스며들어 불법체류자로 살다가 세월이 지나고 우여곡절 끝에 영주권과 시민권을 갖게 된다.) 혼자 여행하는 이삼십 대의 젊은이들은 특별히 경계대상이었기 때문에 나는 영문도 모르고 범죄자 취급을 당한 것이었다. 나는 한 구석에 있는 일인용 의자로 가서 얌전히 앉았다. 맞은편 벽 윗쪽에 조그마한 창이 하나 나 있었다. 나는 그 창을 바라보며 13시간을 견뎌야 했다. 화장실은 바닥에 휴지들이 수북이 떨어져 있고 질척거려 지저분했다.

벽으로 난 창 밖이 밝았다가 점점 어두워져 갔다.
얼마나 있었을까… 갑자기 우리가 갇혀있는 방 문이 거칠게 열리더니 중년의 한인 두 사람이 들어왔다. 그들은 들어오자마자 사무실 직원들에게 왜 호텔로 데려가지 않고 여기 가두냐고 거칠게 항의를 했다. 남미에 사는 교포들인데 나처럼 미국비자 없이 미국을 경유하는 중이었다. 한참을 소리치며 난리를 펴니 결국 항의가 받아들여져서 그들은 호텔로 가게 되었는데 나도 같이 갈 수 있게 말해 줄 테니 여기 있지 말고 나가자고 하셨지만 나는 그 방에 있는 것이 덜 불안했다. 괜찮다는 나를 혼자 두고 가는 게 너무 걱정됐던지 그분들은 몇 번이나 괜찮냐고 물어주셨지만 나는 그냥 남아있기로 했다.

또 시간이 흘렀다.
직원이 들어오더니 먹을 것을 사다 줄 테니 돈을 달라고 했다. 다른 사람들은 이것 저것 주문을 했지만 나는 돈이 없었다. 떠나기 전 동대문 시장에서 이민 가방 두 개를 사고 남은 돈은 몽땅 털어 앙고라 스웨터 몇 장을 사는 데 다 썼기 때문이었다. 에콰도르에 가서 팔 속셈이었다.

사실은 얼마 전 에콰도르에 있는 자기 애인에게 돈을 좀 전해달라는 인형처럼 예쁜 여자가 준 빳빳한 백 불짜리 달러 열 장이 내 지갑 안에 있었다. 고지식하기 짝이 없던 나는 남의 돈은 쓰고 싶지 않았고 긴장감으로 배도 별로 고프지 않아서 아무것도 안 먹겠다고 했던 것. 삼십대로 보이는 볼이 빨간 백인여자는 한숨을 들이쉬고 내쉬며 그래도 뭔가 먹어야 하지 않겠냐고 계속 안 가고 나를 괴롭혔다. 그래 내가 졌다. 정 그렇다면 오렌지주스 한 병만 사다 달라고 백 불짜리 한 장을 건넸다. 이 직원은 백 불짜리 지폐를 들고는 이걸로 오렌지주스 하나만 사라고? 그녀의 파란 눈이 어이없어 했다. 미국에서 백 불짜리 지폐가 그렇게 놀랄 정도로 큰 돈인 줄 내가 어찌 알았으랴. 너무나 담담하게 "오렌지주스 하나만 사다 줘." 했으니. 그 직원은 정말 땅이 꺼지게 한숨을 쉬었다. 나는 눈만 껌뻑껌뻑하고 앉아 있고 다른 사람들도 우리 둘을 쳐다보고 있었다.

잠시 후 그 여자는 오렌지주스 한 병과 한 주먹의 잔돈을 챙겨다 주고 갔다. 나는 주스를 홀짝이며 창문만 바라보았다. 맞은편에 앉아 있던 남미 사람들이 감자튀김이라도 먹으라며 음식을 나눠 주었다. 괜찮다고 몇 번이나 사양했지만 이 사람들도 포기를 모르고 계속 권하는 바람에 감자튀김을 좀 얻어 먹었다. 얼굴에 핏기라고는 하나 없이 하얗고 삼 일에 피죽 한 그릇도 못 얻어먹은 듯 삐쩍 마른 여자아이(남미 사람들 눈에는 중고생 정도로 보였을 거라고 생각한다.)가 너무나 불쌍해 보였던 것일까. 그들은 기필코 나에게 뭔가를 먹이고는 그때서야 안심하고 내게서 시선을 거두었다. 몇 시간 후에는 그들도 떠나고 또 다른 사람들이 들어왔다.

끝이 없을 것만 같던 13시간도 다 지나갔다. 창 밖이 캄캄해진 지도 오래, 나는 다시 벤에 실려 공항으로 왔고 드디어 이스턴 항공사 에콰도르 키토행 비행기에 몸을 실었다. 그런데 옆자리에 앉은 삼십 대쯤 되어 보이는 여자의 손톱이 가히 충격적이었다. 어마어마하게 길다란 손톱은 온갖 색으로 화려하게 칠해져 있어 예술작품을 연상시켰다. 그 손톱으로는 떨어진 클립 하나도 줍지 못하게 생겼다.

대학졸업 즈음에 고향에 내려갔을 때 작은 귀걸이를 하고 온 나를 본 고모가 학생이 귀걸이를 해도 되냐고 묻던 시절이었다. 하물며 매니큐어라니…, 빨간 매니큐어는 술집여자들이나 바르는 것이라고 생각하던 시절의 나는 화려한 외모와 멋드러진 액세서리들을 휘감은 여염집 여인네의 그 손톱을 보며 앞으로 내가 살아갈 세상은 당최 어떤 곳인가 호기심이 생겼다. 그런데 저 손으로 설거지는 어떻게 하며(가정부가 다 해줌) 청소와 빨래는(역시 가정부가 다 해준다) 요리는 어떻게 하는지(가정부가 다 해준다) 물어보고 싶었으나 나는 스페인어를 한 마디도 모르고 그 여자는 한국말을 할 줄 몰랐다. 서로의 영어는 서로 알아듣지 못했다.

지루한 시간이 지나고 마침내 비행기가 무사히 키토 공항 활주로 위로 미끄러져 내리자 승객 모두가 떠나갈 듯 환호하고 박수를 쳤다. 나도 얼떨결에 같이 박수를 쳤다. 무사히 도착해서 다행이라는 뜻이며 고생한 기장에 대한 감사의 표시라고 했다.

이때까지만 해도 나는 내 앞에 어떤 고난이 닥칠지 상상도 못한 채 공항에서 만날 가족들 생각에 설레는 마음으로 내릴 준비를 하고 있었다.

키토에 도착하다

비행기에서 내려 이민 가방 두 개를 찾아 나오는데 세관에서 나를 따로 불러 세웠다. 그리고 가방 두 개를 다 열어보라고 했다. 이것도 나중에 안 것이지만 당시에 한국교포들이 동대문이나 남대문에서 옷을 사서 이민 가방에 담아와서 파는 일을 많이 했다. 일명 보따리 장수다. 정당한 세금을 내고 들여오는 것이 아니라 불법이었고 교포들끼리는 그것을 밀수를 한다고 말했는데 재수가 없으면 가방을 통째로 빼앗기기도 했지만 대부분은 공항세관에서 뒷돈을 찔러주고 무사통과 했고 세관 사람들은 짭짤한 수익을 올리고 있었다. 공항에 한국사람이 이민 가방을 들고 나타나면 그들이 반색을 하는 이유이고 나를 보고 좋아한 이유다.

가방을 열고 물건들을 신나게 꺼내던 세관 관리의 얼굴에 실망감이 떠올랐다. 가방에서는 신던 낡은 신발, 입던 옷, 여러 권의 책(영어사전과 토플, 보케블러리 책은 좀 쉬었다가 미국 유학을 가야겠다는 철딱서니 없는 생각에서 가지고 온 것이었다.)이 쏟아져 나왔다. 앙고라 스웨터는 입던 옷 사이에 마구 섞여 있어 모른 것 같고 그가 겨우 찾아낸 것이라고는 팬티스타킹 열 개를 고무줄로 묶어놓은 것이었다. 그 뭉치를 집어 들고 그는 만면에 어색한 웃음을 띠며 '이거 이쁘네' 라고 했다. 지금만 같아도 그거라도 달라는 말로 알아들었겠지만 세상 천지를 모르던 애송이였던 나는 정말 물건이 예뻐서 칭찬해 주는 줄 알고 상큼하게 말했다. "땡큐!" 그리고 그의 손에 들려있던 스타킹 뭉치를 낚아채서(스타킹 뭉치를 놓지 않으려는 그의 악력이 느껴졌다.) 가방에 쑤셔 넣고는 가방 지퍼를 처억 닫은 후 이민 가방을 들들 끌고 밖으로 나왔다. 그가 어이없이 쳐다보는 시선을 뒤통수로 온전히 느끼며.

공항을 나오니 온 천지에서 매캐하기도 하고 꼬리꼬리하기도 한 정체불명의 냄새가 났다. 출구 앞에는 마중을 나온 사람들이 매우 많았는데 어쩐 일인지 우리 식구는 한 사람도 보이지 않았다. 뭐 좀 늦을 수도 있지. 느긋한 마음으로 기다렸지만 사람들이 모두 빠져나가고 그 넓은 곳에 달랑 홀로 남게 된 그때서야 나는 뭔가 잘못되었다는 것을 감지하고 밀려드는 당혹감으로 어찌 할 바를 몰랐다. 주위에 시커멓게 때가 타고 구멍이 난 옷을 입은 열두 서너살쯤 되어 보이는 남자아이들이 우루루 몰려 있었다. 내가 당황해서 전화가 어딨느냐고 보디 랭귀지를 하자 대여섯 명이 "저기요 저기" 라고 하는 듯(나는 스페인어를 못한다) 한 방향을 가리키더니 다섯 명이 내 이민 가방 두 개를 들들 끌며 나를 공중전화로 안내했다. 전화기 앞에는 왔는데 내게 수크레(당시 그 나라 화폐)가 있을 리 만무하다. 돈이 없어 당황해 하자 그 꼬마들 중에 누군가가 희고 큰 동전 하나를 줬다. 수첩을 꺼내 부모님 집으로 전화를 걸었다. 전화만 하면 누구든 금방 오겠지.

뚜루루 뚜루루 신호가 가고 철컥 동전이 떨어지면서 누군가 전화를 받았다. 그런데…,

"Halo(알로)? Halo(알로)?"

한국사람이 아니었다. 내가 영어로 한국말로 마구 물어도 그 여자는 알아듣지 못하고 계속 "알로? 알로?" 만 하다 전화를 끊어버렸다.

나는 얼굴이 하얗게 질렸다.

국제전화비가 엄청나게 비싸던 시절이었다. 가난한 학생이 가난을 벗어나고자 이민 간 아버지에게 안부를 묻자고 마음대로 비싼 국제전화를 걸 수는 없었다. 나는 가끔 편지를 썼고 동생들이 역시 편지로 가끔 답장을 해 왔는데 받아 놓은 집 전화번호가 뭔가 잘못 된 것이다. 이제 마지막 남은 것은 아버지의 가게 주소밖에 없었다. 내가 택시를 타야겠다는 시늉을 하자 아이들이 택시를 하나 잡아 주었다. 택시 운전사가 차에서 내려 아이들이 끌고 온 내 커다란 이민 가방 두 개를 트렁크에 실었다. 내가 수첩에 적힌 주소를 운전사에게 보여주자 알겠다는 듯 고개를 끄덕여 주었다. 이제 출발해야 하는데 아이들이 택시 창문을 부여잡고 놓아주지를 않았다. 그리고 뭐라고 뭐라고 다섯 명이 한꺼번에 떠들어대는데 나는 못 알아듣겠고 택시 운전사도 뭔가를 내게 설명하려고 하는데 나와 말이 안 통하니까 답답해 했다. 택시는 출발을 하지 않고 계속 서 있고…, 나는 잠시 혼란스러워하다가 불현듯 알아차렸다. 아이들에게 돈을 줘야 하는구나. 내가 그 나이 되도록 어디서 팁을 줘봤었어야지. 다행히도 내게는 미국에서 오렌지주스를 사고 받은 잔돈들이 잔뜩 있었다. 얼마를 줘야 할지 몰라서 1불짜리 5불짜리를 택시 운전사에게 보여주니 그가 1불짜리 하나를 들어 아이들에게 줬다. 꼬마들이 환성을 지르며 기뻐 날뛰었다. 당시 1불은 6000수크레 정도였다. 나에게 빌려 준 동전은 50수크레 짜리였으니 아이들은 횡재를 한 것이었나 보다. 지폐를 든 손을 하늘높이 들고 뛰어가는 아이 뒤를 나머지 애들이 소리를 지르며 우루루 따라가는 걸 보고서야 운전사는 시동을 걸었다.

차창으로 낯선 풍경들과 낯선 얼굴들이 획획 지나갔다. 나는 불안하고 조마조마한 마음으로 택시 뒷좌석에 앉아 있었다. 만일 이 주소로도 찾을 수 없다면 이제 나는 어떻게 되는 것일까. 저 택시 운전사가 나를 납치해서 팔아 넘기면 어떡하지 별의별 생각이 다 드는 것이다. 불안은 불안을 낳고 극도로 불안해져서 이제 택시에서 뛰어내려야 하는 건가 안절부절 못하고 있을 때 드디어 택시 운전사가 길 가에 차를 세웠다. 그리고 코너에 있는 단층 건물을 가리켰다. 건물 외벽에는 CENTRO COMMERCIAL 10 DE AGOSTO (8월 10일 백화점)라고 페인트로 써 있었다.

운전사가 건물을 가리키며 뭐라고 뭐라고 하는데 알아들을 수는 없고 나는 잠시 기다리라는 손짓을 하고 택시에서 뛰어 내렸다. 입구로 들어가니 긴 통로 양쪽으로 가구점 음식점 문방구 등 등이 있었다. 나는 가게마다 기웃거리며 뛰었다. 하필이면 제일 마지막에 시계점이 보였고 저기다 싶어 달려 들어가니 소파에 앉아 무슨 얘긴가를 나누고 계시던 부모님은 나를 보고 기절할 듯 놀라며 동시에 외치셨다.

"니가 여기 왠일이고?"

"엄마! 빨리!! 밖에 택시 있어. 택시비 줘야 해."

엄마는 돈을 챙겨 달려 나가셨고 기다리고 있던 택시 운전사에게 돈을 건네주고 몇 번이나 고맙다고 인사를 했다. 가방 두 개가 차 트렁크에 고스란히 있었으니 얼마든지 갖고 도망갈 수도 있었을 텐데 누군지 모르지만 지금도 너무나 감사하다.

기쁨의 재회를 한 우리는 정신이 들자 도대체 왜 일이 이렇게 되었는지 하나하나 짚어 나가기 시작했다.

내가 에콰도르 비자를 신청하고 우여곡절을 겪으며 받아내고 출발 날짜가 정해지는 때까지 몇 달이 소요되었고 그 과정이 에콰도르 가족들에게 잘 전달이 되지 않았으며 그 사이 우리 가족은 내가 도착하기 단 일주일 전에 집을 이사했던 것이다. 나 대신 가족에게 내 도착 날짜를 알려 주겠다던 친척 어르신이 내가 출발한 다음에 연락을 하셨다고는 하나 아버지는 연락을 못 받으셨다고 한다. 그러니 한국에 있어야 할 아이가 난데없이 에콰도르 가게로 뛰어들었으니 얼마나 놀라셨겠는가. 인터넷도 없고 국제전화도 어렵던 호랑이 담배 피던 시절의 이야기로구나 그러고 보니.

그날이 공휴일이었거나 가게 문을 닫은 밤중이었다면 나는 어떻게 되었을까. 내가 택시 운전사에게 호텔로 데려다 달라는 머리를 쓸 수 있었을까. 공부밖에 할 줄 아는 게 없던 세상천지 바보천치 같던 내가 공항에서 용돈을 벌던 아이들과 택시 운전사를 잘 만나 국제미아가 되지 않은 것은 지금 생각해도 아찔한 하나님의 은혜다.

이렇게 도착한 나라에서 나는 결혼도 하고 아이들도 낳아 키우다가 미국으로 이민을 가기 전 까지 20년 가까이 살게 된다.

적도에 걸친 나라

에콰도르(Ecuador)는 적도에 걸쳐 있다. 콜롬비아, 페루와 태평양을 이웃으로 두고 있고 이 나라의 수도인 키토(Quito)는 해발 2,850미터의 고산에 있다. 백두산의 정상과 비슷하다. 해서 도착한 다음 날 아무 생각 없이 집 근처 공원으로 조깅을 나갔다가 숨이 차고 머리가 깨질 듯이 아파서 한동안 끙끙 앓았다. 고산증세였다. 이후로 다시는 조깅 따위 나가지 않게 된다.

스페인 점령시대에 세워진 고색창연한 구도시가 있고 이후에 계획되어 세워진 현대식 건물들이 즐비한 신도시로 이루어져 있다. 구도시는 마치 시간을 뒤로 돌린 듯 스페인풍의 옛 건물들로 멋들어졌다. 대신 길이 좁고 골목길도 많고 사람도 많고 도둑도 많아서 조심해야 하는 곳이기도 했다. 구도시에 대통령 궁이 있는데 건물 이층부터가 대통령 집무실과 사저가 있고 아랫층에는 이발소, 옷가게, 기념품 등을 파는 잡화점 등등이 세 들어 있었다. 동생을 따라 구도시 구경을 가 이곳 저곳을 다니다 보니 어느덧 어스름 날이 어두워지는 시간이 되었다. 이곳은 적도이기 때문에 일 년 열두 달 해가 뜨고 지는 시간이 같다. 아침 6시에 해가 뜨고 저녁 6시에 해가 진다.

집에 가려고 택시를 잡는데 퇴근 시간이라서인지 택시가 잘 안 잡혔다. 그런데 저 멀리서 택시 비슷한 차가 오고 있었다. 나는 눈이 나빠서 안경을 쓰고 있는데도 해가 지고 있는 어스름한 저녁이라 앞이 잘 안 보였다. 아무튼 택시가 하나 오길래 차도에 내려서서 열심히 손을 흔들어 세웠다. 그런데 그 차가 서지 않고 내 앞을 획 지나가는데 차 안에는 사람들이 여럿 타고 있었고 그들이 나를 좌악 째려보고 가는 것이었다. 뒤에도 까만 차가 한 대 더 지나갔다. 택시가 아니었던 것. 나는 내 시력을 탓하며 '택시가 아니었네' 했더니 내 뒤에서 보고 있던 동생이 깔깔대며 지금 언니가 무슨 차를 세웠는지 알고나 그래? 그래서 뭐냐 그랬더니 방금 지나간 차가 이 나라 대통령이 타고 있던 차였다는 것이다. 내가 대통령 차를 세우려 한 것. 그 차 안에 타고 있었던 건 대통령과 경호원들. 째려 본 게 이해가 된다.

1980년대의 에콰도르는 그렇게 평화로웠다. 별다른 경호 없이 대통령이 다니고 살인사건이 나면 신문에 대서특필이 되었다. 모든 것이 천천히 흘러가고 급한 것도 없고 바쁜 것도 없고 버스는 문을 열어 놓은 채로 운행을 하고 남자들은 달리는 버스에서 뛰어내리고 뛰어올라 탔다. 대신 여자들이 타거나 내리겠다고 하면 버스운전사가 얌전히 버스를 세워 주었다. 엘리베이터 문이 열려도 남자들은 여자들이 다 탈 때까지 기다렸다가 탔고 건물에 들어갈 때도 자기 뒤에 여자가 오면 문을 잡고 여자들이 다 들어갈 때까지 기다려 주었다. 식당에 여럿이 가서 음식을 시키면 종업원은 여자들한테 먼저 음식을 가져다 주었고 남자들은 그 다음이었다. 오! 당시 한국에서는 받아보지 못하던 대접이었다. 주말에 공원에 가면 고급승용차를 타고 온 사람들이 농구를 하고 있고 그 옆에는 가난한 가장이 2리터짜리 콜라 한 병과 싸구려 빵 한 봉지를 들고 와서 온 가족과 함께 잔디 위를 뒹굴뒹굴하며 행복해하는 나라였다.

대신 소매치기와 자잘한 도둑들도 많고 사람들이 거짓말을 밥 먹듯이 하기도 했다. 나도 17년 살면서 두 번이나 집이 털렸고 아버지네 집도 두세 번 도둑을 당했는데 그 얘기는 다음에 기회가 있으면 하자.

가게들은 아침 9시나 10시쯤 열었다가 12시에 낮잠 시간으로 문을 닫고 3시쯤에 다시 열었다가 6시쯤에 아주 닫았다. 낮잠 시간은 스페인의 시에스타와 같은 것이다. 처음에 나는 대체 언제 물건을 사러 가야 할지 몰라 헤맸다. 가 보면 닫혀있고 또 가보면 닫혀 있으니…, 은행도 12시 반이면 문을 닫았다.

물론 2024년인 지금은 완전히 다른 세상이 되어 시에스타는 진작에 사라졌고 심지어 24시간 하는 가게도 생겼다. 먹고 살기 힘든 세상이 된 것이다.

오따발로의 파장수

스페인 점령 전부터 이 땅에 살고 있던 남미 인디헤나들은 동양인과 매우 비슷하게 생겼고 머리를 길게 길러 땋았으며 남자들은 판초를 입고 흰 바지를 즐겨 입는다. 여자들은 색색의 수를 놓은 흰 면브라우스에 몇 개의 치마를 겹겹이 둘러 입는 전통복장을 고수했다. 목에는 금색 도금을 하거나 알록달록한 구슬들을 엮은 목걸이를 여러 겹 두툼하게 둘렀는데 나이가 많을수록 목걸이 수가 늘어나므로 목걸이만 봐도 나이를 짐작할 수 있었다.

노인들 중에는 정말 한국사람처럼 생긴 사람들이 많아서 한번은 동생이 시내버스를 탔다가 인디헤나 할머니한테 한국말로 "안녕하세요?" 하고 꾸벅 인사를 한 적도 있었다.

그들 대부분은 산속 깊은 곳에서 콩, 감자, 끼누아 등등 농사를 짓고 돼지를 키우며 사는데 머리카락을 절대 자르지 못하게 해서 길게 땋아 늘어뜨리고 다녔고 심지어 군대에 가서도 하나로 땋은 머리를 등뒤로 늘어뜨리고 제식훈련을 받는 것도 보았다. 뭔가 상투를 자르지 않겠다고 일제에 저항하던 우리 조상님들이 떠오르지 않는가. 물론 머리를 자르고 전통복장을 벗어버리고 사회에 뛰어드는 사람들도 있다. 장사를 해서 돈을 많이 번 사람들도 생기고 당시엔 최고급 승용차였던 메르세데스 벤츠를 타는 사람도 보았다. 그러나 당시만해도 그들은 사회에서 가난하고 무식하다고 천대를 받는 처지였다. 그들은 아궁이를 쓰고 몽고반점이 있고 그들이 사용하는 끼추아어는 한국말과 어순이 같다.

동생이 고등학교 다닐 때 반 친구인 백인 여자아이가 귓속말로 "저 인디오들은 엉덩이에 퍼런 멍자욱이 있대 글쎄." 했을 때 동생은 저도 있었단 소리를 못하고 입을 꼭 다물었다나.

인디헤나들이 안데스 산맥 안에 얼마나 살고 있는 지 몰라서 인구조사 때 아주 애를 먹는다. 사실 대충만 알 뿐 정확한 인구조사는 힘들다고 한다. 여기서 여담으로 에콰도르에서 인구 조사를 하는 날은 정부에서 하루 동안 통행 금지령을 내린다. 모두가 집에 갇히면 공무원들과 학생들이 집집마다 방문해서 몇 명이 사는지 적어 갔다. 이 때 만일 밖에 돌아다녔다가는 경찰에 잡혀 가서 철창신세를 질 수도 있다.

너무 깊은 산속에 사는 인디헤나들은 스페인어를 모르는 경우도 종종 있었다.

한번은 친척 소개로 먼 시골에서 가정부를 구해 왔는데 스페인어를 못하고 끼추아어만 하는 아이여서 서로 말이 안 통했다. 아이가 저도 힘들었는지 매일 울기만 해서 며칠 만에 다시 돌려 보낸 적도 있었다.

스페인 정복 시절, 인디헤나들에게 임금 대신 술을 주고 통치했다던가, 술에 중독된 사람들은 술을 얻기 위해 노동에 끌려나오지 않을 수 없었다. 남자들뿐 아니라 아낙네들도 말술이어서 주말에는 동네 길바닥에 술에 취해 쓰러져 자고 있는 인디헤나 아낙들을 심심치 않게 볼 수 있었다. 술이 먼저 깬 사람들이 비척비척 와서 쓰러져 자고 있는 사람의 양쪽 팔을 잡고 질질 끌고 가기도 했다.

그러나 평상시에는 남자가 멋드러지게 판초를 차려입고 양털이나 알파카 털로 짠 모자를 쓰고 위풍당당 걸어가면 몇 걸음 뒤 떨어져서 그의 아내가 양손 가득 짐을 들고 등에 아이까지 업은 채로 종종걸음으로 따라가는 모습을 볼 수 있었다. 어디서 익숙하게 보던 모습 아닌가. 갓 쓰고 두루마기를 휘날리며 앞서가는 영감님 뒤로 보따리를 이고지고 따라가던 쪽진 머리의 아낙들이 떠오르는 순간이다. 남존여비에 강력한 가부장적 사고를 가지고 있지만 여인들도 술을 마음껏 마시고 길바닥에 쓰러져 있어도 집안에 별 분란이 일어나지 않는 것을 보면 그게 또 아닌가 싶기도 하다.

시골장에 가면 근처 산에서 농작물을 팔러 나와 있는 인디헤나들이 많았다. 상술하고는 거리가 멀어서 상냥하지도 않고 비굴하지도 않고 팔면 팔고 말면 만다는 듯한 태도에다 뭔가 심사가 꼬인 날은 손님이 물건을 만져만 보고 안 사면 그 더러운 손 떼라고 소리를 지르기도 했다.

Otavalo라는 곳의 시골장에 갔을 때였다. 두 여자가 나란히 앉아 파를 팔고 있었다.

같은 대파에 묶은 단 크기도 똑같은데 한 사람은 한 단에 30수크레에 팔고 있고 옆 사람은 50수크레를 달라고 했다. 당연히 30수크레에 파는 사람의 파가 잘 팔려서 얼마 남아 있지 않았고 50수크레 부르는 사람은 아직도 파가 수북이 쌓여 있었다. 이상해서 비싸게 파는 사람에게 그 이유를 물어봤다. 이 사람은 눈도 하나 깜빡 안 하고 대답했다.

"나는 더 멀리서 왔소."

시장의 아이들

1.

주말이면 열리는 야외장터에 장을 보러 가는 동생을 따라 나섰다가 온갖 야채와 과일을 쌓아놓고 파는 인디오 상인들과 사람들 틈바구니에서 그 아이들을 만났다.

과일을 팔고 있는 여인의 아이들로 보이는 서너댓 살의 세 아이들이 세워놓은 사과 궤짝 위로 올라가려고 버둥대고 있었다.

다섯살 쯤 돼 보이는 여자아이는 결국 제 힘으로 올라갔으나 콧물이 허옇게 말라붙고 아무렇게나 자라난 머리카락은 장터바닥의 흙먼지로 쑤세미가 되어 있는 네 살쯤 돼 보이는 남자아이는 키가 작아 올라가지 못하고 박스에 매달려 두 다리를 버둥대며 애를 쓰고 있었다. 세 살짜리 남자애는 손가락을 깨물며 멀찍이 선 채 형을 바라보고만 있었다.

그 광경을 흥미 있게 보고 있던 내가 다가가 박스에 매달린 아이를 번쩍 들어 위로 올려놓고 막내 꼬마까지 들어다가 셋을 모두 박스 위에 모아 주었을 때 그 세 아이는 먹포도처럼 까만 눈동자를 반짝이며 온갖 고마움과 놀라움과 기쁨과 환희에 찬 눈빛으로 나를 바라보는 것이었다. 동양여자를 가까이에서 처음 본 것인가.

그냥 가기 뻘쭘해서 이름을 물었다. 다섯 살짜리 여자아이가 갑자기 긴장하며 똑바로 서더니 두 손을 모으고 눈동자를 또롱또롱 굴려가며 또박또박 길다란 자기 이름을 외웠다.

'알리시아 페르난다 벨라스꼬스 부라보'

알리시아는 첫 번째 이름, 페르난다는 두 번째 이름, 벨라스꼬스는 아버지의 성, 부라보는 어머니의 성이다. 이름이 두 개 주어지고 어머니, 아버지의 성을 모두 쓴다. 이래서 이곳 사람들은 이름이 길다. 아마도 틈 날 때마다 부모에게서 외우고 또 외우도록 교육을 받았을 것이다.

네 살짜리와 세 살짜리 동생들은 아직 자기 이름을 다 외우지 못했다고 다섯 살 누나가 대신 말해줬다. 마침 동생이 장본 것을 지고 갈 짐꾼을 찾아와서 함께 떠나며 뒤돌아 보니 사과 궤짝 위 세 꼬마는 나를 향해 두고 두고 손을 흔들고 있었다.

2.

백화점 마다 크고 깨끗한 대형마켓들이 있어서 주로 그곳을 이용하지만 가끔씩 재래시장을 갈 일이 있다.

복잡한 구도시의 좁고 가파른 골목길을 타고 올라가 자리잡은 재래 도매시장은 바닥이 파이고 질척여서 발 밑을 잘 보고 걸어 다녀야 하고 사람과 차가 좁은 도로에 뒤엉켜서 정신 없고 복잡한 데다가 소매치기까지 극성이라 조심해야 한다.

한인교회 창립예배 때 뷔페에 쓸 튀김용 새우를 사기 위해 재래시장에 갈 일이 있었다. 길을 따라 난전을 벌인 새우장수에게

서 굵직하고 싱싱한 새우를 푸짐히 사고, 역시 길거리 난전에서 라임과 홍당무도 산 뒤 마지막으로 양파를 파는 할머니의 가게에 들렀다. 식당을 하는 동생은 양파를 두 포대나 샀고, 양파 포대를 차까지 들어다 줄 짐꾼을 찾으러 간 사이 나는 새우와 라임과 홍당무 봉지들을 양파더미 옆에 내려놓고 동생과 짐꾼이 오기를 기다리고 있었다.

좁은 양파가게 땅바닥에는 예닐곱 살쯤 되어 보이는 여자아이가 나무 궤짝 위에 공책을 펼쳐놓고 알파벳 대문자 E자 쓰는 연습을 하고 있다. 시장에서 잔뼈가 굵은 듯한 할머니와 엄마가 아이 옆에서 아이만큼이나 애를 쓰며 지켜보고 있었다. 아이가 연필에 힘을 주어 한 획 한 획 그어 내릴 때마다 할머니와 엄마도 손에 움찔움찔 힘줄이 선다.

아이는 제법 반듯 반듯하게 글자를 써 나갔다.

"오오~~ 너 글씨를 참 예쁘게 쓰는구나."

혼자 서있기에 무료한 나머지 아이의 공책을 같이 들여다보던 내가 한마디 건네자 할머니가 허리를 펴며 맑고 환하게 웃었다.

"망자의 날(Dia Del Los Muertos) (남미식 할로윈 데이) 3일 연휴라고 학교에서 숙제를 엄청나게 내 줬지 뭐에요. 집에 아이를 혼자 두니 빈둥빈둥 놀기만 하고 숙제를 안 해서 가게로 데리고 나왔다우."

그 사이에 아이는 대문자를 다 쓰고 소문자 e를 쓰기 시작했는데 시작 부분과 끝내는 부분을 너무 꼬불꼬불 쓴 나머지 e가 아

다정한 기억 ____ 337

니라 소문자 w 같은 거라.

"야야야!!! 그건 e가 아니고 w 같잖아~." 할머니와 엄마가 동시에 소리를 질러댔다.

아이는 조심조심 몇 번 시도 끝에 마침내 아주 단아한 소문자 e를 써 보였다. 할머니와 엄마, 그리고 신원미상의 동양인 아줌마까지 "성공이다 성공, 이번 거 최고다. 잘 썼다 잘 썼다." 해대니 아이는 기분이 한껏 좋아져서 공책을 따악 접었다.

"오늘 숙제 끝!!"

3.

시장이나 길거리에서 껌이나 사탕을 팔거나 구걸을 하는 아이들도 많았다. 서너 살이나 되었을까 걸음도 겨우 걷는 아기가 껌을 팔고 거스름돈을 정확히 계산해 주는 데 깜짝 놀랐다.

나는 차 안에 동전 통을 항상 채워두었다가 차가 신호등에 걸려 섰을 때 몰려오는 애들한테 동전을 나눠주곤 했다. 당시에는 거기 사는 거의 모든 사람들이 차에 동전 통을 비치하고 거지들에게 돈을 나눠 주었는데 특별히 크리스마스 때가 가까워 오면 시골에서 떼로 상경하는 인디헤나들이 길거리에서 구걸을 하거나 가게마다 돌면서 돈이나 과자 등을 받아 가고는 했다. 크리스마스 즈음에 지방으로 가다 보면 국도에 동네 아이들이 나와 아스팔트 갓길에 꿇어앉아 두 손을 합장하고 있었다. 그러면 달리는 차에서 동전이나 과자, 사탕을 던져 주고 가기도 했다.

구두수선집

겉은 멀쩡한데 구두굽이 다 닳거나 긁혀서 못 신게 된 구두가 두 켤레 있었다. 그냥 버리기에는 너무 아까워서 두고 있다가 구두 밑창을 갈아 신어야겠다고 동네 수선집에 맡겼다.

구두를 맡기던 날, 주인장이 3일 뒤에 찾으러 오라고 했다. 나는 정확히 오라는 날에 시간 맞춰 갔다.

무슨 스티커들이 너저분하게 붙어있는 작은 문을 삐그덕 열며 들어서는 나를 보고 주인남자가 단박에 짜증을 냈다. 자기가 얼마나 바쁜지 아냐면서. 내가 자기가 얼마나 바쁜지 알게 뭐란 말인가. 난 그저 오라는 날에 갔을 뿐. 그리고는 약간 옆으로 돌아서며 내일 오라고 했다. 다짜고짜 짜증을 낸 건 내가 화를 낼 까봐 미리 선수를 친 것인가.

그 다음 날, 나는 긴 언덕길을 다시 걸어 내려 가서 오라는 시간에 맞춰 갔다. 이번엔 필요한 구두밑창 재료를 구할 수가 없다고 이틀 뒤에나 오라고 했다. 물자가 부족한 나라이니 재료가 없을 수도 있겠지. "알겠어요"하고 가게를 나와 이번엔 3일 뒤에 갔다.

목요일이었다. 이번에는 찾을 수 있겠지? 일말의 희망을 가지고 골목길을 걸어 내려갔다. 이곳은 해발 2800미터 고산지대다. 내리막길을 걸어 내려 갈 때는 아무 문제 없이 가볍게 걸을 수 있지만 올라올 때는 심장이 터질 듯한 고통을 겪어야 한다.

주인장은 주문한 구두밑창 재료가 오늘에서야 왔다고 재료상을 욕하기 시작했다. 그리고 내일 다시 오라고 했다. 뭐 그럴 수도 있지 하고 기왕이면 기분 좋게 말했다.
"그럼 이제 재료도 왔으니 최대한 이쁘게 고쳐주세요. 잉~~?"
주인장이 화답했다.
"더 이쁘게 고쳐주려고 시간이 많이 드는 거에용."
(재료가 안 왔다고 할 땐 언제고… 끙)
암튼, 이젠 저 주인장의 말은 콩으로 메주를 쑨 데도 못 믿겠다. 그래도 항의하지 않는 것은 그래봐야 소용이 없고 미운 털이 박히면 나만 손해라는 걸 익히 알기 때문이다.

또 하루를 더 보내고 토요일에 찾으러 갔다.
그런데… 으으음… 토요일은 휴무시구나. 문이 굳게 닫혀 있다. 삶의 질은 정말 최상인 양반이다.
그리고 그 다음 주 틈틈이 3번이나 찾아 갔지만 가게 문은 셔터까지 내려져 있었다. 오후 4시 반에도, 오전 9시에도, 그리고 또 토요일이었고. 설마 야반도주를 한 건 아니겠지?
도대체 내가 이번 생에 저 신발을 찾아 신을 수나 있겠나 싶었다.

다시 월요일, 오늘은 아주 사생결단을 하고 오후 3시쯤 수선집을 찾아갔다. 오호라~ 역시 작심을 하고 오니 하늘이 돕는구나. 이번엔 가게 셔터가 올려져 있었다. 됐다 하는 심정으로 가게 유리문을 힘있게 미는 순간 덜컥하고 문이 걸렸다. 잠겨있는 것이다.

그때 수선집 앞에 작은 트럭을 세워놓고 오렌지나 귤 따위를 팔고 있던 아줌마가 말했다.

"어, 거기 지금 아무도 없는데."

순간 나는 난감해졌다.

"주인 어디 갔어요?"

"몰라요. 지금 방금 나갔으니까 아마도 한 시간은 있어야 들어올 건데…."

"대체 이 사람은 언제 일해요?"

"오늘 그 집 주인 차 번호가 짝수라서 오후 4시부터 7시 반까지는 운행 못하는 날이니 그 시간에는 꼼짝 못하고 가게에 있을 거에요." 한다.

지독한 교통난을 해결하기 위해서 나라에서 차량운행제를 운영하고 있었다. 번호판의 마지막 번호가 짝수냐 홀수냐에 따라 운행 가능한 날과 시간이 정해지는 것이다.

나는 다시 차를 타고 수도세 전기세 전화비를 내고 케이블 티브이를 취소하고 기계를 돌려주느라 시내를 헤매며 두 시간 이상을 보내고 드디어 오후 5시가 넘어 다시 수선집을 찾아갔다.

과연 가게는 열려있었을까요?

오늘 운행이 제한된 번호를 가진 수선집 주인의 차가 가게 앞에 떡 하니 주차되어 있고 가게 문은 활짝 열려 있었다.

가게 안에는 하얀 푸들을 안고 온 예쁜 아가씨가 심심한 듯 몸을 배배 틀며 서 있었고 주인은 그 아가씨의 열쇠를 복사해주느라 쇳소리가 윙윙하는 기계를 작동시키며 누가 들어오는 지도 모를 정도로 바빴다.

이 아저씨는 구두도 고치고 열쇠도 복사해 주고 돈을 번다. 한참을 그러고 있다가 문득 고개를 들어 나를 보더니 가뜩이나 거무칙칙한 얼굴이 더 어두워졌다.

수선한 신발들을 진열해 놓은 진열장을 보니 내가 맡긴 구두가 있긴 있는데 한 켤레뿐이다. 이건 또 무슨 일인가. 나는 불안해 졌다.

열쇠를 받아 들고 예쁜 아가씨가 가게를 사푼사푼 걸어 나가자 주인은 진열장에서 내 앵글부츠를 꺼내 주며 죽는 소리를 했다.

"내가 강도를 당했어요. 이것 봐요 이것 봐."

그는 한쪽 팔에 칭칭 감긴 붕대를 들어 보였는데 그 안에는 함부로 막 꿰매놓은 제법 큰 상처가 보였다. 손님이 올 때 마다 들어 보였는지 붕대는 감아놓으나마나 헐렁하게 늘어나 있었다.

"아니 어쩌다가 강도를 당했어요? 여기 가게에서요?"

놀란 내가 물었다.

"아니요. 해변도시로 휴가를 갔었거든요. 거기서 강도에게 칼에 찔리고 차를 다 털렸어요. 내 증명들도 다 가지고 갔다니까요. 그래서 일도 못했어요. 가게 나온지 얼마 안 됐어요."

아~~ 그래서 그동안 가게가 그리 닫혀 있었구나….

그런 줄도 모르고 '팔자 좋은 아저씨' 라느니 '이 사람, 삶의 질은 정말 최상이야' 하며 빈정거린 것이 순간 미안해졌다.

나는 한풀 꺾이다 못해 비굴한 미소까지 지으며 물었다.

"그럼 다른 신발은 또 언제 돼요?"

이번에도 그는 '내일' 이라고 했다.

조리 잘 하라고 하고 나오면서 명함 한 장만 달라고 했다.

한두 번도 아니고 더 이상 헛걸음을 면하려면 미리 전화를 하고 와야겠다고. 그는 수북이 쌓인 신발과 재료들 사이를 한참이나 뒤적거린 끝에 무슨 종이 귀퉁이를 쭈욱 찢더니 거기다가 전화번호가 적힌 도장을 하나 찍어 줬다.

명함은 있는데 명함에 전화번호가 없어서 이렇게 주는 거라고 하면서. 명함은 정말 있다고 거듭 말했다.

"그럼 내일 올게요." 하고 가게를 나서는데 어느덧 날이 어둑어둑해지고 있었다.

다음날 이제는 무념무상으로 (이젠 희망도 가져지지 않는다.) 걸어내려 갔더니 이번엔 거의 다 고쳤는데 안 닦아 놨다고 다음에 오라고 했다.

다정한 기억 ____ 343

으으음… 내 이 인간을!!!

'내 신발 내 놔라' 가게 앞에서 일인 시위라도 하고 싶다만 나도 이제 해탈의 경지에 올랐나 보다.

내일은 또 무슨 이유를 대려나 궁금해지기까지 하다니.

꾸이(cuy)

한국에서는 아직도 낯선 나라, 이 남미 에콰도르로 이민을 온지 어언 30년이 되었다. 한국을 떠나던 날 비행기 창문에 코를 박고 눈물을 철철 흘리며 곧 돌아오리라 맹세했던 신촌거리로는 결국 다시 돌아가지 못하고 말았다.

이미 나보다 2년 먼저 이민을 와서 자리를 잡은 가족들 덕분에 적응에 문제는 없었다. 이 나라에 도착한 첫날, 오느라 고생했다며 동생이 데리고 간 식당에서 잘게 다진 고수와 파가 한가득 뿌려진 닭국물이 나왔을 때, 독하고 이상한 냄새가 진동하는 고수를 처음 본 내가 뜨악한 표정을 하자 동생이 먼저 한 수저 뜨며 "누나, 이게 냄새는 이래도 피를 맑게 해 주는 약초래." 했다.

동생의 말에 혹한 것일까…, 처음 먹는 고수 맛에 묘하게 이끌려 국그릇 가득 시퍼렇게 떠 다니는 고수를 뜨거운 닭국물과 함께 훌훌 들이킨 이후로 나는 이 나라 음식에 빠르게 적응해 갔다.

"여기서 오랫동안 살고 있는 교포들도 이 고수 냄새라면 질색을 하는데 누나는 참 별종이야."

동생이 감탄을 했다.

그러나 이민 삼십 년이 되도록 시도조차 하지 못한 토속음식이 있었으니 그것은 바로 '기니피그', 스페인어로 Cuy(꾸이) 요리였다. 이것이 살아 있을 때는 토끼 같기도 하고 앙증맞고 귀여운 털 인형 같기도 해서 귀엽고 이쁘기 그지 없지만 털을 벗기고 내장을 꺼내고 막대에 끼워 통째로 숯불에 구워 놓으면 그 모습이 큰 쥐를 통째로 구워 놓은 것과 똑같았다. 손가락(?) 발가락이 선명하게 붙어 있고 눈도 귀도, 이빨까지 생생한 모습으로 접시 위에 큰 대자로 엎드려 있는 큰 쥐를 한번 상상해 보시라.

우리 동네 미장원에서 손톱을 정리해 주는 처자는 꾸이 요리로 유명한 이바라 지방 출신이다. 어느 날 그 처자가 내 손톱을 갈아내고 매니큐어로 바탕색을 바른 후 그 위에 꽃그림을 그리면서 말했다.

"있잖아유, 그 꾸이식당에서 꾸이가 모자라면 동네에 돌아댕기는 큰 쥐를 잡아다가 튀겨 낸대유. 쥐하고 꾸이를 구별할라문유, 꼬리가 있나 없나를 보면 되유. 쥐는 꼬리가 길잖아유. 꾸이는 꼬리가 없어유…."

말할 때 그녀의 콧구멍이 약간 벌렁거렸다.

흠… 내가 식당 주인이라면 '꾸이가 모자라서 동네에 돌아댕기는 쥐를 대자로 골라서 튀겨 왔슈.' 하고 광고하려고 꼬리 채 내놓는 등신 짓은 안 할 거 같은데? 라고 말하고 싶었지만 오랜만에 고향 얘기를 진지하게 하고 있는 처자에게 태클을 걸기 뭣해서 그냥 참았다.

아무튼 내 돈 내고 사 먹을 음식은 절대 아니었으므로 이민 간지 삼십 년이 다 되 가도록 꾸이 맛 볼 일 없이 살아왔던 것인데….

그러던 어느 날이었다. 안데스 산맥 깊숙이 모여 사는 인디언들을 대표하여 정계에 진출한 후 한동안은 제법 잘 나가다가 요즘은 잠시 시들해졌다는 어떤 인사의 초대를 받게 되었다. 원래 이 사람은 인디언 부락의 점쟁이 출신으로 사람을 한번 척 보면 그 기운을 읽어 낸다는 것과 그 부족 사람들은 뺨에 뽀뽀하는 인사를 절대 하지 않는 전통을 가지고 있으니 악수만 하라는 사전지식을 얻어 듣고 남편과 함께 그 집으로 갔다.

다른 몇몇 초대된 사람들과 함께 우리 모두는 술잔도 돌리고 이런 저런 이야기를 나누며 저녁요리가 나오기를 기다렸다. 자! 드디어 음식이 나오기 시작했다. 그런데… 메뉴가 무엇이었을까요?

네. 그렇습니다. 여러분이 상상하시는 바로 그것! 꾸이구이가 떡하니 식사로 나온 것입니다.

크고 하얀 접시에 숯불에 구워지고 다시 한번 기름에 바싹 튀겨져 갈색 윤기가 자르르한 커다란 쥐(?) 한 마리가 그 형체도 생생하게 두 팔과 다리를 활짝 펼친 채 엎어져 있었다. 비위가 약한 남편은 보는 것만으로도 남 몰래 헛구역질을 시작했다.

그런데 초대된 손님으로서 음식을 앞에 두고 난감해 하고만 있을 수는 없는 법. 남들 하는 것을 곁눈질하여 보니 그 팔 다리 살을 손가락으로 찢어 Aji('아히' 붉은 고추와 다양한 양념을 섞어 갈아서 만든 일종의 매운 소스)에 찍어 먹는 것이었다. 꾸이 구이의 생김새는 좀 그래도 맛은 있더라는 말은 들어왔으므로 용기를 냈다. 안색이 좋지 못한 남편의 옆구리를 찔러가며 "우리도 한번 먹어 봅시다. 설마 산낙지 같이 징그럽기야 하겠어요?" 해 가며 살점을 뜯어내어 매운 소스에 찍어 입에 넣었다.

그런데!! 쫄깃쫄깃하고 고소한 맛이 입안에 번졌다. 비교하자면 살이 깊은 칠면조 고기가 퍽퍽하고 맛이 없는 반면 닭날개에 붙은 한 입 거리도 안 되는 살은 훨씬 더 쫄깃하고 고소하지 않은가. 딱 그런 맛이었다. 나 어렸을 때 개구리 뒷다리 꽤나 구워 먹었던 전적도 있는지라 금새 꾸이구이가 좋아졌다.

"어! 맛있는데? 이거 맛있어."

남편은 그래도 식욕이 동하지 않는지 맛있게 먹고 있는 나를 불편한 표정으로 쳐다보았다. 물론 집주인은 흐뭇한 얼굴로 우리가 식사하는 모습을 즐기고 있었다.

그리하여 이민 30년 만에 나는 꾸이요리를 맛볼 수 있었다. 사실 꾸이는 이곳에서 비싸고 귀한 음식이라서 초대해 준 분에게도 맛있게 먹는 것으로 보답을 해 주어야 했다. 식사도 잘 했고 사람들과 좋은 시간을 보냈다. 남편은 속이 좋지 못하다고 했지만 마지막까지 실수 없이 잘 마쳤다.

헤어지는 시간에 감사인사를 하며 모두들 작별인사를 하는데 초대해 줘서 고맙다고 주인장에게 인사하면서 그만 뺨에 뽀뽀 하지 말라는 남편의 주의를 잊어버리고 말았다. 내가 뺨을 들이미

니 얼떨결에 뺨 인사를 하고만 주인이랑 주인 아들, 약간 당황한 듯 했으나 밀려드는 다음 손님과 작별인사를 하느라 정신 없이 지나가고 말았다.

내가 난생 처음 꾸이고기를 먹은 것처럼 그들도 오늘 나 때문에 난생 처음 뺨에 뽀뽀하는 인사를 하게 되었으니 우리 서로 쌤쌤이라고나 할까. 그저 호호깔깔 웃으며 유쾌하게 모임을 마무리했다. 모두들 행복했으므로 그날 모임은 성공!^^

리오밤바(riobamba)

까르나발(Carnaval) 연휴에 '리오밤바'라는 시골 도시에 다녀왔다. 직원 열 명 남짓한 작은 신발공장을 운영하던 30년 전쯤, 당시 세 살 난 큰애와 갓 태어난 둘째를 친정엄마에게 맡기고 토요일마다 서던 시골장에 신발을 팔러 다녔던 곳이다.

출산 보름 만에 시골장터 차가운 바닥에 장사를 나서는 일이 해서는 안 되는 일인 줄을 나도 남편도 몰랐다. 그렇게 산후 몸조리를 해 본 적이 없는데도 지금까지 별다른 병이 없는 것은 하나님의 은혜인가, 아무튼….

새벽 3시 반에 일어나 작은 픽업트럭에 신발 박스를 바리바리 챙겨 싣고 부모님 댁으로 가서 떨어지지 않겠다고 앙앙 우는 아이들을 떼어놓고, 히터도 안 들어오는 낡은 차 안에서 덜덜 떨며 5시간 넘게 달려 도착하던 시장. 차가운 시멘트 바닥에 헌 의자에서 떼낸 쿠션을 깔고 그 주위에 신발 박스를 쌓아놓고 앉아 신발을 팔았다.

새벽부터 운전을 한 남편은 내게 쿠션자리를 양보하고 하루 종일 서서 장사를 했다. 바로 앞은 양파, 홍당무 포대가 산처럼 쌓여 있었는데 하루 종일 흙먼지 바람이 불어 장사를 마감하는 오후에는 입 안 가득 흙이 서걱거렸다.

장사를 마치고 돌아오는 길에 주유소에 들러 수도꼭지에 입을 대고 입 속 흙들을 씻어냈다. 얼굴도 서걱서걱하지만 일 년 내내 차갑고 건조한 바람이 불어대는 그곳에서 찬물로 세수를 하면 얼굴이 당겨서 견딜 수 없으므로 입만 헹구곤 했다. (로션도 쓰지 않고 살던 때다.)

그래도 돌아오는 차 안에서 운전하는 남편 옆에서 돈주머니를 털어 꼬깃꼬깃한 지폐들을 정리하는 즐거움은 대단했다. 많지 않은 돈이지만 한 장 한 장 펴서 액수 별로 챙기고는 돈을 세어보는 것이다.

얼마예요? 남편이 운전을 하며 물어보면 나는 뿌듯한 마음으로 얼마라고 대답해 주었다. 내일이면 바로 은행에 입금해서 재료 값과 직원 봉급과 집세와 은행대출금 따위를 막아야 했지만 그래도 좋았다.

돌아오는 길에 가게 앞에 작은 테이블을 내놓은 커피 가게에 들러, 얼마나 오래 썼는지 꼬질꼬질하고 이까지 빠진 커피잔에 넘치도록 부어주는 뜨거운 커피를 마셨다. 주인이 서비스로 싸구려 빵을 하나씩 주는데 그것이 우리에겐 저녁식사였다.

어쩌다 장사가 아주 잘 되는 날에는 '장미'(la rosa)라는 이름의 고급스러운 식당에 들르는 날도 있었다. 우리는 항상 그곳 메뉴 중 가장 싼 '스파게티'를 시켰는데 그것도 우리에게는 호사였다. 사실 나는 스파게티보다 깨끗한 물이 나오는 그 식당 화장실이 더 좋았다. 거기서 세수를 하고 먼지로 수세미처럼 엉켜버린 머리도 다시 빗었다. 그러면 행복하다는 생각이 들었다.

다시 만년설 덮인 꼬또빡시(cotopaxi) 산을 돌아오는 길고 긴 길에서 남편은 고단한 나머지 졸린 눈을 비비며 운전을 하고 나는 히터도 안 들어오는 차 안에서 언 손을 비벼대며 어두워지는 창 밖을 보다가 남편이 졸지 않도록 이런 저런 이야기를 시켰다.

그때 남편이 졸음을 이겨내며 펼쳐주던 미래의 청사진은 아무 것도 가진 것이 없던 당시로서는 그저 꿈같은 이야기일 뿐이었다. 그래도 지금처럼 남편 하시는 말씀에 "얼씨구…." 하고 무시하지 않고 정말 그리 다 된 것처럼 나는 즐거워했다. 그리고 그 이야기들은 기적처럼 몇 년 후엔 모두 현실로 이루어져 있기도 했다.

그 공장은 남편이 야간 법대를 졸업하고 박사논문을 쓰기 시작할 때까지 운영하고 문을 닫았다.

그때는 작은 촌동네였던 그 '리오밤바'가 30년이 지난 지금 다시 가보니 인구 25만의 큰 도시가 되어 있었다. 도시는 왕성하게 커나가고 있는데 우리 부부는 이제 주름지고 흰머리 성성한 초로의 모습이 되어있다.

장터까지는 가 보지 않았지만 지금도 그곳에 가면 고무줄로 머리 질끈 동여매고 산후조리가 뭔지도 모른 채 장바닥에 앉아 장사에 몰두한 젊은 날의 나와 주경야독하느라 얼굴 까칠하던 젊은 날의 남편을 만날 수 있을 것 같다.

30년이 흘렀더라.

기억의 연결망 — 추천사

- 강주희 | 고교얄개 시리즈 주연배우
- 권오훈 | (주)매직캡상사 대표
- 금태섭 | 변호사, 《확신의 함정》《디케의 눈》 저자
- 김규두 | (주)큐투아이비엔 대표이사
- 김두일 | '생각하는게 일임' 근무
- MIA KIM | K-2 U.S AIR FORCE 전천탐색전파광학지상국 (GEOGSS) 근무
- 브라이언 김 | 프리몬트 캘리포니아
- 김은미 | CEO SUITE 대표, 《대한민국이 답하지 않거든 세상이 답하게 하라》 저자
- 김형민 | 방송인, 《그들이 살았던 오늘》 저자
- 문진영 | 서강대학교 교수
- 박병한 | YTN 부장
- 신상환 | 고려대장경연구소 전임연구원, 전 인도 타고르대 교수
- 신재형 | 완도 갯머슴
- 신혜종 | 순천향대학교 교수
- 오 일 | 여수 Fnc(수산물 갓김치) 대표
- 이상열 | (주)코아리버 기술고문
- 이용원 | 언론인, 동국대 신방과 겸임교수
- 이은심 | 산호세 거주

·이지윤 | 은행원

·이혁충 | 북맥프라자 대표

·장 훈 | NY Finance Service /Principal Agent

·전희진 | 사회역학 연구자

·정성순 | 동양미래대학 교수

·정연순 | 변호사, 전 민변 사무총장

·최재정 | CHA의과학대학교 의학교육학과 교수

·최혜정 | 주부

·정수경 | 전 전주대학교 사회사업학과 교수

아스라한 기억 속으로… 그랬던가? 아~ 그랬지! 하며 16mm, 8mm 필름 속에 담긴 영상이 휙휙 지나가듯이 그 시절, 그때의 영화를 보는 듯 잔잔하게 그려주는 기억 시리즈는 그때로 나를 데려가 주는 타임머신 같았어요. 작가님의 어린 시절 그 기억은 우리들의 이야기였고 은은하게 느껴지는 따뜻함까지 있기에 늘 기다려지던 글을 한꺼번에 다시 읽을 수 있다니 참으로 좋네요.

글을 읽고 있노라면, 세상은 온통 사랑이란 생각을 들게 하는….

_ 강주희 | 고교얄개 시리즈 주연배우

기억에 관한 나의 기억은 페이스북을 처음 시작했던 때로부터 시작된다. 우연히 마주친 친구의 담백한 글에 매료되었던 때, 아무런 장식도 없고 화려한 무늬도 없지만 가만히 나를 동심으로, 젊은 날로 이끌던 그 '기억'. 그저 감사할 따름이다.

_ 권오훈 | (주)매직캡상사 대표

    어린 시절의 기억을 한 조각씩 써서 올린 홍인교의 기억 시리즈는 페이스북 폐인들 사이에 입에서 입으로 전해지며 어느새 전설이 되었다. 오죽하면 다음 편이 나오기를 기다리며 댓글을 올리다 자기들끼리 친해진 독자들이 스스로를 홍인'교'의 신자들로 불렀겠는가.

    특별한 메시지나 감상 없이 건조하게 쓴 글 같지만, 읽다보면 저절로 입가에 웃음을 짓게 되고 때로는 가슴 한편에 통증을 느끼게 된다. 한 번도 제대로 가보지 않은 안동이 마치 어린 시절 살았던 고향처럼 친숙하게 느껴지기도 한다. 기억 시리즈에 중독되었던 팬 중의 한 사람으로서 이 글이 책으로 묶여서 나오는 것을 진심으로 환영한다.

_ 금태섭 | 변호사, 《확신의 함정》《디케의 눈》 저자

    홍인교는 나랑은 동향에 같은 해에 대학을 들어가 같은 해에 대학을 나온 동창이지만 사실 학교 다닐 땐 일면식도 없었고 몇 해 전 페이스북을 통하여 알게 된 친구이다. 처음엔 많은 여자 동

창생 가운데 한 명이겠거니 했지만, 페이스북을 통해 본 홍인교 님은 보통 우리 또래의 아줌마나 사모님과는 사뭇 다른 문학소녀로서의 감성과 재주, 게다가 누구도 못 따라갈 과거사에 대한 디테일한 기억력, 총명함을 갖춘 매력이 넘치는 친구, 친하게 지내고 싶은 친구였다. 어쩜 저런 끼를 지금까지 숨기고 살았을까? 어쩜 저런 것까지 기억하고 있지? 그의 총명함에 감탄할 따름이다.

마치 아주 오래된, 기억에서 사라졌던 보물단지를 우연히 다시 마주하게 된 듯한 기쁨과 전율을 그의 글을 대할 때마다 느끼게 된다. 홍인교의 글로 인해 지나가 버린, 까맣게 잊고 살았던 추억을 반추하게 되어 여간 반갑지 않다. 홍인교와 같은 시대에 살고 있고 같은 추억을 갖고 있다는 사실에 감사하고 그로 인해 행복하다. 앞으로 더 많은 좋은 글, 잊고 지냈던 추억을 더 많이 만날 수 있기를 기대해 본다.

_ 김규두 | (주)큐투아이비엔 대표이사

내가 홍인교 님의 기억 시리즈를 접한 것이 2011년 어느 봄날이었던 것으로 기억한다. 13회쯤의 글이었을 것이다. 담담하게 풀어헤쳐나가는 것이 글을 읽게 하는, 흔히 말하는 읽는 이로 하여금 '잡아끄는' 힘이 있었다. 간간이 나의 예상을 뛰어넘는 반전도 있었고…. 나의 유년시절에 만났던 친구들, 지금은 어디서 무엇을 하고 있을까? 하면서 나의 유년시절의 기억을 더듬는 기회이기도 했다. 시공을 달리하지만, 그 어딘가의 구비에서 만났을 법한 이야기들에 난 매료되었다. 하여간 난 기억 시리즈 하나 땀시 잉교님의 팬이 되부렀었다. 주변의 페친들께도 '기억'을 소개하고, 권유하고, 기억 시리즈의 지적소유권은 홍인교 님이지만 우리 모두의 기억 시리즈이기도 하다. 안동 촌에서 벌어진 온갖 야그들이지만, 그때 그 시절 우리 모두의 야그들이기도 하다. 잉교님의 '기억'에서 굳이 유감이 있다면, 'Love Story'가 생략되었다는 점. 일부러 빼묵었는지, 아예 스토리가 없었는지 알 수 없지만서두….

'기억'이 출판 된다는 소식에 반가움과 고마움을 전한다. '기억'을 통해서 많은 분들과 교분을 쌓을 수 있었기에, 이제 세월을 뛰어넘어 우리 모두 할배 할마씨 되었을 때 잉교님의 '페이스북에서의 기억 시리즈'를 기대해본다.

_ 김두일 | '생각하는게 일임' 근무

우리도 모르는 사이,
세월은 가고
바람 부는 저 호수 건너편
봄바람이 불어옵니다.
세월이 가듯,
추억이 가고
꽃순 올라오는데,

오늘도 인교 님 담벼락엔

어릴적 라일락 꽃향기가

그윽합니다….

      _ MIA KIM | K-2 U.S AIR FORCE 전천탐색전파광학지상국

      (GEOGSS) 근무

누구에게나 잊지 못할 기억들이 있다. 그러나 그것들을 마치 사진을 찍어둔 것처럼 자세히 기억해서 흥미진진하게 표현하는 특별한 재능을 가진 사람들을 만나기는 쉽지 않다. 홍인교 작가의 기억 시리즈를 읽으며 내 기억 속에 묻혀 있던 많은 보화들을 캘 수 있었다. 동시대를 살아온 이유도 있으리라. 홍 작가의 기억 시리즈 출간이 참 반갑고 다시 읽을 수 있게 되어 기쁘다. 페이스북을 통해 맺게 된 인연에도 감사하다.

      _ 브라이언 김 | 프리몬트 캘리포니아

한 달 전인가 낯선 여성이 편지를 보내왔다. 첫 졸저가 출간된 후 이메일과 편지가 여기저기서 날아들곤 한다. 하지만 한 자 한 자 또박또박 써서 이쁜 우표를 붙인 손편지라니…. 그 느낌이 낯설고 신선하여 여러 번 읽게 되었다. 내 친구 홍인교 작가의 글도 그러하다. 삶의 속도에 밀려 까마득히 잊고 살아온 것들…. 손편지,

화롯불, 눈깔사탕, 흑백영화, 소나기 후 흙 냄새 같이 정겹다. 그녀의 글을 읽노라면, 일상의 긴장이 슬그머니 녹아들면서 경직되었던 얼굴에 미소가 피어난다. 이번 출간으로 그 따스한 온기를 주변과 더 많이 나눌 수 있게 되어 반갑기 그지없다.

_ 김은미 | CEO SUITE 대표,
《대한민국이 답하지 않거든 세상이 답하게 하라》 저자

조물주가 인간에게 내린 선물 가운데 가장 값진 것들 중 하나는 추억이라는 생각이다. 그 당시로서는 뼈가 아프고 살이 떨리는 기억도 세월에 물들면 유들유들하고 보드라운 추억으로 변하고 그때는 쳐다보기도 싫었던 사람들을 백 년의 친구로 만드는 것이 또한 추억이기 때문이다. 즉 안 좋은 기억은 있을 수 있지만 인간의 뇌는 매우 취사 선택적이어서 결국 시간을 흘러 보내다 보면 '좋은 추억'으로 화학적 변화를 일으키게 된다.

홍인교 님의 기억도 마찬가지다. 홍인교 님을 친견했을 때 나는 이분이 경상도 하고도 안동, 어려서 개구리 다리 구워먹던 시골 출신이라고는 상상하지 못했다. 서울 성북동 아니면 팔판동의 서울 정통 부자 동네에서 곱게 성장한 분이거나 좀 내려가더라도 지방 대도시에서 개구리 다리 같은 건 생물 시간에나 보고 못 볼 걸 본 듯 하얀 이마를 찌푸리실 듯한 고귀함(?)의 카리스마가 외모상으로는 넘쳤던 것이다. 하지만 기억 시리즈를 읽자니 그 카리스마는 산산조각이 나고 정겨움의 조약돌로 발에 밟힌다.

나보다 7~8년 연배이신 걸로 아는데 의외로 기억의 내용이 비슷하다. 물론 철저한 '까도남'(까다로운 도시 남자, 나는 서울에서 나고 부산에서 자라고 친척도 다 서울에 살아서 시골생활은 농활 때 처음 경험했다.)이었던 나로서는 개구리 뒷다리를 먹은 적이 없지만, 읽으면서 흘러나오는 소리와 내음, 정경은 매우 익숙한 것이었다. 6~70년대란 좀 비슷한 구석이 있나 보다.

기억 중의 한 대목에서 자지러지게 웃었다. 불현듯 중앙선 타고 안동의 집으로 내려갔을 때 산중턱에 새로이 자리잡은 집에 택시를 타고 갈 때의 에피소드다. 산길을 가는 두려움으로 더욱 새침해진 하얀 교복의 여학생, 깍듯한 서울말과 경계심으로 파르스름해진 눈길에 되려 택시 기사가 공포에 질리고 "어서 내리소!"를 부르짖은 뒤 내빼는 상황. 장담하는데 아마 그 택시 기사는 운전 중 수도 없이 백미러로 뒤를 봤을 것이고 신발끈 묶는다고 허리를 굽혀 홍인교 님이 보이지 않을 때가 있었을 것이다. "으아아 사람이 없어!" 그랬다가 다시 나타난다. "으아 있다가 없다가 한다." 그러니 "어서 내리소! 나는 못 가요!"가 튀어나올밖에.

내가 이 추억에 배를 쥐고 웃은 것은 나에게도 비슷하지만 판이한 추억이 있기 때문이다. 언젠가 친구가 자취하던 아파트에서 술을 먹는데 술이 떨어졌다. 거의 만취한 상태들이었지만 더 먹어야겠다고 고집을 부려서 가위바위보를 한 결과 내가 술래가 됐다. 친구 녀석은 벨이 고장 났다고 열쇠를 가지고 나가라 했다. 동네 분위기가 좀 그래서 문을 잠궈 둔다고. 술을 사 온 나는 문을 따려고 애썼다. 그런데 술이 이만저만 취한 게 아니어서 열쇠는 연신 헛돌다가 겨우 구멍을 찾아들어갔는데 그래도 열리지 않았다. 소리도 질러 봤지만 자빠져들 자는지 안에서는 기척도 없었다. 쾅쾅 문을 차도 마찬가지였다. 에이, 열쇠로 열어야지. 끼릭 끼리릭…. 한참을 씨름하는데 갑자기 누군가 내 어깨를 잡았다.

"너 뭐야?"

정복을 입은 경찰 두 명이었다. 안그래도 경찰과는 사이가 안 좋던 무렵이라 뜨아아 술이 와장창 깨는데 정복 경찰은 권총 혁대에 손을 대고 여차하면 팔을 꺾을 기세. 필사적이 됐다.

"저 여기 아파트 주인 친군데요…. 니라니라니라." 그러자 경찰은 코웃음을 쳤다.

"이거 봐. 이 아파트 주인한테서 신고 들어왔어. 괴한이 문을 강제로 따려 한다고."

"네에?" 나는 그제서야 아파트 호수를 쳐다봤다. 아뿔싸. 내 친구의 집은 402호, 내가 문을 따려고 한 집은 302호였다. 그 집에는 인근 대학교의 여대생 두 명이 자취하고 있었다. 그녀들은 11시 경, 누군가 아무 말 없이 문을 띠릭띠릭 따는데 안에서 조심스럽게 누구세요? 물어도 답 없이 문을 쾅쾅 차고 나직한 욕설까지 내뱉다가 문 열어! 소리를 질렀다가 또 띠릭띠릭 열쇠를 따는, 그야말로 무한대의 공포를 체험했던 것이다.

위층에서 친구가 달려 내려오고 거의 무릎을 꿇다시피 한 사과를 거치고서야 나는 오해를 풀고 경찰서 행을 면할 수 있었다. 지금에야 이렇게 낄낄대며 웃고 있지만 그때는 불법 가택 침입 기도에 더 무거운 혐의가 씌워진 채 손바닥에서 불이 나도록 마찰을 해 대고 있었다. 한편 집 안의 두 처자는 또 지금이야 허허로이 웃으며 얘기하겠지만 그때의 공포를 오랫동안 잊지 못했을 것이다.

추억이란 그런 것이다. 불현듯 떠올라서 미소 한 조각 날려 주고 다시 머리 깊숙한 곳으로 파묻었다가 또 계기가 생기면 개구리처럼 물 위로 올라와 개골거리며 옛날을 일깨워 주는. 물 속으로 자맥질치는 추억이라는 이름의 개구리들을 냉큼 잡아 한데 모아 놓고 그들의 합창을 즐기는 일이란 말이 쉽지 여간 어려운 일이 아니다. 그런데 홍인교 님은 그 일을 하신 것 같다. 이렇게 추억들을 갈무리하고 또 글로 남기고 묶어 내는 일은 본인에게도 즐거움이었겠지만 홍인교 님과 함께 한 모든 분들에게도 흥겹고 소담한 추억의 낚싯대를 선물하는 일이 될 게다.
더욱 더 많은 추억들 쌓으시기 바란다. 인생 백세 시대라는데 아직 반 정도 사셨으니 앞으로 더 많은 추억들과 마주하실 것이고 또 더 먼 세월이 흐른 후 그 추억들을 또 하나의 시리즈로 묶어 본인에게, 그리고 주변 사람들에게 보름달 같은 미소 전해 주시기 바란다.

_ 김형민 | 방송인,《그들이 살았던 오늘》저자

홍인교의 글은 예전의 추억을 마치 활동사진처럼 선명하게 보여주는 묘한 매력이 있다. 이제 오십 줄에 들어선 우리 모두를 70년대 어느 여름날 한적한 골목길로 데리고 가서는 "너 저기서 뛰어놀고 있잖아", "너는 또 저기서 공 차고 있고", "너는 뭘 또 계속 먹고 있네" 하면서 넌지시 말을 건다. 그러다가 훌쩍 80년대 눈 내리는 신촌으로 우리 모두를 끌고 가서는 첫사랑과 헤어져서 가슴 아파하는 젊은 우리들을 보여주며, "그때는 많이 아팠지?" 하며 위로를 하다가도 "그래도 그때가 좋았잖아?" 하며 넉살을 던지고는 한다.

소소한 일상의 에피소드로 시작하지만, 결코 가벼이 여길 수 없는 깊은 울림으로 마무리되는 기억 시리즈 한 편 한 편이 바로 우리 젊은 날의 알리바이다. 당시 우리가 어디에서 누구를 만나고, 무엇을 하고 있었는지, 도대체 무슨 생각을 하고 살아가고 있었는지 고스란히 녹여서 보여주고 있기 때문이다. 우리 모두 간절히 소망하지만 결코 돌아갈 수 없는 그 시절, 그때 만났던 얼굴, 얼굴, 얼굴들…. 가슴 가득한 희망과 열정, 남몰래 가슴 태우던 사랑, 그리고 분노와 좌절마저도 민낯으로 보여주는 홍인교의 기억 시리즈는 그 시대를 기억하고 있는 우리 모두를 위한 공공재(公共財)이다.

7080으로 시간여행을 떠나고자 하는 우리 세대에게 동지적 연대로 일독을 권한다. 홍인교의 기억 시리즈 한 권을 들고 그동안 뜸했던 동창들을 만나는 것도 좋은 생각일 것이다.

_ 문진영 | 서강대학교 교수

대학 1학년, 백양로를 오르내리며 신입생 기분을 만끽할 무렵 서클 '유스호스텔'에서 그녀를 만났습니다.

갸름한 얼굴에 하얀 피부가 돋보이는 그녀는 사회사업학과를 다녔죠.

대충 뒷조사를 해보니 재수했다고 해서 나랑 2살이나 차이가 나 개인적 인연(?)은 일찌감치 포기하고(제가 7살에 국민학교에 입학하는 바람에 계속 1살 많은 동기들과 학교를 다녔음), 나중에 대충 분위기를 보니 그녀를 마음에 둔 서클동기와 선배들도 여러 명 보이더군요. (마음을 비우면 모든 것이 객관적으로 보입니다.) ㅎㅎ

세월이 흘러 페이스북에서 그녀를 다시 만났는데 미국과 에콰도르를 오가며 자전적 스토리를 페이스북에 올리는데 엄청 인기가 많더군요. 고향 안동과 왕십리를 오가며 70년대 풍경을 연재

하는데 최수종, 김희애 주연의 드라마 〈아들과 딸〉의 페이스북 버전이 아닌가 하는 생각도 들고….

국내뿐 아니라 전세계에서 홍 작가에 대한 관심과 질문이 쇄도하는 것을 보고 나는 댓글에 "난 홍 작가의 20대 시절을 알고 있다."거나 "난 그녀의 스무살 때 사진을 갖고 있다."면서 무언가를 알고 있는 듯 바람을 잡아보기도 했습니다. 그 때문에 나의 과 동기들은 날 만나면 홍 작가에 대해 진지하게 물어보더군요….ㅎㅎ

고향을 떠나 서울에서 자취하던 시절 그의 이야기는 나의 청소년 시절을 되돌아 보게 합니다. 나도 비슷한 경험을 공유했기에. 나도 광희동에서 자취할 무렵 겨울에 연탄불 꺼져 주인 할머니 눈치 본 적도 있고.

시골 국민학교 동기 사이트가 만들어졌을 때 중2 때 서울로 떠난 나를 다소 부러운 눈길로 바라본 고향 동기들에게 "서울로 전학 간 아이들은 다 행복했을까"라는 글을 올리기도 했는데 그 글을 본 동기 여학생이 큰 감동을 받았다고 한 적도 있죠.

물론 그녀도 서울 조기유학파였기에….ㅎㅎ

요즘 50대가 위기라고 합니다. 회사에서는 실직의 위기, 집에서는 가장으로서 권위 상실, 후배들에게 무슨 이야기를 해도 별로 존중 받지 못하는 요즘, 홍 작가의 글에서 50대 여러분들이 어린 시절 추억을 함께 되새기면서 많은 위로와 힘을 얻기를 바랍니다.

_ 박병한 | YTN 부장

홍인교의 기억 시리즈는 홍인교라는 안동 출신의 한 어린 소녀의 기억이 아니다. 그 가녀린 소녀의 기억은 당대를 살며 유년과 사춘기를 통과하던 젊은 날 우리의 초상이다.

그녀의 기억 시리즈를 이미 읽은 이들은 한 때 행복하였다. 그 기억 시리즈로. 그러나 불행하다. 그 추억이 과거의 것이 되었음을 뼈저리게 느끼기에.

_ 신상환 | 고려대장경연구소 전임연구원, 전 인도 타고르대 교수

오야붕이라 불리는 사내의 꼬임에 빠져 '마법의 성'에 발을 디뎠다. 들어와서 눈에 띈 포스팅이 "형준이 아저씨가 언니를 데리러 왔다"는 제목의 글이었다. 그리고 나는 빠져들었다. 얼굴도 모르는 인교라는 여인의 토막글에, 그 글이 기억 시리즈 가운데 한 토막이었다는 것은 나중에 알았다. 하지만 중독성이 강한 글이었다. 내 어린 시절 기억이 재생되었기 때문만은 아니었다. 세계가 고려불화를 보면서 입을 다물지 못하는 것은 비단 가사 한 올까지 그려낸 디테일에 있듯이, 인교라는 여인은 디테일에 강했다. 마치 땅바닥만 보고 기어다니는 개미가 땅바닥 세계를 세세히 그려내듯. 그는 아이의 눈에 비쳐진 크고 작은 사건들을 담담히 그러나 세밀하게 묘사하고 있었다.

나는 글을 읽으면서 작자나 등장인물의 이름 따위는 기억하려 하지 않는 편인데…, 내가 작자의 얼굴 사진까지 유심히 들여다본

계기가 있었으니, 그 이유는 이 안동 양반이 자신의 어린 시절을 '아름답게만' 그려내려 하지는 않았다는 사실 때문이었다. 어린 시절의 기억이 어느 정도 판타지의 성격을 띠게 마련인데 이 양반은 그러질 않았다. 천연덕스럽게 채변 검사의 과정을 이야기할 때, 나는 그 뭉클하고 따뜻하고 냄새나는 채변 봉투의 촉감까지 떠올리고 말았다. 그만큼 그의 글은 생명력이 있었다.

그런가 하면 자신이 세수를 하는 것까지 하나의 학습 과정으로 세세히 묘사해 냈다. "아, 여자 아이들은 세수도 저리 꼼꼼하게 했구나."하는 깨달음을 50 중반에 얻은 것은 순전히 인교라는 여인 덕분이다. 돌아가신 아버님이 기둥에 붙어있는 손바닥만한 거울 앞에서 한쪽 볼을 번갈아 볼록이며 파르라니 면도를 하시던 모습이 떠오른 순간이기도 했다. 왕대나무로 만든 치솔통과 왕소금통이 기억 저편에서 흑백사진으로 살아났다. 짤막한 글 한 편이 비슷한 시대의 기억으로 사람과 사람을 엮어내 마치 오랜 오누이처럼 느끼게 한다는 사실이 무척 정겨웠다.

누군가 삶이 말라붙은 논바닥처럼 무미해진 사람이 있다면, 나는 이 기억 시리즈를 권하겠다. 조금은 촉촉해질 것이다. 흠뻑 젖지는 않더라도.

특히 40대 후반 이후의 인생들은···.

_ 신재형 | 완도 갯머슴

인교의 글을 읽고 있으면 대륙을 건너 몇 번을 이사 다니는 과정에서 다 없어진 사진첩을 보는 것 같다. 사람들의 표정도 다 읽히지만, 사람들이 등지고 있는 배경이 세세하게 보이는 그런 사진. 어릴 적 어디서 누구와 무엇을 어떻게 했었는지를 다 생각나게 해준다. 대단한 기억력을 가진 친구 덕분에 이제껏 잊고 지냈던 어릴 적 삶을 다시 한번 돌아보면서 잔잔한 미소를 짓는다. 같은 시대를 살아온 친구들에게 정말 좋은 선물이다.

_ 신혜종 | 순천향대학교 교수

홍인교 작가의 기억 시리즈를 읽다 보면 마치 내가 그녀의 추억 구석구석에 같이 서 있었던 느낌이다. 친구처럼 동생처럼 오빠처럼 그리고 어쩌면 키다리아저씨처럼…. 그녀가 진주알 같은 기억들 하나하나를 엮어내어 이쁜 기억 목걸이를 만들었다. 미소만으로도 빛났던 우리의 시간으로 인도하는 그녀의 기억들은 이미 내 추억의 파편을 함께 묶어 눈부시게 아름답던 오드리 헵번의 진주 목걸이가 되었다. 사랑이 되었다.

_ 오 일 | 여수 Fnc(수산물 갓김치) 대표

기억을 되살려 과거로 돌아가는 것은 아주 즐거운 일입니다. 인생을 두 배 이상 살 수 있는 좋은 방법인 것 같고 시작하면 재미가 쏠쏠합니다. 인교 씨의 과거 여행 덕에 저도 그 여행에 동참하게 되었네요. 기억의 파편으로만 존재하던 어떤 사건들을 시간축으로 정리하다 보니 인생이 다시 길어진 느낌입니다.

드디어 내 동생이 태어나기 한 해 전(24개월)까지의 파편 하나도 건지게 되었습니다. 인교 씨의 기억 여행은 많은 것을 생각나게 합니다. 기억은 신기하고 가치 있는 것입니다. 기억이 흐려지고 나면 우리에게 무엇이 남을지 두렵기도 합니다. 좀 더 기억 여행 추가편을 기대합니다. 그래야 거기에 빌붙어 기억 여행 무임승차의 기회도 가질 수 있잖아요.

_ 이상열 | (주)코아리버 기술고문

서로 쉰 살이 넘어 만났는데도, 심지어 얼굴 한 번 마주치기는커녕 통화 한 번 안 했는데도 십년지기 우정을 만들 수 있을까. 가능했다, 홍인교 님과 나 사이에는. 그 바탕에는 동시대를 살았다는 감성의 공유가 있었다.

페이스북에 갓 입문한 2010년 초겨울 어느 날 우연히 인교 님의 기억 시리즈를 만났다. 그곳에서 그는 단발머리 나풀거리는 아이였다가 교복을 단정하게 차려 입은 소녀였고, 막 피어나는 청초한 여대생이었다. 인교 님의 변신에 따라 내 추억도 함께 자랐다. 숫기 없던 아이는 수염 거뭇거뭇한 소년이 되었고 사회를 고민하는 대학생이 되었다. 그 곁에는 늘 '홍인교' 이름 석 자가 있었다.

인교 님과의 만남은 또 페이스북 활동의 외연을 크게 넓혀주었다. 다른 '홍인교 추종자'들과 자연스레 마주치면서, 우리는 기억 시리즈의 팬이라는 이유 하나만으로 친구가 되었다. 그 우정은 이제 페이스북을 벗어나 현실세계(오프라인)에서 길게 이어져 온다.

기억이란 때로 고통스럽고 슬프지만 본질적으론 아름다운 것이다. 그래서 홍인교 님의 기억 시리즈는 본인만의 보물 상자가 아니다. 같이 읽고 공감하는 모든 사람의 공동 소유이다. 그 보물 상자가 이번에 책으로 나온다니 이 얼마나 기쁜 일인가.

딸아이가 초등학생일 때 만화책을 수십 권씩 빌려 뒹굴며 함께 보곤 했다. 하루는, 나도 크게 감동받은 시리즈의 마지막 권을 내려놓으면서 딸아이가 한숨을 포옥 쉬었다.

"아, 이 만화를 아직 안 본 사람은 얼마나 행복할까?"

그렇다. '홍인교의 기억 시리즈'를 여태 보지 않은 사람들은 행복해질 사람들이다. 그렇지만 질투하지는 않는다. 그 시리즈는 다시 읽어도 여전히 기쁨을 줄 테니까.^^

_ 이용원 | 언론인, 동국대 신방과 겸임교수

나이가 들어 그런가, 타국에서 생활한 지가 한국에서 살아온 세월보다 많아져 그런가…. 어린 시절이, 고향이 무척 그립던 때가 있었다. 점점 희미해져 가는 옛날의 기억들이 안타까워질 즈음에 인교의 '기억'이란 글을 읽게 되었는데, 신기하게도 그녀의 어린 시절 이야기들은 시공을 초월하여, 가물거리던 나의 옛 추억들 속으로 들어와 함께 교감하며 내 기억들과 속삭이고 있었다. 희미하던 나의 어린 날들이 사진을 보듯, 영화를 보듯 또렷해지는 경이로운 경험을 하게 되었다. 인교야, 고마워. 내 마음의 고향을 풍요롭게 해줘서….

_ 이은심 | 산호세 거주

기억 시리즈가 페이스북에 연재되는 동안 나는 행복했다. 멀리 떨어져 만나기 어려운 친구의 안부가 궁금하듯, '기억'은 나에게 매일 설레임으로 페이스북에 접속하게 하는 큰 이유가 되었다. 매일 새로운 에피소드를 읽으면 아주 맛있는 밥 한 끼를 먹은 양 마음이 푸근해지고 좀 더 좀 더…라며 감질내는, 그렇게 나는 '기억'의 중독자였다.

우리나라 역사상 가장 역동적인 변화의 시기, 누구는 가난해서 싫었고 누구는 빠른 변화를 두려워했고 누구는 낭만으로 기억하는 시절의 이야기들을 이제는 돌아와 거울 앞에 서 울고 웃으며 "맞아 그땐 그랬었지…." 무릎을 쳐가며 읽었다.

'기억'을 추억으로 만들어주는 과장되지 않은 아름다운 우리의 이야기.

우리 어릴 땐 이랬어… 라고 아이들에게 도란도란 얘기해 줄 수 있는 세대가 지금의 중년이 마지막이런가. 홍인교 작가의 '기억'은 대한민국에서 60~80년대를 청춘으로 보낸 우리 모두의 자화상이다.

_ 이지윤 | 은행원

    추천 글 부탁을 받고 기억을 더듬어 그때의 느낌을 다시 기억해 내려고 기억을 되돌려봤습니다. 저자와 같은 시대에 살았던 나에게 '기억'은 타임머신이었습니다. 내가 잊고 살아온 일들…, 간직하고 싶고 내 자식들에게 들려주고 싶은 추억이 깃든 이야기였습니다. '기억'을 읽으면서 '그래, 맞아!' 하면서 추억에 젖던 일이 생각납니다. 가슴이 따뜻해지고, 가끔은 콧등도 시큰거리는 기억이 있지 않으십니까? 화려하지 않으면서 동네를 감도는 개울물처럼 부드럽고 친근한 글로 우리의 감성을 일깨워주는 글을 읽게 해주셔서 감사합니다.

_ 이혁충 | 북맥프라자 대표

    어느 날 까마득하게 잊고 있었던 기억들이 누군가가 들춰내는데…, 어떻게 그리 절묘하게 그리는지 순식간에 코흘리개, 철딱서니 없던 시절로 돌아가니 혼자 실실거리고 '맞아 그랬지'라며 맞장구를 치게 만들고 절로 그 시절로 향하는 타임머신에 무임 승차하는 것은 덤이 분명하다.

예전에 알게 모르게 옷깃을 스쳤을 인교 동무를 페이스북에서 만난 것은 내게는 청량함 그 자체고 소복하게 쌓이는 그녀의 추억 시리즈는 기다림이 최고의 다이어트가 아닐까 싶을 정도로 조급함에 온몸을 떨게 만든다. 소년의 맘을 일깨워준 인교 동무와의 우정이 짜릿하게 이어지길 소망하며 그녀에게 늘 평화가 함께 하기를….

_ 장훈 | NY Finance Service / Principal Agent

내가 페이스북에 처음 발을 들여놓은 것은 2008년경이다. 그때 큰 아이가 대학을 가면서 집을 떠나게 되어서 얘가 어떻게 사나 알아보려고(라고 쓰고 감시하려고 라고 읽는다.) 한 것이었다. 그러나 그 시도는 성공을 거두지 못했다. 큰 아이가 내 친구 신청을 받아주지 않았기 때문이다. 그렇게 만든 페이스북 계정은 그 후 약 1년 가량 거의 휴면계정 상태였다.

그런데 어느 날인가부터 페이스북에서 친구 신청이 쏟아져 들어오기 시작했다. 한국 사람들이 대거 페이스북에 들어오기 시작한 것이다. 10여 년의 외국생활에, 수줍은 성격 때문에 별로 친하게 지내는 사람도 없이 별로 말할 사람도 없이 지내다가 쏟아져 들어오는 친구들은 나에겐 차라리 경이였다. 새로운 친구들, 그것도 얘기가 통하는 사람들을 만나는 기쁨은 참으로 컸다. 아는 사람끼리 온라인에서 얘기하는 방식인 미국식 페이스북이 아니라 한국식 페이스북은 모르는 사람끼리 얘기하다 친해지는 방식이었기 때문에 친구 사귀기도 상대적으로 쉬웠다.

페이스북의 즐거움에 푹 빠져 살던 나에게 또 다른 즐거움이 생겼다. 그게 뭔가 하면, 과거를 나누는 기쁨이었다. 페이스북의 친구 하나가 자신의 어렸을 때 기억을 되살려 하나하나 적어나갔다. 그런데 그 기억이 너무나 생생했다. 이런 기억 에피소드가 기억 시리즈로 연재물이 되었고, 기억 시리즈를 읽는 친구 집단이 생기기 시작했다. 서로 경쟁하듯(?) 기억 시리즈에 댓글을 달았다. 친구의 기억에서 내 기억을 유추해 내었던 것이다. 한번도 본 적은 없지만, 10년 지기보다 더 마음이 갔다.

그런 친구가 이제 그 기억을 모아 책을 낸단다. 예전부터 책 내라고 열심히 설득했는데, 내 말을 귀담아 들었던 것이다. 기특하다. (아마도 그때 그 기억 시리즈를 열심히 보던 사람들은 나와 같은 생각일 거다.) 이 재미있고 생생한 이야기를 더 많은 사람들이 보고 옛날을 회상하면서 빙긋이 웃게 되길 빈다.

_ 전희진 | 사회역학 연구자

사람의 인연이란 참 오묘한 것 같다. 끊어질 듯 하면서도 다시 이어지게 되는, 인교를 만난 지 벌써 삼십여 년이 지났지만 여행 동아리에서의 짧은 인연이 가늘고 길게 지금까지 이어오고 있다. 졸업 후 소식을 모르다가 어느 날 인터넷 상에서 연락이 닿아서 보니 반갑기도 하고 궁금하기도 하고 그러면서 같이 지낸 학창시절의 옛 생각들이 마구마구 떠올랐다. 나는 글재주가 없어 그저 추억만 회상하는데 인교는 그런 생각들을 돌아보며 정리하다 보니 이렇게 수많은 기억 시리즈가 모습을 보인 것 같다.

인교의 첫 인상은 그저 예쁘장하고 조용하고 단아한 모습으로 기억되는데 이렇게 글 솜씨까지 갖고 있을 줄은 몰랐다. 처음 페이스북에 올린 글을 보면서 '이런 기억도 하는구나, 재미있네' 하며 읽었는데 인교의 놀랍도록 정확하고 방대한 기억들이 하나 둘씩 글로 옮겨지는 걸 보고 어느 새 중독이 되어가고 있었다. 보아하니 나만 그런 것이 아니라 추종자들도 많아져 인기 글이 되었고 누군가는 출판을 해보는 게 어떻겠냐는 얘기도 한 것으로 기억된다.

이 기억 시리즈는 인교의 어린 시절부터 청춘을 넘어 현재까지 쭉 이어지는 진행형이다. 차분히 읽다 보면 자기가 속한 그 시절의 기억들을 공감하면서 본인들만의 추억을 회상할 수 있게 하는 열쇠를 제공해주는 글이 될 것으로 확신한다. 청년은 꿈을 먹고 살고 노인은 추억을 먹고 산다고 했던가? 이제 어느 정도 나이가 들어보니 이런 아련한 추억들이 그리워진다. 모두들 같이 공감하고 같이 즐거워하고 같이 그 시절로 시간 여행을 떠나보자.

_ 정성순 | 동양미래대학 교수

저자의 이야기는 마치 '잃어버린 시간을 찾아서'의 마들렌과 같다. 조근조근한 목소리로 들려주는 그 이야기를 따라가다 보면 나 또한 어린 시절 잃어버린 물건들, 한동안 잊고 지냈던 친구들과 그리운 선생님까지 찾을 수 있을 것 같다.

_ 정연순 | 변호사, 전 민변 사무총장

21세기 들어 상하, 수직적으로 작동하던 권위주의적 지배체제의 시대가 저물어가고, 바야흐로 리좀식 그물망 형태로 옆으로, 옆으로 끝없이 퍼져나가는 수평적 민주주의의 시대가 그 자리를 대신 채워가고 있다고들 한다. 실제로 일상 속에서 수시로 체감하는 페이스북, 트위터 등 SNS의 가상세계는 집단이성의 끊임없는 이합집산의 프로세스 속에서 전대미문의 속도감과 광활함으로 불과 2~3년 전까지만 해도 우리가 가지고 살아가던 시공의 감각 모두를 순식간에 뿌리 채 뒤흔들어 놓고 있다.

세상이 바뀐 만큼 다방면으로 생활 감각도 함께 변화해 가고, 그에 따라 바뀐 세상의 중심에 서서 새로운 세상을 이끌어가는 리더, 주인공의 '얼굴'도 이전 시대와는 사뭇 달라져가고 있다는 느낌이다. 어제까지 우리를 지배하던 '얼굴'이 이발소에 갓 다녀온 듯 2대 8 가르마로 머릿기름 발라 단정하게 빗어 넘긴 헤어스타일에 꽉 다문 입술, 단호한 눈초리로 우리를 감시하듯 내려다보는 '남성'이라면, 최근 인구 8억을 넘겼다고 하는 페이스북 나라에서 오늘 그리고 내일을 이끌어나갈 '얼굴'은 자연스럽게 웨이

브진 헤어스타일에 부드럽게 미소를 머금고 모성애 가득한 온화함을 머금은 눈초리로 우리를 은은히 바라보는 '여성'이 아닐까? (혹시라도 불러일으켜질 수 있는 불필요한 오해의 소지를 피하기 위하여 여기서의 남, 녀 구별은 생리적인 차원에서의 성별이라기보다는 사회적 차원에서의 기능적 역할과 관련된 분류임을 밝혀두어야 하겠다.)

 2011년 초쯤인 것으로 기억하니, 페이스북 나라에서 홍인교 작가의 기억 시리즈가 시작된 지도 어언 만 2년을 훌쩍 넘어서고 있다. 페이스북 나라에 매일 수없이 올려지는 포스팅들 중에서 시간적 신속함으로 따지자면 각종 이미지들이 흡수 속도 면에서는 단연 1위일 것이고, 공간적 광활함으로 따지자면 저 머나먼 아프리카의 이름조차 기억하기 힘든 나라에서 벌어지는 갖가지 진기한 이야기들을 따라갈 것이 없을 것이다. 이런 눈으로 바라보면 마우스 스크롤로 적어도 한, 두 바퀴는 굴려 내려가야 하는 길이에 사진이나 그림 한 장 삽입되어 있지 않은, 순수 텍스트로만 이루어진 포스팅, 그것도 그 내용이 몇 십 년 전 어린 소녀 시절 작가가 직접 겪은 지극히 개인적인 경험담이 주를 이루고 있는 홍 작가의 기억 시리즈가 과연 이 신종 감각들의 제국 안에서 가녀린 목숨조차 부지할 수 있을지 지극히 의문스럽다. 바로 그렇기에 홍 작가가 '기억' 한 조각을 포스팅하는 순간 마치 오랜 가뭄 끝의 단비라도 기다렸다는 듯이 단숨에 몇 십 개의 '좋아요' 힛팅 수를 기록해 내고, 회를 거듭하면서 어느 샌가 홍 작가와 그녀의 글을 흠

모하는 두툼한 팬 층이 형성되었다는 사실이 마치 기적처럼 신기하게만 여겨지는 것이다.

하지만 홍 작가의 '기억'을 단 한 편이라도 읽어 본 이라면 이 신기한 사건이 사실상 너무나도 당연하고도 자연스러운 일일 수밖에 없음을 대번에 수긍하게 될 것이다. 그녀의 포스팅에는 그림이나 사진이 들어있지 않지만, 그녀의 놀라울 정도로 뛰어난 기억력과 탁월한 묘사력은 마치 해상도 높은 사진을 바라보듯, 영화 한 편을 감상하듯 디테일하며 생생하다.

그 뿐이랴. 그녀의 이야기 속에 자기도 모르게 녹아들어가면서 독자는 그녀와 함께 비록 그 순간들을 경험하지 않았음에도 마치 그 자리에서 그녀의 입장이 되어 그 일을 직접 겪어낸 듯 희로애락의 감정을 고스란히 전달받기 마련이다. 그토록 그녀의 스토리 구성력은 탄탄하고 표현은 설득력 있다. 그녀의 글은 따뜻하고 가슴 한 구석이 아리도록 안타까우며 저절로 피식 웃음이 터져 나오게 하는 유머를 갖추고 있다. 한 마디로 홍 작가의 '기억'은 탤런트 전인화를 능가하는 계란형의 고전적 절세가인 작가의 빼어난 미모만큼이나 아름답다. 홍 작가의, 그리고 그녀의 이 아리따움이야말로 새 시대를 열고 이끌어가는 새로운 리더, 주인공의 '얼굴'이 아니고 그 무엇이랴.

몸과 마음 모두 곱디고운 이 시대의 새로운 '얼굴' 홍 작가의 그녀만큼 예쁜 기억 시리즈가 드디어 탄생 2년 만에 책 형태로 출간하게 되었다고 하니 친구이자 열렬한 그녀의 팬으로서 반갑고 기쁜 마음 금할 길이 없다. 크고 작은 굴곡들이 있었던 어린 시절과 머나먼 이국땅에서의 오랜 타향살이를 질긴 생명력과 꿋꿋함, 열정으로 이겨내온 그녀가 지천명의 경지에 이르러 드디어 작가로서 문단에 데뷔하게 되었으니 이 어찌 페이스북 나라의 큰 경사요, 새로운 시대의 새로운 기적이 아니겠는가.

홍인교 작가의 데뷔작 '기억'의 출간을 진심으로 축하하며, 홍작가의 '기억'이 보다 많은 독자들에게 크게 사랑받고 널리, 그리고 빨리 퍼져 나가게 되기를 두 손 모아 기원하는 바이다.

_ 최재정 | CHA의과학대학교 의학교육학과 교수

인교는 참 아름답다. 작년에 그녀를 처음 본 한 친구는 그녀가 르누아르의 그림에서 튀어나온 소녀 같은 모습이라고 전해줬다. 하지만 나는 같은 여자이니… 흠… 내가 그녀에게 끌리는 이유는 전형적인 도시형 미인 모습인 그녀가 지닌 배려심과 따스함 때문이다. 그리고 아직 한 번도 직접 만나보지 못한 나에게 그런 느낌을 갖게 해 준 건 그녀의 글들이다. 친구들과 주고받는 글들, 그리고 틈날 때마다 기억을 되살려 적어 내려간 기억 시리즈의 수채화 같은 글들.

인교의 글은 편안하고 재미있다. 카메라로 찍어낸 듯한 정확한 기억력은 내면의 따스함이라는 필터를 거쳐 이야기들을 풀어낸다. 거기에 우아한 외모에 어울릴 것 같지 않은 약간의 수다스러움과 유머가 곁들여져 재미를 더한다.

어린 인교가 바라보는 대로 생각하는 대로 따라가다 보면 나도 어느새 안동의 한 골목길에 서 있고 그곳은 내 기억 속의 일부가 되는 듯했다. 그렇게 시작된 기억 시리즈는 대학 시절까지 이어지고 동시대를 살거나 같은 학교를 다닌 친구들에게 새록새록 추억을 더듬는 즐거움을 주었다. 읽고 난 후에 웃음이 머금어지고 함께 이야기보따리 펼칠 광장을 제공해주는 것도 인교 글의 매력이다. 가끔씩 그녀의 치밀한 계산력은 다음 사연에 대한 궁금증을 유발시킨다. 쉽게 써내려가는 듯하지만, 구성력이 탁월하다. 그런 능력과 끼를 감추고 살아오다니 그 세월이 또한 궁금해진다.

친구 인교가 그 글들을 모아 책을 낸다는 소식을 듣고 드디어 올 것이 왔구나 하는 생각이 들었다. 친구들의 성화와 권유에 용기를 낸 것이리라. 이 매력적인 여인의 글을 읽는 사람들 모두가 내가 느낀 따스함과 편안함, 즐거움을 같이 느끼리라는 걸 믿어 의심치 않는다. 나 또한 다시 처음부터 읽어볼 생각에 가슴이 설렌다.

축하와 더불어 부탁할 것은, 아직 한 번도 기억 시리즈에 등장한 적 없는 사랑과 결혼이야기, 에콰도르에서의 젊은 날들의 이야기도 빨리빨리 펼쳐내 주기를. 사랑스런 친구 인교에게 축하의 메시지를 보내며….

_ 최혜정 | 주부

기억력의 차이인줄 알았다. 대학 친구인 저자가 다 늙은 나이에 실타래처럼 죽죽 뽑아내는 옛이야기들을 읽으면서 그랬다. 동시대를 살고 같은 강의들을 들으면서 살았는데, 저걸 기억한다구? 놀라면서 말이다. 또 한편 초중고 12년 개근에 빛나는 집 학교 패턴으로만 살았던 나에게는 일어나지 않은 일들을 친구는 많이 경험했나 싶어 시기심도 생겼다. 그런데 읽다보니 그건 기억력과 경험치의 문제가 아니었음을 알게 되었다. 그녀의 감수성! 그것이었다. 그리고 그것을 문자들로 구현해 내는 찰진 글 솜씨!

누구라도 겪은 일을 남다르게 풀어나가며 끄적거렸을 친구의 예쁘고도(그렇다, 또 예쁘기까지 하다.) 살짝 장난기 섞인 얼굴이 떠오르는 건 전적으로 그녀의 감성과 인성 때문일 것이다.

그렇기에 추천사의 일부로나마 그녀의 기록에 슬쩍 동참하는 기쁨을 어찌 마다하겠는가. 마지막으로 이 책은 개인의 이야기이자 80년대를 녹록치 않게 살아온 우리의 이야기이기에 과몰입을 주의하란 경고를 남긴다.

_ 정수경 | 전 전주대학교 사회사업학과 교수

다정한 기억

1판 1쇄 | 2025년 3월 20일
지은이 | 홍인교
펴낸이 | 손인수
교정·교열 | 조경숙
표지디자인 | 이동휘
편집디자인 | 디자인플러스
인쇄 | 나인애드

펴낸곳 | ㈜벼리커뮤니케이션
등록번호 | 제16-4156호
등록일 | 2007년 3월 26일
주소 | 서울시 강남구 역삼동 테헤란로 313, 1313호 (역삼동, 성지하이츠1차)
대표전화 | 02-2051-5765
팩스 | 02-6007-1592
홈페이지 | www.byuri.co.kr

ⓒ 홍인교, 2025

ISBN 979-11-90063-19-7
ISBN 979-11-90063-02-9 (세트)

* 책값은 뒤표지에 있습니다.